U0675764

国家社会科学基金项目资助

红土地上的红色印迹

苏区标语研究

颜清阳 著

中共中央党校出版社

国家行政学院出版社

图书在版编目（CIP）数据

红土地上的红色印迹：苏区标语研究/颜清阳著. --北京：国家行政学院出版社：中共中央党校出版社，2022.5

ISBN 978-7-5150-2655-8

Ⅰ.①红… Ⅱ.①颜… Ⅲ.①中央苏区-宣传工作-史料-研究 Ⅳ.①K269.407 ②D261.5

中国版本图书馆 CIP 数据核字（2022）第 035833 号

红土地上的红色印迹——苏区标语研究

策划统筹 任丽娜
责任编辑 牛琴琴
责任印制 陈梦楠
责任校对 王明明
出版发行 中共中央党校出版社
地　　址 北京市海淀区长春桥路 6 号
电　　话 （010）68922815（总编室）　（010）68922233（发行部）
传　　真 （010）68922814
经　　销 全国新华书店
印　　刷 中煤（北京）印务有限公司
开　　本 710 毫米×1000 毫米　1/16
字　　数 286 千字
印　　张 21
版　　次 2022 年 5 月第 1 版　2022 年 5 月第 1 次印刷
定　　价 68.00 元

微 信 ID：中共中央党校出版社　**邮　箱**：zydxcbs2018@163.com

宣传马克思主义、共产主义

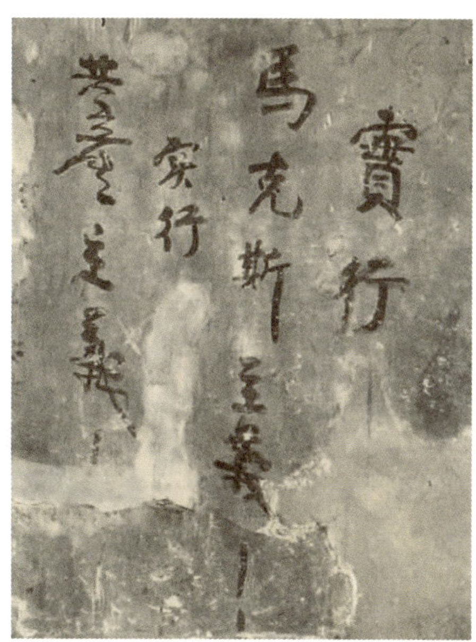

标语

实行马克斯（思）主义！实行共产主义！

（保存地：江西省井冈山市行洲村）

标语

实现共产社会

（保存地：江西省吉安市永新县）

宣传中国共产党的性质、宗旨和任务

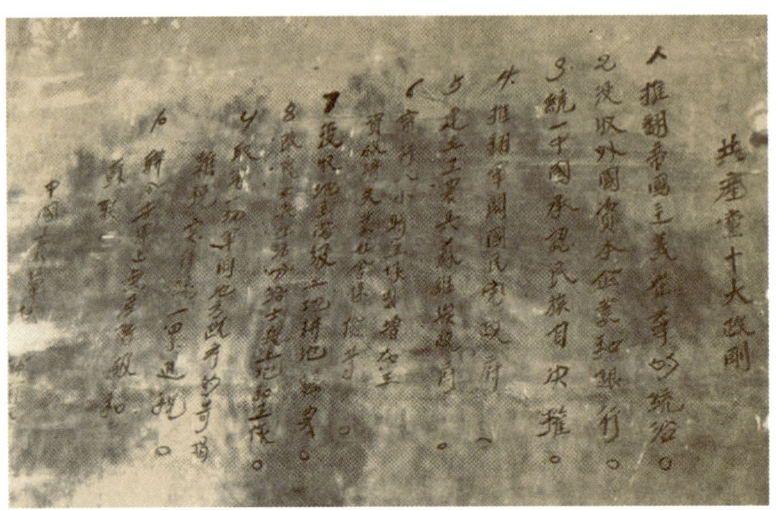

标语

共产党十大政刚（纲）

（保存地：江西省井冈山市行洲村）

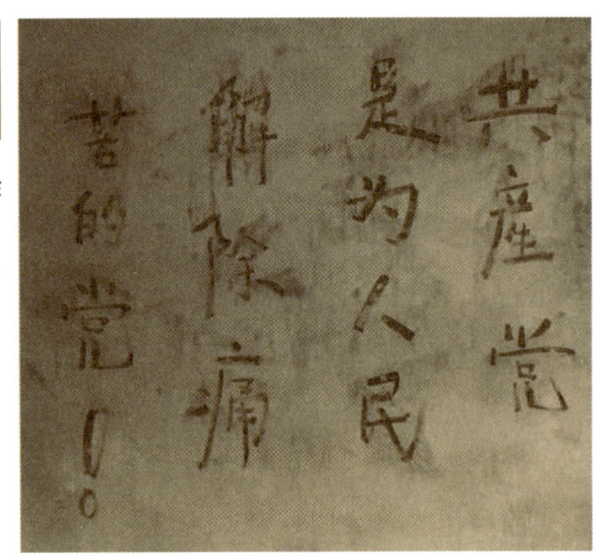

标语

共产党是为人民解除痛苦的党！

（保存地：江西省赣州市于都县）

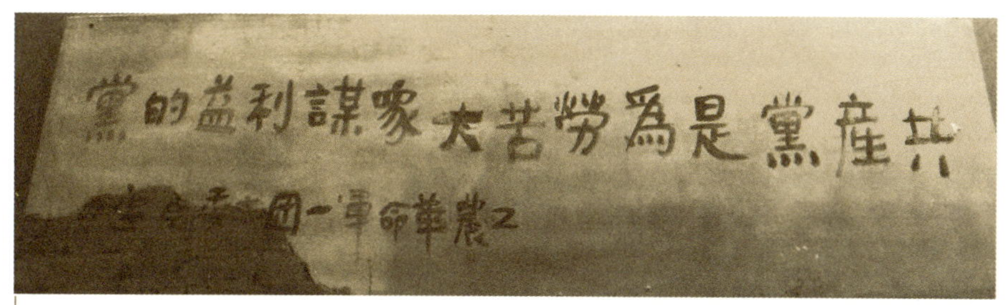

标语

中国共产党是为劳苦大众谋利益的党

（保存地：江西省吉安市永新县三湾乡）

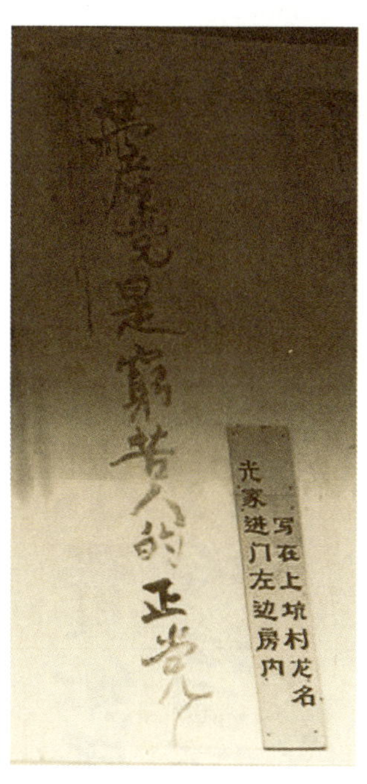

标语

共产党是穷苦人的正（政）党

（保存地：江西省井冈山市新城镇）

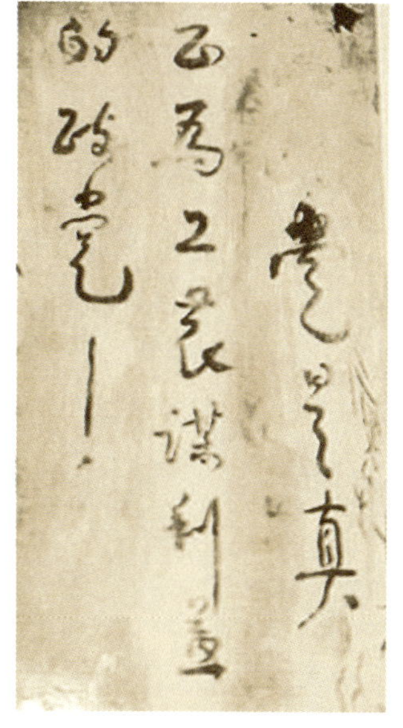

标语

（共产）党是真正为工农谋利益的政党

（保存地：江西省井冈山市圹南村）

宣传红军的性质、宗旨与任务

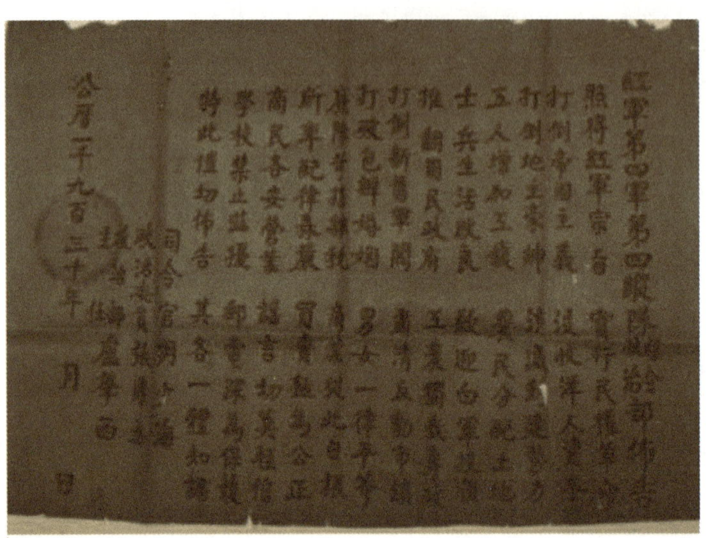

紅軍第四軍第四縱隊司令部政治部佈告

标语

红军第四军第四纵队司令部、政治部布告

（保存地：江西省赣州市大余县）

不費紅軍三分力
打垮江西兩只羊（楊）
紅軍第四軍宣傳科宣

标语

不费红军三分力，打垮江西两只羊（杨）

（保存地：江西省吉安市永新县）

标语

红军是工农的军队

（保存地：湖南省株洲市炎陵县）

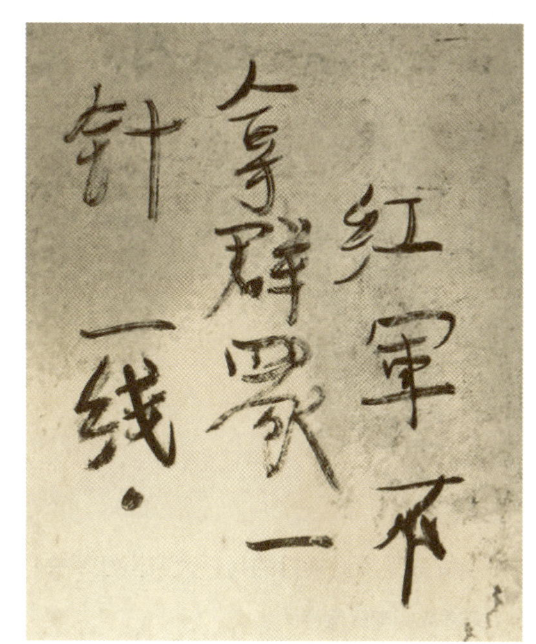

标语

红军不拿群众一针一线。

（保存地：江西省赣州市于都县）

宣传壮大红军队伍

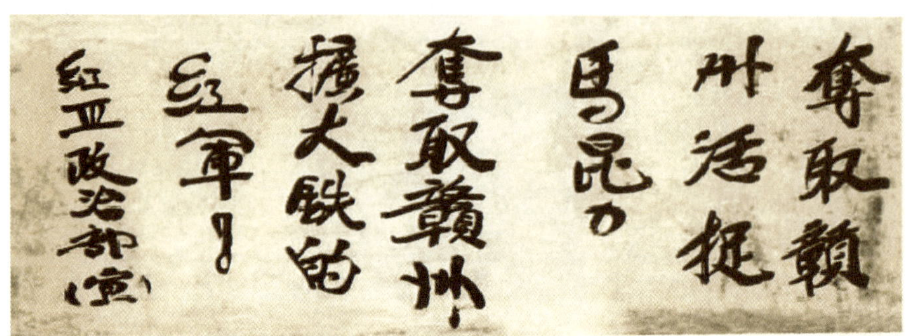

标语

夺取赣州活捉马昆。夺取赣州扩大铁的红军！

（保存地：江西省赣州市章贡区）

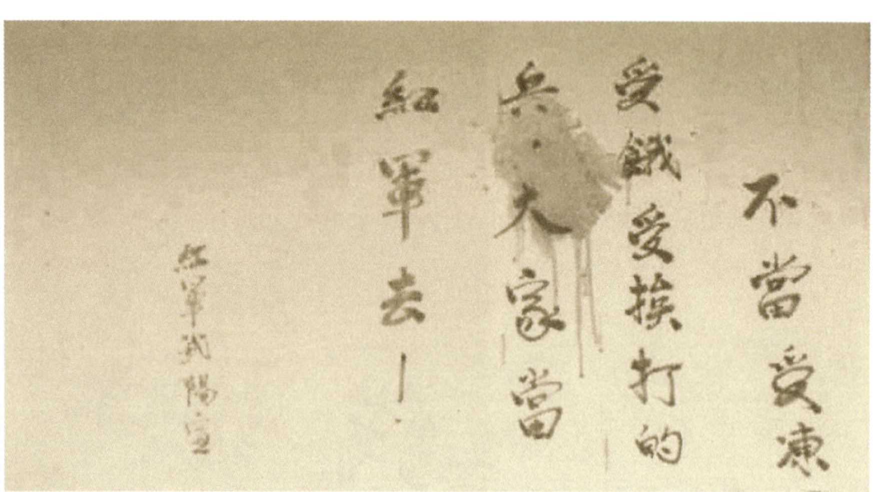

标语

不当受冻受饿受挨打的兵，大家当红军去！

（保存地：贵州省遵义市）

宣传土地革命

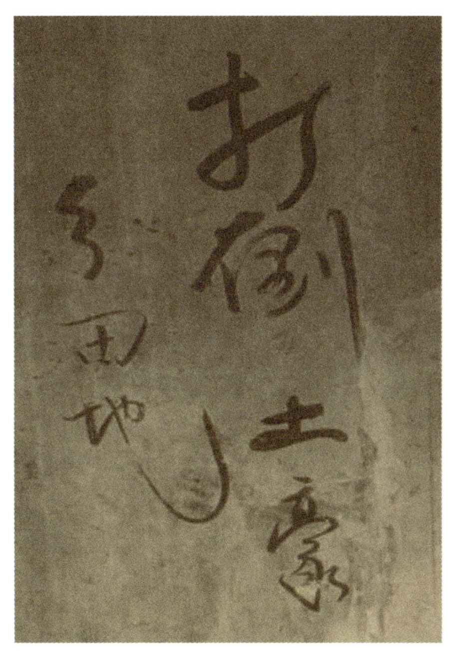

标语

打倒土豪分田地

（保存地：江西省赣州市于都县）

标语

实行土地革命

（保存地：江西省赣州市于都县）

宣传建立和拥护工农兵政权（苏维埃政府）

标语

工农专政

（保存地：湖南省株洲市炎陵县）

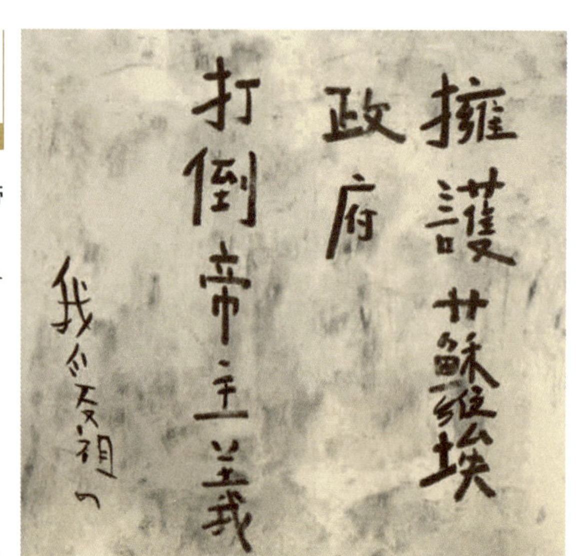

标语

拥护苏维埃政府，打倒帝（国）主义，我爱祖（国）

（保存地：江西省赣州市于都县）

宣传中国共产党的工商保护政策

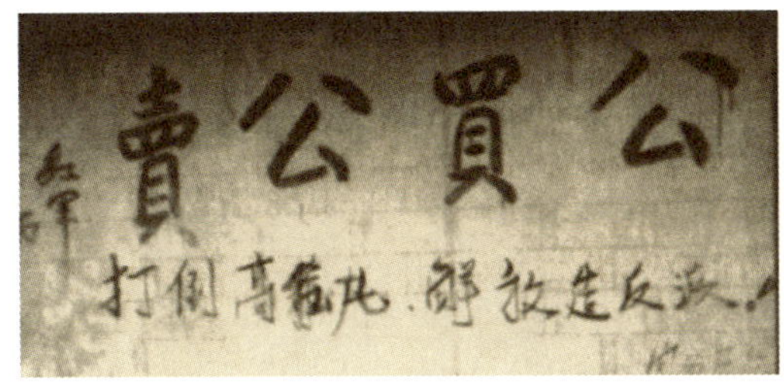

标语

公买公卖

（保存地：贵州省遵义市）

标语

保护小商人和小贩贸易自由！

（保存地：湖南省株洲市炎陵县）

宣传民生，提倡新风尚，反对封建思想

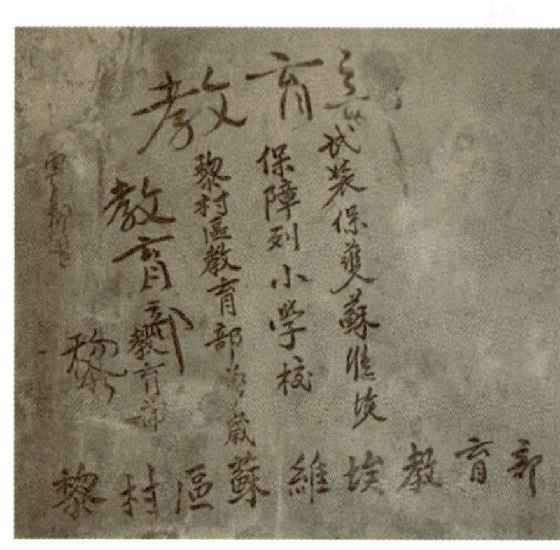

标语

武装保护苏维埃

保障列小学校

（保存地：江西省赣州市于都县）

标语

废除童养媳、废除纳妾，禁止强迫买卖婚姻！

（保存地：江西省吉安市安福县）

宣传对敌统战政策

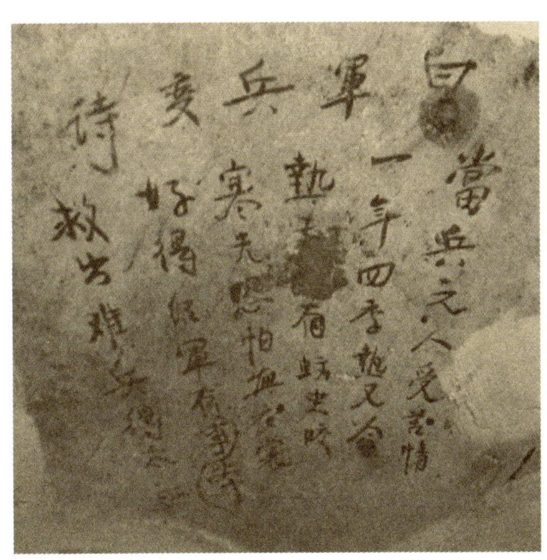

标语

白军兵变诗

（保存地：江西省赣州市会昌县）

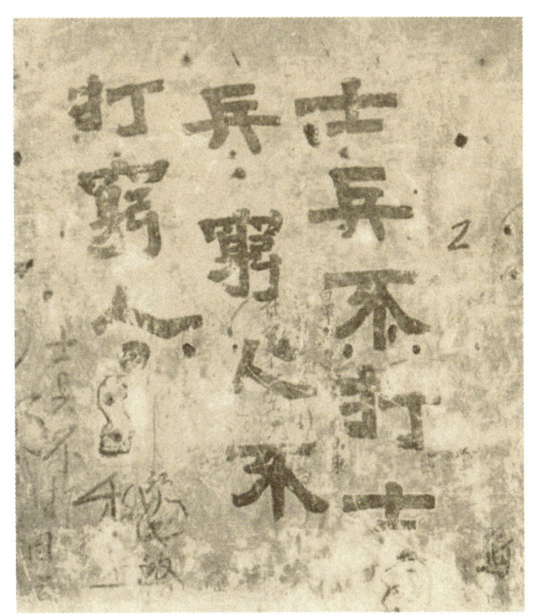

标语

士兵不打士兵，穷人不打穷人

（保存地：江西省赣州市宁都县）

揭露鞭挞打倒国民党反动派

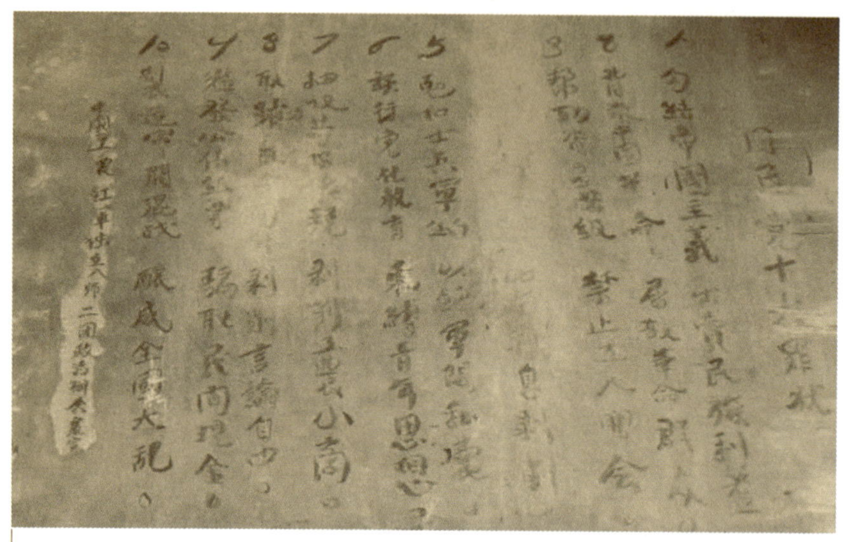

标语

国民党十大罪状

（保存地：江西省井冈山市行洲村）

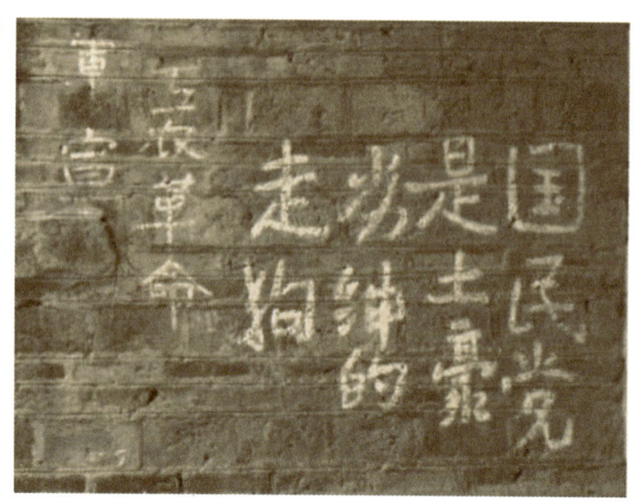

标语

国民党是土豪劣绅的走狗

（保存地：江西省井冈山市茅坪乡）

宣传反对和打倒帝国主义

标语

打倒帝国主义

（保存地：江西省吉安市遂川县）

标语

反对帝国主义瓜分中国

（保存地：湖南省株洲市炎陵县）

红军标语：红土地上的“活化石”

标语是用简短文字写出的有宣传鼓动作用的口号。精练简洁的语言往往最具力量和鼓动性。恩格斯说：“言简意赅的句子，一经理解，就能牢牢记住，变成口号；这是冗长的论述绝对做不到的。”① 标语口号是时代的象征与标签，是时代精神的浓缩，是时代形象的折射。正如列宁在《论口号》一文中指出：“每一个口号都应当以一定政治形势的全部特点为依据。”② 朱自清先生说：“许多人讨厌标语口号，笔者也是一个。从北伐到现在二十多年了，标语口号一直流行着。虽然小有盛衰，可是一直流行着。这值得我们想想，为什么会如此呢？是一般人爱起哄吗？还是确实有用，非用不可呢？”③ 朱自清先生这里用了反问的语气，实际上正面回答了标语口号“确实有用，非用不可”，明确了标语的积极功能。

由于标语口号深厚的文化底蕴、悠久的历史传承、最具力量和鼓动性，加上苏区的地理环境偏僻、当时苏区群众文盲较多、文化水平整体不高，更由于国民党反动派长期对苏区的经济封锁、舆论封锁和欺骗宣

---

① 《马克思恩格斯全集》第 29 卷，人民出版社 2020 年版，第 279 页。

② 《列宁全集》第 32 卷，人民出版社 2017 年版，第 6 页。

③ 朱自清：《标准与尺度》，岳麓书社 2011 年版，第 35 页。

传，导致苏区的革命战争环境十分残酷，当年共产党和红军所处环境非常艰难，开展宣传工作十分艰难！早期的苏区缺乏大规模出版报纸、杂志、书籍的条件和经费，而标语宣传受时间、地点、人才、资金、技术等条件的限制比较小，在苏区便于推行。中国共产党将其作为马克思主义中国化、大众化的一种重要传播手段，在革命实际斗争中经常运用标语口号这种宣传形式，并将其推到了极致。

毛泽东自始至终重视发挥标语的宣传鼓动和组织动员作用，他早在《湖南农民运动考察报告》中指出："政治宣传的普及乡村，全是共产党和农民协会的功绩。很简单的一些标语、图画和讲演，使得农民如同每个都进过一下子政治学校一样，收效非常之广而速。"① 在井冈山时期，毛泽东在中国共产党湘赣边界第二次代表大会上专门提出了要重视宣传工作问题，他说："过去边界各县的党，太没有注意宣传工作，妄以为只要几支枪就可以打出一个天下，不知道共产党是要在左手拿宣传单，右手拿枪弹，才可以打倒敌人的。"② 毛泽东主张将宣传工作突出到与军事工作同等重要的位置，克服了将军事工作与政治思想工作对立起来的单纯军事思想。井冈山和中央苏区时期，由于根据地条件非常艰苦，不具备出版报纸条件。毛泽东因地制宜提出要多运用标语、口号形式搞好宣传工作。同时，也足够重视对于图画人才的引进。毛泽东在 1928 年 11 月写下的《井冈山的斗争》一文中就这样写道："文字宣传，如写标语等，也尽力在做。每到一处，壁上写满了口号。惟缺绘图的技术人才，请中央和两省委送几个来。"③ 红四军成立以后，

---

① 《毛泽东选集》第 1 卷，人民出版社 1991 年版，第 35 页。

② 《建党以来重要文献选编（1921～1949）》第 5 册，中央文献出版社 2011 年版，第 637 页。

③ 《建党以来重要文献选编（1921～1949）》第 5 册，中央文献出版社 2011 年版，第 748 页。

军队中的宣传机构设置开始走向了正规化，建立了宣传兵制度。

时任红四军政治部主任的陈毅在 1929 年 9 月写的《关于朱毛军的历史及其状况的报告》中这样记述："红军现在有一个宣传兵制度，凡军队每一个机关（如连部、营部或政治部，卫生队等）均须派五个人担任宣传工作，这五个人不背枪，不打仗，不服勤务，名叫宣传兵。此五人分两组。一组为演讲队，担任口头宣传……其外一组为文字宣传组，两个人每人提一个石灰桶，大小笔各一支，凡军队经过的地方，墙壁上要统统写满红军标语……许多地方群众说：'红军一到，满街鲜红，等于过年。'"①

由于红军重视标语简捷明快的宣传效果，经历过革命战争的苏区，红色标语无处不在。标语，是红军在革命战争中运用最广泛的文艺形式。通俗易懂、生动活泼、朗朗上口的标语，成为红军宣传工作的"轻骑兵"。现在也有人把红色标语形象地比喻为时下流行的"微博"和"微信"。

当年，红色标语就犹如黑夜的霹雳、指路的明灯、出征的战鼓、冲锋的号角、出鞘的利剑，起到了传播革命真理、宣传马克思主义新思想、宣传党和红军的路线方针政策、鼓舞激励红军斗志、宣传动员各族群众、唤醒广大民众的觉醒、瓦解震慑战胜敌军等重大作用，同时为根据地的创建、巩固与发展起到了巨大的作用。通俗易懂的红军标语恰好成为红军宣传工作的"轻骑兵"，当时红军中就流传这样一句口号："每一个口号抵得上红军一个军。"可以说，红色标语是特定历史条件下的产物，是中国革命文化史上独特的现象，是党的思想政治工作的重要形式，是红军宣传鼓动工作的一大创举。

---

① 《建党以来重要文献选编（1921～1949）》第 6 册，中央文献出版社 2011 年版，第 460—461 页。

目前，在井冈山及中央苏区等革命老区，仍然有大量的红色标语遗存。井冈山的茅坪、茨坪等地就有很多遗存的红色标语。中央苏区反“围剿”中心宁都小布更有硕大的标语墙，遗存有“红军不打穷人”“打到长沙去，活捉鲁胖子”等标语。川陕苏区的一座大山上，还有巨型石刻标语“赤化四川”四字，每个字有两三个人身高，气势恢宏，赫然在目。这些革命标语，既是珍贵的革命历史遗存、革命文物，也是中国共产党一笔极为宝贵的精神财富。这些红色标语是苏区时期进行革命文化宣传的真实原始记录，是见证当年革命斗争风云的“活化石”，是展示革命战争年代文化宣传工作成果的生动教材，是我们进行爱国主义教育、革命传统教育的生动教科书。挖掘和整理这些红色标语，对当前党的思想政治工作、文化宣传工作及干部教育培训工作等仍有非常重要的现实意义。

中国井冈山干部学院颜清阳教授，多年来从事党的干部教育事业、井冈山斗争史、党的建设等研究和教学工作，潜心研究苏区红色标语。本研究 2014 年获得国家社科基金资助，2019 年顺利结项并获得“良好”等次，实属不易。现将研究成果结集出版，图文并茂，文史皆佳，替前辈著青史，为后人留真迹。无论存史、资政、育人，以史鉴今、以史铸魂、以史惠民，均有益处。

本书不同于以往已经出版的一些标语集，目前可见的一些标语集更多的是将当地的红色标语遗存图片进行选辑成册，没有多少论述。本书注重的是“论”，从学术的角度论述红色标语产生的历史背景、主要表现形式、语言特点、主要功能；论述苏区时期红色标语宣传的历史背景，苏区时期我党对标语宣传工作的重视，苏区标语宣传工作的历史进程、特点及作用；论述中国共产党和工农红军的性质、宗旨、任务；论述标语背后所体现的党的路线、方针、政策与策略，等等。

我在中国井冈山干部学院从事教学研究工作、任特聘教授13年，与颜清阳教授共事相处，友情深厚。此次颜清阳教授提出让我写序，我盛情难却，欣然命笔，权以作序。我热心推荐此书，期盼各级党委政府和广大党员领导干部，在党史学习的热潮中，重视保护珍贵的红色标语遗存，加强红色文化资源的开发利用，抢救、保护好红土地上的“活化石”，留住不能忘却的红色记忆。从中学习中国共产党艰苦卓绝、波澜壮阔的斗争历史，领略党和红军卓越的宣传艺术，汲取深厚的精神营养。用党的奋斗历程和伟大成就鼓舞斗志、明确方向，用党的光荣传统和优良作风坚定信念、凝聚力量，用党的实践创造和历史经验启迪智慧、砥砺品格。以史为鉴，开创未来，不忘初心、牢记使命，为实现第二个百年奋斗目标而努力奋斗！

是为序。

余伯流

2022年1月20日

于海南白马井蓝岛小区

（作者曾任江西省委党校副校长、江西省委党史研究室副主任。现为江西省社会科学院首席研究员，中国井冈山干部学院特聘教授，南昌大学、江西师范大学兼职教授。享受国务院特殊津贴，系江西省社会科学院重点学科“中国苏区史”学科带头人）

目录

第一章

导论

第一节

课题研究的意义

井冈山，是中国革命的摇篮。瑞金，是中华人民共和国的摇篮。苏区时期，中国共产党非常重视宣传工作，进行了大量卓有成效的宣传工作。但是由于时代条件的限制，在当时主要是以红色标语宣传为主。这些红色标语目前仍大量存在于山区农村的住房、城门、门柱、神庙、祠堂、牌坊上。到了中央苏区时期，红色标语宣传工作更加成熟。

苏区红色标语，是指“在土地革命战争时期，中国共产党领导下的苏区人民，在公共场所刷写的反映新民主主义革命诉求的简短句子”。① 在中国革命的历史进程中，在苏区的红色土地上，红色标语随处可见。形式多种多样，内容丰富多彩，政治与政策性都很强，有着鲜明的号召力与感染力。作为一种独特的宣传形式，在革命战争年代发挥着独特的作用。这些革命标语，既是珍贵的革命历史遗存，也是中国共产党一笔极为宝贵的精神财富。挖掘和整理这些红色标语，对当前加强党的执政能力建设、推动马克思主义大众化、培育和践行社会主义核心价值观、政治动员工作、宣传思想工作、干部教育培训工作及老区经济建设等工作仍有非常重要的现实意义。其研究意义和时代价值主要集中体现在以下七个方面。

---

① 颜清阳、刘浩林：《苏区红色标语及其现实价值探析》，《中国井冈山干部学院学报》2014 年第 7 期。

一是执政资源利用价值。红色标语为革命战争时期揭示中国共产党和人民军队的性质、宣传中国共产党的政策和策略主张起到了非常重要的作用，为夺取中国革命胜利作出过重大贡献。时至今日，通过对红色标语的解读，仍可以感悟到革命战争年代那些正确的政策与策略所蕴涵的积极意义和时代价值，从而对当前党和国家优化政策选择、提高政策和策略水平、提升党的执政能力，有一定的借鉴与启示。

二是政治动员经验价值。红色标语是革命时期争取群众的重要武器，红色标语宣传起到了很好的动员群众作用。其提供的政治动员经验，为当前做好群众动员工作提供了一定的借鉴与启示。红色标语所宣传的内容，正是契合了当时大多数人民群众的诉求和意愿。因为只有满足了人民群众的需求，才能起到重要的群众动员作用。当前的群众宣传与群众动员工作也必须时刻以回应人民群众的诉求和呼声为出发点和落脚点，关注人民群众最关心、最直接、最现实的利益问题，这样才能产生实际效果。

三是对当代中国马克思主义大众化的经验启示价值。苏区标语宣传在推动马克思主义大众化过程中扮演了重要的角色。在艰苦的革命战争环境中，苏区标语以其坚定鲜明的无产阶级立场、通俗易懂的文字语言、丰富全面的理论内容而成为传播马克思主义的重要传播工具，在推动马克思主义大众化方面发挥了重要的作用。而且，中国共产党用标语这种形式来探索对马克思主义大众化的传播相当成功。苏区标语宣传在马克思主义大众化过程中发挥了重要作用，其成功的实践经验为当代中国马克思主义的大众化留下了许多重要的历史启示。

四是宣传思想工作启迪价值。红色标语是红色文化的重要组成部分，是对中华民族优秀传统文化的继承与弘扬，在当时起到了宣传群众、动员群众、武装群众的重要作用。红色标语宣传为做好当前的宣传思想工作提供了一定的启迪。比如，必须加强党对宣传思想工作的全面领导，必须主动占领舆论宣传阵地，必须注意创新宣传的方式方法，必须注重加强宣传干部队伍的建设，等等。对红色标语宣传展开系统研究，对于新时期做好宣传思想工作，增强“四个意识”，坚定“四个自信”，做到“两个维护”，有着极其重要的时代价值和现实意义。

五是培育和践行社会主义核心价值观的借鉴价值。红色标语的主体部分是在革命战争年代形成的，作为战争年代的物质和精神文化遗产，其核心和灵魂是在当时的环境下孕育生成的一整套政治理念与价值观念。在革命战争时期，经过血与火的战斗洗礼，革命前辈与先烈们始终坚守忠诚、爱国、为民、敬业、奉献、求实、民主等一系列政治价值取向。这些价值范畴表明了老一辈无产阶级革命家对政治价值理念的不懈探求。在新时代发掘与运用红色标语，全面深刻地提炼其中的精华部分并加以发扬光大，既有利于社会主义先进文化的发展，同时也为实现社会主义核心价值观大众化提供了很好的文化氛围和实践环境，为培育和践行社会主义核心价值观提供了许多有益的借鉴。

六是干部教育培训资源利用价值。许多革命老区保留下来的红色标语遗址和可歌可泣的革命故事，既是宝贵的精神财富，也是开展干部教育培训的重要资源。中国井冈山干部学院充分利用井冈山及其周边不可多得的宝贵红色资源进行干部教育培训，让每一个现场教学点都成为一部生动的教科书，让每一个革命旧址旧居都成为党员干部党性锻炼的熔炉。通过现场教学，达到了牢固党员干部党性宗旨、增强理想信念的目的。苏区遗存的大量红色标语目前已经成为党员干部进行党性教育的重要资源。

七是红色旅游资源开发利用价值。近年来，一些革命老区利用自己丰富的红色文化资源，特别是充分挖掘、保护和利用好红色标语资源，大力发展红色旅游业以及红色文化产业，做好红色旅游＋文章，大力发展红色＋古色＋绿色旅游，整合红色标语文化资源＋古色资源（历史传统与民俗文化）＋绿色资源（生态旅游与悠闲旅游），吸引了很多游客，获得了很大的经济效益，从而为老区的经济发展做出了一定的贡献。

第二节 文献综述

近年来关于红色标语主题的研究，可概括如下。

一、著作类

从目前能够找到的相关著作来看，只有 10 本红色标语选（集），分别为曾宪文、谢敬霞主编的《岁月留痕——井冈山红色标语选》，① 熊彤主编的《井冈山的红色标语》，② 赣州市文化局、赣州市文物管理局编写的《红色印迹——赣南苏区标语漫画选》，③ 江西省宁都县博物馆编写的《历史的足迹——江西省宁都县苏区墙头革命标语、画选编与研究》，④《中央苏区文艺丛书》编委会编写的《中央苏区标语集》，⑤ 尚守庆编著的《红色标语——中央苏区标语口号收藏集锦》，⑥ 李世明编著的《指路的明灯：长征标语口号》，⑦ 张秋华、贾京玉编著的《红色印迹——福建永安红军标语集锦》，⑧ 周新发所著《红色守望——炎

① 参见曾宪文、谢敬霞：《岁月留痕——井冈山红色标语选》，江苏人民出版社 2007 年版。

② 参见熊彤：《井冈山的红色标语》，江西人民出版社 2016 年版。

③ 参见赣州市文化局、赣州市文物管理局：《红色印迹——赣南苏区标语漫画选》，文物出版社 2006 年版。

④ 参见江西省宁都县博物馆：《历史的足迹——江西省宁都县苏区墙头革命标语、画选编与研究》，江西人民出版社 1988 年版。

⑤ 参见本书编委会：《中央苏区标语集》，长江文艺出版社 2017 年版。

⑥ 参见尚守庆：《红色标语——中央苏区标语口号收藏集锦》，解放军出版社 2018 年版。

⑦ 参见李世明：《指路的明灯：长征标语口号》，国防大学出版社 2012 年版。

⑧ 参见张秋华、贾京玉：《红色印迹——福建永安红军标语集锦》，中共党史出版社 2013 年版。

陵县红军标语选辑》,[①] 中共乐安县委宣传部、乐安县文化广电新闻出版局编写的《乐安红印》[②] 等。

这 10 本书籍只是以红色标语选辑为主，只有一两本书的前言里面对红色标语有简单的介绍，但是，对于红色标语宣传的政策背景、历史进程、历史意义、主要内涵及政策意义、时代价值等内容基本上没有阐释。

二、博士硕士论文类

在中国知网中以“苏区标语”“红军标语”“土地革命战争时期标语”“红色标语”等作为关键词进行检索，迄今为止，共发表了与苏区红色标语相关的博士学位论文 1 篇，硕士学位论文 6 篇。

中国矿业大学（北京）苏若群 2014 年撰写的博士论文《土地革命战争时期党的标语口号思想政治教育功能研究》，主要是对土地革命战争时期党的标语口号的内容进行了系统的归类和总结，指出土地革命战争时期党的标语口号具有思想政治教育的功能，具体分析了其政治功能、经济功能、文化功能及军事功能。[③]

南昌大学杨宇光 2010 年撰写的硕士论文《中央苏区红色标语的历史考察与当代价值研究》，主要是从中央苏区红色标语历史考察的角度来阐述，并对中央苏区红色标语的当代价值进行了研究。[④] 西南大学杨通祖 2011 年撰写的硕士论文《中央苏区土地法宣传通俗化研究（1927—1934）——以口号、标语为宣传模式的考察》，主要是认真总结和归纳了党在革命战争年代所探索的对土地法用标语口号这种通俗

① 参见周新发：《红色守望——炎陵县红军标语选辑》，湖南人民出版社 2016 年版。

② 参见中共乐安县委宣传部、乐安县文化广电新闻出版局：《乐安红印》，中国图书出版社 2018 年版。

③ 参见苏若群：《土地革命战争时期党的标语口号思想政治教育功能研究》，中国矿业大学博士学位论文 2014 年。

④ 参见杨宇光：《中央苏区红色标语的历史考察与当代价值研究》，南昌大学硕士学位论文 2010 年。

化的宣传模式，认为这种宣传模式获得了巨大的成功，值得我们借鉴。[①] 南昌大学杨娜 2014 年撰写的硕士论文《中央苏区标语传播研究》，主要是从传播学的角度，对中央苏区标语的传播内容、传播技巧和传播效果进行全面系统的分析，深层次挖掘中央苏区标语的历史贡献，总结了其标语传播经验及其时代价值。[②] 暨南大学何艳明 2014 年撰写的硕士论文《土地革命时期中共标语口号宣传研究》，主要是分析了土地革命战争时期中国共产党标语口号的内容、特点、功能，特别是阐述了中国共产党标语宣传工作的现实启示。[③]

湘潭大学周利娟 2016 年撰写的硕士论文《中央苏区红军标语研究》，主要介绍了中央苏区红军标语的类型与科学内涵，以及标语的发布者、发布地点和发布方式等，着重阐述了红军标语的语言特点，最后深刻分析了苏区红军标语的效果。[④] 电子科技大学闵楠 2016 年撰写的硕士论文《标语：四川省红军的思想宣传方式研究》，主要介绍了四川省红军的思想宣传方式，认为在当今我们大力推进马克思主义中国化、时代化、大众化的过程中，要传承和弘扬党的优良传统，多利用通俗化的形式，对广大人民群众进行社会主义核心价值观教育。[⑤] 扬州大学尚媛媛 2018 年撰写的硕士论文《国民革命时期中国共产党标语口号宣传研究（1924—1927）——基于传播学视角》，主要是运用传播学理论对国民革命时期中国共产党的标语口号宣传工作进行了系统的理论分析，总结其成败得失、经验教训和历史启示。[⑥]

以上这些博士、硕士论文从各种角度介绍了苏区时期红色标语的

---

① 参见杨通祖：《中央苏区土地法宣传通俗化研究（1927—1934）——以口号、标语为宣传模式的考察》，西南大学硕士学位论文 2011 年。

② 参见杨娜：《中央苏区标语传播研究》，南昌大学硕士学位论文 2014 年。

③ 参见何艳明：《土地革命时期中共标语口号宣传研究》，暨南大学硕士学位论文 2014 年。

④ 参见周利娟：《中央苏区红军标语研究》，湘潭大学硕士学位论文 2016 年。

⑤ 参见闵楠：《标语：四川省红军的思想宣传方式研究》，电子科技大学硕士学位论文 2016 年。

⑥ 参见尚媛媛：《国民革命时期中国共产党标语口号宣传研究（1924—1927）——基于传播学视角》，扬州大学硕士学位论文 2018 年。

定义、特征、功能和启示，分析了其时代价值，力求为新时代中国共产党的政治宣传、群众动员等工作提供启示和经验借鉴。但是，笔者认为这些研究对红色标语宣传的历史背景、标语宣传的主要方式及其重大历史意义等相关内容的解读不够深刻，特别是对苏区标语的政策内涵和深刻意蕴基本上没有解读，对红色标语宣传的当代价值分析不全面、不透彻，对苏区红色标语的保存现状及其开发利用没有进行全面深刻的分析。

三、期刊论文类

在中国知网中以“红军标语”“红色标语”“苏区标语”“土地革命战争时期标语”等作为关键词进行检索，去除重复的论文，迄今为止，共有151篇相关文章。这些期刊论文主要从以下七个方面对苏区红色标语进行研究。

一是对某地区的苏区遗存标语进行内容介绍。大多数文章是对某省或者某地区的苏区标语遗存的内容进行介绍。

有些文章主要是对井冈山的红色标语遗存及其主要内容进行了研究。这方面的文章主要有：熊轶欣《井冈山行洲标语群与红军政治宣传》（党史文苑，2011.12），赖宏《井冈山行洲红军标语解读》（中国井冈山干部学院学报，2010.4），饶道良《井冈山红色标语产生的经过及其历史意义》（党史文苑，2011.16），周金碧《井冈山上的红军标语》（文物，1964.10），吴声乐、吴子怡《吉安县红军标语新发现》（党史文苑，2018.11），等等。

有些文章主要是对福建省的红色标语遗存及其主要内容进行了研究。这方面的文章主要有：林建棋《沙县湖源中央红军东方军旧址群红色标语解析》（福建文博，2018.4），郑爱清《浅析1932年红军在漳州期间的墙面标语》（文物鉴定与鉴赏，2017.5），张丽华《千条红军标语见证福建省苏维埃政权在永安的蓬勃发展》（福建党史月刊，2012.21），钟健英《全国罕见的永安红军标语群探析》（福建党史月刊，2012.18），郑华《三明市红军标语遗存》（福建文博，2011.3），刘晓迎、傅春旭《永安沧海村的红军抗日标语》（福建党史月刊，2011.14），赵爱玉、赵秀玉《武夷山市余庆桥红军标语的内涵及年代分析》（福建文博，2011.1），赵建平、刘斌《武夷山发现苏维埃时期红军标语群》（福建党史月刊，2008.4），张继民《在清水乡，我们新发现了红军标语》（福建党史月刊，2007.1），钱一群《在福建永安山区发现的红军标语》（档案与建设，2006.12），林东祥《武平县中堡镇遗存的红军标语》（福建党史月刊，2006.11），管其乾《鲜为人知的石峰村红军标语和石峰峡之战》（文史春秋，2006.10），张宗铝《尤溪新发现红军宣传标语》（福建党史月刊，2002.9），吴升辉《闽西苏区红色标语文化内涵探析》（福建党史月刊，2016.1），张丽华《红色标语：东方军在永安使用的第二武器》（福建党史月刊，2013.22），黄艺娜《苏区时期的永定革命标语》（龙岩学院学报，2018.1），等等。

有些文章主要是对湖南省特别是炎陵县的红色标语遗存及其主要内容进行了研究。这方面的文章主要有：周新发《炎陵红军标语及其特点》（株洲师范高等专科学校学报，2005.3），贺吉元《定格在炎陵大地上的红军标语》（中国档案，2008.1），周文斌《炎陵红军标语的特点及其对当前文化宣传工作的启示》[湖南科技大学学报（社会科学版），2013.16]，谢旭斌、叶子雅《湘西南传统村落景观中红色标语的文化传承研究》[井冈山大学学报（社会科学版），2018.2]，余振魁《一条红军标语的故事》（湖南党史，1995.4），刘庭燕《永顺红军标语》（中国老区建设，2004.9），等等。

有些文章主要是对广东省特别是大南山革命根据地的红色标语遗存及其主要内容进行了研究。这方面的文章主要有：罗建华、郑桂槟的《刻在石头上的不朽标语——记大南山革命石匠翁千》（红广角，2011.9），林楚明《翁千与大南山革命石刻标语》（源流，2011.11），郑会侠《大南山革命石刻标语群》（中国老区建设，2006.11），黄玉质、吴振华《广东大南山革命根据地的石刻标语》（文物，1964.11），等等。

有些文章主要是对广西壮族自治区特别是右江革命根据地的红色标语遗存及其主要内容进行了研究。这方面的文章主要有：黄勇樽、赖海丽、蒙妙《河池镇红军标语楼的红色文化意蕴》[教育观察（上半月），2016.5.9]，盘朝月《红军标语与瑶胞崖刻诗》（文史春秋，2004.8），黄利明《红色历史的见证——桂北的红军标语》（当代广西，2011.13），胡耀南《百色起义期间的标语研究》[党史博采（理论），2012.1]，等等。

有些文章主要是对贵州省特别是红军长征时的红色标语遗存及其主要内容进行了研究。这方面的文章主要有：洪涛《长征时期红军在贵州民族地区的标语与党的宣传策略初探》（贵州民族研究，2016.37.8），吴正光《贵州高原的红军标语》（理论与当代，2005.5），闵廷均、颜永强《红军长征在遵义时的标语探析》（遵义师范学院学报，2010.6），张成君《标语见证石阡红色历史》（文化月刊，2013.7），周诗若《考察红军标语遗迹》（贵阳文史，2003.1），等等。

有些文章主要是对四川省特别是川陕苏区的红军石刻标语遗存及其主要内容进行了研究。这方面的文章主要有：陈必《四川省地区红军标语的研究》（四川省文物，1999.5），陈继红《红军长征过凉山留下的标语》（四川省文物，1999.4），郑丽天《达州红军石刻标语概述》（四川省文理学院学报，2014.4），张明扬《川陕苏区的红军石刻标语》（四川省文物，1996.5），范厚坤《红军北上抗日的石刻标语》（军事历史，1996.3），周曰琏《芦山留存的红军标语及其价值》（四川省文物，1996.2），左汤泉《汉中地区红军石刻标语初识》[汉中师院学报（哲学社会科学版），1990.2]，王明渊《川陕苏区的石刻标语》（四川省文物，1991.4），田中锦《大路河红军石刻标语》（中国老区建设，2016.11）以及《巴山深处的爱国主义教育基地——中国工农红军石刻标语园》（国防，2015.11），何丽君《刘瑞龙策划红军石刻标语之王“赤化全川”》（党史博览，2015.3），王强《红军石刻标语之“冠”》

（中国老区建设，2005.5），田茂德《川陕根据地金融事业石刻标语》（四川省金融研究，1983.6），等等。

二是对苏区标语的功能进行研究。有些学者对苏区标语的各种功能进行了研究。这方面的文章主要有：韩承鹏《标语口号的功能研究》（思想理论教育，2008.15），苏若群博士论文《土地革命战争时期党的标语口号思想政治教育功能研究》，杨巧、金燕《小形式与大效能：革命战争时期中国共产党标语口号的思想政治教育功能研究》（甘肃理论学刊，2014.1），侯丽波《标语口号的思想政治教育功能探析》（东南传播，2012.3），周利生《革命标语：苏区民众政治动员的重要载体》（苏区研究，2015.4），黄亦君《政治符号与社会动员——长征时期红军标语的社会学解读》（攀登，2016.5），余海超《论长征标语的社会动员功能》（南京政治学院学报，2016.4），王雪竹《新民主主义革命时期中国共产党标语宣传研究》（中共济南市委党校学报，2011.4），徐德智《中央苏区红色标语的传播功效及宣传启示——基于传播学的视角》（东南传播，2014.9），等等。利用红色标语进行政治动员，是苏区群众动员的一条成功经验。

三是对苏区标语的特点进行研究。有些学者对苏区标语的各种特点，从不同角度专门进行了研究。这方面的文章主要有：于忠元、侯德泉《简析红军标语的语言特点》（长沙大学学报，2011.25），周新发《炎陵红军标语及其特点》（株洲师范高等专科学校学报，2005.3），周文斌《炎陵红军标语的特点及其对当前文化宣传工作的启示》[湖南科技大学学报（社会科学版），2013.16]，周利娟《中央苏区红军标语研究》（湘潭大学硕士学位论文，2016），刘善玖、黄保华《论中央苏区革命标语宣传的特点与作用》[井冈山师范学院学报（哲学社会科学版），2002.4]，杨宇光《中央苏区红色标语的历史考察与当代价值研究》（南昌大学硕士学位论文，2010），李安葆《长征标语漫议》（党史研究与教学，2004.4），黄亦君《政治符号与社会动员——长征时期红军标语的社会学解读》（攀登，2016.35），等等。

四是对苏区标语宣传的历史作用或意义进行研究。有一些学者对井冈山时期的红色标语的历史作用或意义进行了研究。如胡玉春撰写的《红军的标语》认为“标语，是红军运用最广泛的文艺宣传形式；是红军宣传工作的轻骑兵；是红军扩大队伍的旗帜；是红军瓦解白军的利刃”。[①] 肖居孝在《论对联在井冈山斗争中的政治宣传作用》一文中认为在苏区各种宣传形式中，对联占有重要的地位。[②] 饶道良在《井冈山红色标语产生的经过及其历史意义》一文中对井冈山红色标语的历史意义进行了研究。熊轶欣撰写的《井冈山行洲标语群与红军政治宣传》认为“井冈山行洲红军标语群，为建设革命根据地发挥了积极的宣传鼓动作用”。[③] 赖宏撰写的《井冈山行洲红军标语解读》认为“井冈山行洲红军标语，发挥了正确的政治导向作用和积极的宣传鼓动作用”。[④]

有一些学者对中央苏区时期的红色标语的历史作用或意义进行了研究。如刘善玖、黄保华撰写的《论中央苏区革命标语宣传的特点与作用》认为“革命标语在提高人民群众阶级觉悟、增强农民阶级意识以及对敌斗争中起着重要作用”[⑤]。黄保华、朱腾云撰写的《论中央苏区的革命标语宣传》认为“中央苏区革命标语宣传，对中央苏区创建、巩固和发展起了重要的促进作用”[⑥]。叶福林在《力抵神兵震敌胆，鼓舞斗志壮军威——试论土地革命战争时期中央苏区的标语宣传工作》一文中认为“中央苏区的标语宣传工作，在反‘围剿’战争中

① 胡玉春：《红军的标语》，《新文化史料》2000年第3期。

② 肖居孝：《论对联在井冈山斗争中的政治宣传作用》，《党史文苑》2008年第24期。

③ 熊轶欣：《井冈山行洲标语群与红军政治宣传》，《党史文苑》2011年第12期。

④ 赖宏：《井冈山行洲红军标语解读》，《中国井冈山干部学院学报》2010年第3期。

⑤ 刘善玖、黄保华：《论中央苏区革命标语宣传的特点与作用》，《井冈山师范学院学报》（哲学社会科学版）2002年第4期。

⑥ 黄保华、朱腾云：《论中央苏区的革命标语宣传》，《赣南师范学院学报》1998年第2期。

产生了极其广泛的影响”。[①] 杨宇光撰写的《中央苏区红色标语的历史考察与当代价值研究》认为中央苏区红色标语“传播了我党的政治经济主张，扩大了我党我军的影响；启发了苏区人民的阶级觉悟，凝聚了广泛的社会力量；回击了国民党的反革命宣传，极大动摇了敌人的军心”。[②] 周利娟在《中央苏区红军标语研究》一文中认为中央苏区红色标语具有“政策宣传效果，动员群众效果，壮大队伍效果，瓦解敌军效果，锻炼战士效果，稳定社会效果”等作用。[③]

还有一些学者对长征时期的红色标语的历史作用或意义进行了研究。如文东柏在《长征路上的标语口号》一文中认为：“红军标语口号是红军留下的宝贵文化遗产，是长征路上中国共产党政治宣传工作的壮美诗篇，是进行中共党史教育、革命传统教育的生动教材。”[④] 裴恒涛在《略论红军长征中的宣传工作》一文中认为：“长征中红军用各种各样的标语宣传形式，宣传了中国共产党和红军，使革命的火种传遍中华大地，为长征的胜利，起到了巨大的推动作用。”[⑤] 于丽桃在《长征时期红军标语口号浅析》一文中认为：“长征时期的红军标语口号传播了革命真理，震慑瓦解了敌人，唤醒了受苦民众，凝聚了革命力量。”[⑥]

五是对苏区标语的马克思主义中国化与大众化进行研究。苏区标语对马克思主义中国化与大众化的推动作用也是学者研究的一个重点。如苏若群博士撰写的论文《土地革命战争时期党的标语口号思想政治教育功能研究》中，专门有一章对土地革命战争时期党的标语口号与马克思主义大众化进行了研究。渠长根、贾迎宾在《标语口号是马克

---

① 叶福林：《力抵神兵震敌胆，鼓舞斗志壮军威——试论土地革命战争时期中央苏区的标语宣传工作》，《军事历史》2012 年第 2 期。

② 杨宇光：《中央苏区红色标语的历史考察与当代价值研究》，南昌大学硕士学位论文 2010 年。

③ 周利娟：《中央苏区红军标语研究》，湘潭大学硕士学位论文 2016 年。

④ 文东柏：《长征路上的标语口号》，《新阅读》2021 年第 3 期。

⑤ 裴恒涛：《略论红军长征中的宣传工作》，《遵义师范学院学报》2007 年第 2 期。

⑥ 于丽桃：《长征时期红军标语口号浅析》，《中共山西省委党校学报》2016 年第 5 期。

思主义大众化的有效实现形式》一文中指出："标语口号凝结了马克思主义的理论成果，标语口号促进了马克思主义的大众化。"① 朱潇潇在《苏区标语与中国马克思主义的大众化语言艺术》一文中从语言学的角度来分析苏区标语与中国马克思主义的大众化，认为"苏区标语生动地展示了马克思主义的中国化、大众化，发挥了'战斗匕首'的作用"。② 张品良在《苏区马克思主义大众化传播的标语文本解读》一文中从传播学的视角来解读苏区红色标语文本，认为用标语传播马克思主义这种成功的传播经验，值得我们当前在推动当代中国马克思主义大众化过程中学习与借鉴。③ 厉有国在《新民主主义革命时期党的标语口号在马克思主义大众化中的角色分析》一文中对标语口号在马克思主义大众化中的角色进行了分析。④ 陈岗在《马克思主义大众化在川陕苏区的实践及启示——基于红军石刻标语政治文化的视角》一文中，对马克思主义大众化在川陕苏区的实践及启示进行了分析，认为"川陕苏区党和红军通过石刻标语实现了马克思主义大众化在具体内容和表现形式上的有机结合"。⑤ 刘振勇、陆霞在《马克思主义大众化视阈下长征红色标语文化的传播分析》一文中指出："长征中红色标语文化的设计、宣传和实施的精神、原则、宗旨，促进了马克思主义大众化的传播和深化"，⑥ 等等。

六是对苏区标语的时代价值进行研究。也有许多学者对苏区标语

---

① 渠长根、贾迎宾：《标语口号是马克思主义大众化的有效实现形式》，《中共郑州市委党校学报》2011 年第 3 期。

② 朱潇潇：《苏区标语与中国马克思主义的大众化语言艺术》，《中共中央党校学报》2011 年第 15 期。

③ 参见张品良：《苏区马克思主义大众化传播的标语文本解读》，《东南传播》2010 年第 9 期。

④ 参见厉有国：《新民主主义革命时期党的标语口号在马克思主义大众化中的角色分析》，《上海党史与党建》2011 年第 5 期。

⑤ 陈岗：《马克思主义大众化在川陕苏区的实践及启示——基于红军石刻标语政治文化的视角》，《临沂大学学报》2014 年第 36 期。

⑥ 刘振勇、陆霞：《马克思主义大众化视阈下长征红色标语文化的传播分析》，《遵义师范学院学报》2015 年第 6 期。

的时代价值进行了研究，如刘浩林撰写的《论井冈山红色标语的历史作用和启示》一文认为："井冈山及其周边地区分布广泛的红色标语是革命先辈留给后人的宝贵精神财富和红色文化遗产，其价值功能不仅彰显在革命战争年代，更体现在对当前思想政治工作的积极影响。"[①]周文斌撰写的《炎陵红军标语的特点及其对当前文化宣传工作的启示》一文中主要就炎陵县红色标语对当前文化宣传工作的启示进行了研究。[②] 杨宇光撰写的论文《中央苏区红色标语的历史考察与当代价值研究》，对中央苏区红色标语的当代价值进行了研究，认为中央苏区红色标语在当代仍然具有"执政资源利用价值，政治动员经验价值，红色旅游开发价值和标语宣传启示价值等"。[③] 徐德智在《中央苏区红色标语的传播功效及宣传启示——基于传播学的视角》一文中，从传播学的角度论述了中央苏区红色标语的传播功效及宣传启示，认为"标语宣传的特性和本身功能赋予它在公共治理过程中的较大空间价值，启示我们在当今标语宣传中，要注重反映群众诉求、符合受众心理特点、雕琢大众语言口味和尊重客体民主话语等"。[④] 宋彩梅在《土地革命以来中国共产党标语的历史变迁及当代价值研究》一文中，结合土地革命以来标语的历史变迁过程，提出了今后标语发展应注意坚持的原则。[⑤] 刘坤远在《论广元地区红军石刻标语的当代教育和宣传价值》一文中探讨了红军石刻标语在当代的教育和宣传价值。[⑥] 李安葆在《长征标语漫议》一文中指出长征时期红军留下的大量标语，是进行革

---

① 刘浩林：《论井冈山红色标语的历史作用和启示》，《福建党史月刊》2012 年第 18 期。

② 参见周文斌：《炎陵红军标语的特点及其对当前文化宣传工作的启示》，《湖南科技大学学报（社会科学版）》2013 年第 2 期。

③ 杨宇光：《中央苏区红色标语的历史考察与当代价值研究》，南昌大学硕士学位论文 2010 年。

④ 徐德智：《中央苏区红色标语的传播功效及宣传启示——基于传播学的视角》，《东南传播》2014 年第 9 期。

⑤ 参见宋彩梅：《土地革命以来中国共产党标语的历史变迁及当代价值研究》，《东南传播》2012 年第 3 期。

⑥ 参见刘坤远：《论广元地区红军石刻标语的当代教育和宣传价值》，《新西部（理论版）》2015 年第 20 期。

命传统教育的生动教材。[①]

七是对苏区标语的保护、开发和利用进行研究。有一些学者对苏区标语的保护、开发和利用进行了研究，提出了一些有益的政策对策和方案措施，以供借鉴，值得参考。如何小文在《井冈山红军标语现状和保护对策》一文中对井冈山红色标语现状进行了调研，提出了保护对策。[②] 何新春、朱荣辉、杨文撰写的《吉安红色标语的保护与利用调研》认为要从技术和机制两个层面上做文章，多部门齐抓共管，红色标语才能得到保护与利用。[③] 福建省连城县科协退休干部邹善水在撰写的《红军标语村亟待保护》中指出在福建省连城县北部一个叫山龙村，红色标语足有近千条之多。[④] 朱廷水在《试论闽西红军标语的保护和利用》一文中，分别提出了分类保护、依法保护、展示利用等保护利用对策。[⑤] 卫扬波、赵晓龙、李玲、王宝金、王啸啸在《恩施州宣恩县高罗乡苏维埃政府旧址红军标语的揭取及保护修复》一文中指出："2011 年 10 月，湖北省文物考古研究所利用国内先进成熟的壁画保护修复方法，对湖北省恩施州宣恩县高罗乡苏维埃政府旧址红军标语墙进行了整体揭取和保护修复，效果良好。"[⑥] 崔梦鹤在《陕西地区红军标语保存现状及保护对策研究》一文"从预防性保护、加强管理、信息保存、开发利用等方面，对各处的标语提出了保护对策建议"。[⑦] 杨尚通在《川陕苏区报刊文献、石刻标语的作用、现状及保护》一文中就如何收集、开发、保护文物工作提出了解决问题的一

---

① 参见李安葆：《长征标语漫议》，《党史研究与教学》2004 年第 4 期。

② 参见何小文：《井冈山红军标语现状和保护对策》，《中国文物报》2011 年 7 月 29 日。

③ 参见何新春、朱荣辉、杨文：《吉安红色标语的保护与利用调研》，《苏区研究》2016 年第 1 期。

④ 参见邹善水：《红军标语村亟待保护》，《中国老区建设》2016 年第 11 期。

⑤ 参见朱廷水：《试论闽西红军标语的保护和利用》，《福建文博》2018 年第 3 期。

⑥ 参见卫扬波、赵晓龙、李玲、王宝金、王啸啸：《恩施州宣恩县高罗乡苏维埃政府旧址红军标语的揭取及保护修复》，《江汉考古》2016 年第 6 期。

⑦ 崔梦鹤：《陕西地区红军标语保存现状及保护对策研究》，西北大学硕士学位论文 2018 年。

些思路和方法。[①] 孙平在《黔南红军标语的调查、保护与开发利用》一文中，对黔南红色标语的遗存进行了调查，提出了黔南红色标语保护的必要性和紧迫性，以及如何对黔南红色标语进行开发利用等。[②]

四、文献综述后的问题剖析

通过对中国期刊网等网络资源的检索和现有的文献资料进行研究，可以看出，虽然目前学术界关于苏区红色标语宣传的研究取得了一些研究成果，但也存在一些问题和不足，笔者认为，学术界目前对红色标语宣传的研究仍然有拓展和深化的空间，具体来说，主要体现在以下三个方面。

首先，缺乏较为系统完整的研究成果。现有研究搜集红色标语的方式主要是选择某一地域，摘抄或是选印该地域中较典型的一些标语。从系统性来看，现有的成果大都是片段的、分散的和零碎的，没有系统研究苏区时期红色标语宣传工作的历史演变过程及其宣传成果，也未有这方面的专著。

其次，理论研究深度尚嫌不足。现有的关于苏区红色标语宣传相关研究成果大多数是片断式的文论，研究视角比较单一，基本上是历史的记载，大多没有进行深入的理论分析，没有对红色标语宣传产生的历史原因、发挥的重大作用、标语遗存保存现状、标语资源如何保护开发与利用等进行系统分析，特别是没有对苏区红色标语文本背后的历史背景和所展示出来的苏区时期党的路线、方针、政策与策略等内涵进行分类解读，因而没有历史的厚重感，理论研究深度不够。

最后，对红色标语的时代价值研究不足。目前对苏区标语时代价值的研究文章不多，只有寥寥可数的几篇文章，而且他们大都是从某

---

① 参见杨尚通：《川陕苏区报刊文献、石刻标语的作用、现状及保护》，《四川文理学院学报》2007 年第 6 期。

② 参见孙平：《黔南红军标语的调查、保护与开发利用》，《黔南民族师范学院学报》2009 年第 5 期。

个角度或侧面进行解读，如有的从传媒学的角度来谈启示，有的从思想政治教育的角度来谈时代价值，有的从宣传的角度来谈当代价值。当然也有从教育价值、研究价值、经济价值和精神价值等角度来谈，但是多数是一笔带过，没有系统深入地进行分析。迄今为止还没有发现从政治、经济、文化、宣传、教育、社会动员、马克思主义大众化、社会主义核心价值观等角度，来系统完整研究苏区红色标语宣传的时代价值这方面的相关理论成果。

第三节 研究方法、研究重点、难点及创新点

一、研究方法

本书主要运用了文献研究法、田野调查法、系统分析法等研究方法。

1. 文献研究法。任何著作的撰写都离不开丰富的文献资料来作支撑，特别是关于苏区时期的标语宣传工作，更加需要查阅大量的相关历史文献资料。因此，笔者首先从中国知网等数据库查阅相关文献资料。其次，通过中国井冈山干部学院图书馆馆藏的苏区历史文献资料和红色文化资源数据库来收集相关资料。再次，赴原苏区各省博物馆、革命纪念馆等查找当地馆藏的相关历史文献资料，向相关专家请教，以获得更多的历史文献材料。最后，通过到原苏区各地进行实地考察，通过当地党史部门获得第一手文献资料。对这些文献资料进行分析整理、科学取舍，梳理形成研究的理论脉络，构成研究的体系框架，为进一步具体研究打下坚实的历史文献基础。

2. 田野调查法。对苏区红色标语的历史考察，客观上要求我们到井冈山、赣南闽西原中央苏区以及其他原苏区省份去，进行大量的实地调查，对苏区遗存标语文本内容进行搜集，故要采取田野调查的方法。但由于时间和精力有限，我们有选择性地赴江西省的井冈山市、吉安市、瑞金市、兴国县等地，福建省的上杭县古田镇、永安市等地，湖南省的炎陵县、茶陵县等地，贵州省的遵义市、铜仁市等地，四川省的巴中市、广元市等地，陕西省的延安市等地进行实地考察，搜集、整理了一定数量的苏区红色标语。

3. 系统分析法。本书将苏区时期中国共产党标语宣传的历史背景、内容特点、政策内涵、时代价值以及苏区标语的遗存、保护、开发利用等有关因素作为一个有联系的整体进行系统研究分析，从而形成一个比较系统、完整的逻辑链。另外，对苏区红色标语宣传的历史考察和红色标语的时代价值的探讨，涉及历史学、政治学、党史党建学、传播学、文物档案学、教育学、经济学、美学等学科，所以本书的写作需要综合运用多学科知识进行系统分析。

二、研究的重点难点

1. 重点。本研究的重点在于探求苏区时期红色标语宣传发展的内在逻辑规律，得出红色标语宣传的当代价值在哪里？以资借鉴。

2. 难点。本研究的难点在于对苏区红色标语的文本进行内涵或政策解读，这种解读要牵涉中国共产党历史等许多文献资料，这需要笔者熟读党史，掌握大量的历史文献资料，还需要笔者具备一定的党建知识背景，否则很难进行深刻的解读。因此，笔者单独设一章来对苏区红色标语的文本进行内涵或政策解读，不仅是一个非常大的挑战，也是一大难点。

三、研究的创新之处

一是苏区红色标语内涵解读。将一些内涵相近的红色标语归类，然后从红色标语的内涵出发，分析研究苏区时期红色标语所体现出的中国共产党和红军的性质、宗旨与任务，分析研究苏区时期红色标语所折射出的中国共产党在政权建设、土地革命、民生、工商、对敌统战等各方面的政策与策略。通过对苏区红色标语的内涵进行解读，特别是从政策的角度进行解读，从而得出对当前中国共产党执政有什么重要的、有益的启示？这样的标语解读原来是学界所没有的，但是，我认为是必要的。因为不能就标语来看标语，标语内涵里面包含着共产党人的初心和使命，值得我们去分析、解读和感悟。

二是苏区红色标语宣传的当代价值探析。从系统学的角度，从执政资源利用价值、政治动员经验价值、宣传思想工作启迪价值、对推动马克思主义大众化的经验启示价值、干部教育培训资源利用价值、培育和践行社会主义核心价值观的借鉴价值、红色旅游资源开发价值七个方面来研究苏区红色标语宣传的当代价值，这是一大创新。特别是对红色标语宣传的“培育和践行社会主义核心价值观的借鉴价值”和“干部教育培训资源利用价值”研究，从这两个视角来研究红色标语宣传的时代价值，是学术界之前相关研究所没有的，这是笔者第一次从这个视角进行研究，也是本研究的创新点。

从井冈山到中央苏区，系统地研究苏区红色标语宣传的发展历程，并结合现实研究其时代意义和资政价值，不仅丰富和拓展了学术研究视野，也从以史资政的高度让我们进一步认识到新时代搞好理论宣传、文化宣传工作的重要性，不断推进马克思主义中国化、大众化、时代化，从而坚定走中国特色社会主义道路的信念与信心，坚定道路自信、理论自信、制度自信、文化自信，坚定深入学习贯彻当代马克思主义、21 世纪的马克思主义——习近平新时代中国特色社会主义思想的信心与决心。

第四节 核心概念的界定

一、苏区及其时间范围

“苏”字缘于俄语汉译“苏维埃”，就是“代表会议”的意思。中国共产党成立之后，学习十月革命的成功经验，就明确表示承认苏维埃管理制度，后又进一步提出建立苏维埃政权的思想。[①]

所谓苏区，“就是中国共产党模仿苏联采用苏维埃政权，即‘工农兵代表会议’组织形式的地区”。[②]

“中国第一个苏区诞生于1927年11月，彭湃分别在广东的陆丰县、海丰县成立了县苏维埃政府。1927年9月，毛泽东领导秋收起义后，上了井冈山，创建革命根据地，11月28日，茶陵县工农兵政府正式成立，中国苏维埃政权的建设从此开始”。[③] 毛泽东在井冈山时期，在短短两年零四个月的时间里，相继成立了6个县的工农兵苏维埃政府和湘赣边界工农兵苏维埃政府。

随着革命形势的发展，“1931年11月7日，在江西瑞金成立了中华苏维埃共和国，中央苏区成为当时全国最大的苏区，苏区建设进入

① 来源网络，百度，苏区，https://baike.so.com/doc/4902305－5120745.html，2013年9月6日。

② 来源网络，百度，苏区，https://baike.so.com/doc/4902305－5120745.html，2013年9月6日。

③ 来源网络，百度，苏区，https://baike.so.com/doc/4902305－5120745.html，2013年9月6日。

了全盛时期。后来随着斗争的发展，党在第二次国内革命战争时期（即土地革命战争时期），先后创建了井冈山革命根据地、中央革命根据地和湘鄂西、海陆丰、鄂豫皖、琼崖、闽浙赣、湘鄂赣、湘赣、左右江、川陕、陕甘、湘鄂川黔等共计十三块革命根据地。”① “抗日战争全面爆发后，国共宣布合作，共同抗日，1937 年 9 月 6 日，成立陕甘宁边区政府。至此，苏区在历经 9 年又 10 个月之后，正式退出了历史舞台。”②

所以，本研究的苏区主要指土地革命战争（或称第二次国内革命战争）时期所建立的革命根据地，时间从 1927 年开始，到 1937 年抗日战争全面爆发结束。

本研究的苏区标语宣传内容重点以井冈山革命根据地和中央革命根据地为主。从这两个地方的标语宣传工作可以看出中国共产党人在开创中国革命的伟大实践中，其坚定信念、矢志不移的精神，实事求是、敢创新路的气概，不畏艰难、勇于探索的勇气，以及为民谋利、关心群众的情怀。

当然为了与研究主题契合，本书也将其他革命根据地的标语范本作为研究对象。

二、标语与口号

标语和口号是一种历史文化现象，是我国非常传统且行之有效的一种宣传工具。

据《现代汉语词典》解释：标语是“用简短文字写出的有宣传鼓动作用的口号”。③ 口号是“供口头呼喊的有纲领性和鼓动作用的简短

① 《关于建国以来党的若干历史问题的决议》，中共党史出版社 2010 年版，第 58 页。

② https：//baike. so. com/doc/4902305—5120745. html，2013 年 9 月 6 日。

③ 中国社会科学院语言研究所词典编辑室编：《现代汉语词典》（第 5 版），商务印书馆 2005 年版，第 88 页。

句子”。[1] 因此，标语和口号在本质上是一致的，只是二者的表现形式不同而已。标语是指张贴在公开场合的一段简短、醒目的文字，用以达到宣传教育的目的，带有明确的指向性。口号是用声音来传播的标语，是人们表达感情心绪的即兴呼喊。从一定意义上来讲，标语也是口号，口号也是标语。标语与口号可以相互转化，有时候可以融为一体。

为了研究的方便，本书研究的标语包含了口号，在行文当中就不另外注明。

三、传单与布告

据《现代汉语词典》解释：传单是“指印成单张向外散发的宣传品。”[2] 这是一种最为常用的标语宣传形式，这种标语传单通常图文并茂，散发给群众，为群众所喜闻乐见。

据《现代汉语词典》解释：布告是“指（机关、团体）张贴出来告知群众的文件”。[3] 现代意义上的布告是“指国家机关在向人民群众公布政策法令和重大事件，以及宣布其他需要人民群众了解、遵守和执行的事项时使用的一种公文”。[4] 布告相对于传单来说有一定的区别：一是在使用对象上，布告更庄重，只限于上级对下级，在平级之间不可以使用。二是布告所发布的内容更为严肃，不如传单的内容更为随意些。

苏区时期也有很多传单与布告，这些都是当时宣传的一种重要工具。为了研究的方便，本研究将传单与布告归类到标语，作为标语的

---

① 中国社会科学院语言研究所词典编辑室编：《现代汉语词典》（第 5 版），商务印书馆 2005 年版，第 784 页。

② 中国社会科学院语言研究所词典编辑室编：《现代汉语词典》（第 5 版），商务印书馆 2005 年版，第 209 页。

③ 中国社会科学院语言研究所词典编辑室编：《现代汉语词典》（第 5 版），商务印书馆 2005 年版，第 119 页。

④ https：//baike. so. com/doc/5411828－5649946. html.

一种形式来研究。

四、楹联

据《现代汉语词典》解释：楹联是指“悬挂或张贴在楹上的对联，泛指对联”。[①]“楹联是中国的传统文化之一，又称对联或对子。楹联对仗工整，在民间使用广泛，是中国传统文化艺术瑰宝”。[②]

苏区时期，也有一些标语是以楹联的形式出现的，比如在井冈山市龙江书院有一副石刻的对联：“红军中官兵伕薪饷一样，白军里将校尉饮食不同”，据说就是当年陈毅要士兵刻上去的。井冈山时期，红四军参谋长王尔琢被叛徒杀害，红军在宁冈举行了隆重的追悼大会。毛泽东为王尔琢亲拟一副挽联：“一哭同胞，二哭同胞，同胞今已矣，留却工农难承受；生为阶级，死为阶级，阶级念如何，得到解放方始休。”悼门上横批四个大字：“赤潮澎湃”。[③] 这副挽联，表达了毛泽东痛失王尔琢的痛苦心情以及为劳苦大众翻身得解放而努力奋斗的坚定信念。苏区时期这类楹联比较多，为了研究的方便，本书也将楹联纳入到标语类型中加以研究。

五、歌谣

歌谣是民间文学体裁之一，是民歌、民谣、儿歌、童谣的总称。在苏区有很多歌谣，这些歌谣主题多为讴歌苏区战斗生活，鼓励扩红支前，赞美苏维埃建设，其数量之多、内容之丰富、题材之广泛，创造了中国民歌史上的奇迹。苏区歌谣一般比较简短，容易记住，最能抒发革命豪情和进行广泛传唱，成为工农兵和群众喜闻乐见的艺术形式，唱遍苏区的山山水水和村村寨寨。当时也有许多歌谣是刷写在墙

---

① 中国社会科学院语言研究所词典编辑室编：《现代汉语词典》(第 5 版)，商务印书馆 2005 年版，第 1635 页。

② https：//wenda. so. com/q/1548886620214733？ src=140.

③ 余伯流、陈钢：《井冈山革命根据地全史》，江西人民出版社 2007 年版，第 295—297 页。

壁上的，与标语一样为群众所喜闻乐见。所以，为了研究的方便，本书也将一些短小精悍的歌谣一并归纳进来。

六、标语漫画

漫画“是一种是用简单而夸张的手法来描绘生活或时事的图画艺术形式”[①]。标语旁边配上漫画，或者对标语进行漫画式变形描绘书写，就成了标语漫画。在苏区时期，标语漫画也是一种最常见的传播载体，往往是标语配漫画，或者干脆以漫画（大多数是标语字体变异）的形式表达标语所要表述的内容。标语漫画是苏区军民在斗争实践中的一种创举，它既有标语通俗易懂的宣传作用，又有漫画幽默感人、为群众喜闻乐见的艺术效果。标语漫画在传播方式上契合了苏区民众的认知水平，对革命文化的传播产生了重要的推动和促进作用。于是，标语漫画就成为苏区时期特殊的宣传手段。比如在湖南省株洲市炎陵县红军标语博物馆里有一幅有趣的漫画标语“打倒国民匪党”。“国民匪党”四个字均变形，组成狗的模样，“国”字当狗头，“民”字、“匪”字做狗身子，“党”字做狗尾，“民”字和“党”字的下面笔画做狗腿，生动形象地揭露了反动派剥削、欺压劳苦大众的丑恶嘴脸。画面简洁生动、一目了然，给观众留下深刻的印象。在贵州省石阡天主堂南楼墙壁上有两幅红军战士怒视外国传教士的漫画，配上清晰的文字：“我们要打倒帝国主义！”铿锵的话语和滑稽的绘画，既有对敌人丑恶嘴脸的辛辣讽刺，也充分表达了红军战士对帝国主义侵略、掠夺中国的憎恶感。在苏区时期，标语漫画也很多，为了研究的方便，本研究也将标语漫画包含其中。

---

① https：//baike. baidu. com/item/%E6%BC%AB%E7%94%BB/178351.

第二章

红色标语概述

标语是具有中国特色的历史悠久的大众信息传播媒介之一，在中国历史上曾经被广泛使用。苏区时期，标语是中国共产党进行革命动员的重要手段。“标语之多，满街满衢，门窗户壁，书无隙地，人心归附，如水下倾。”[①] 红色标语以丰富的内容、多样的形式、饱满的内涵在中国革命宣传史上写下了绚丽多彩的一页，形成了它自身的特点，起到了其他宣传手段无法起到的重要历史作用。

第一节 标语概述

一、标语的定义

标语是我国非常传统而且行之有效的一种宣传工具，是具有中国特色的历史悠久的大众信息传播媒介之一，也是我国的国粹之一。它通过创作者巧妙的构思，运用恰当的文学艺术修辞手法，向受众展示所要宣传的事物，从而引起人们的兴趣，达到加深印象的效果。

标语是“用简短文字写出的有宣传鼓动作用的口号。”它通常用一段简短、醒目的文字张贴在公开场合，达到宣传教育的目的，带有明确的指向性。

精练简洁的语言往往最具力量和鼓动性。恩格斯说：“言简意赅的句子，一经理解，就能牢牢记住，变成口号；这是冗长的论述绝对做

① 文化部党史资料征委会编：《长征中的文化工作》，北京图书馆出版社 1998 年版，第 79 页。

不到的。”① 标语在我国的发展源远流长，它记录着时代的内容，反映着时代的变迁，成为组织与个人之间交流、沟通、传递信息与强制灌输组织目标、主张的重要手段。

二、标语的特征

1. 思想性。标语的内容提倡什么、反对什么，立场鲜明、态度明确，其中的思想内涵让读者一看就明白，具有鲜明的思想性。

2. 鼓动性。标语所要表达的立场观点旗帜鲜明，具有催人奋进的鼓动作用。它能够给人以教育、启迪和激励，能够增添力量和信心，能够起到鼓劲、鼓舞的作用。

3. 概括性。标语能集中反映社会生活的主张，要求内容高度浓缩概括，在有限的字里行间体现最丰富的内容。它既没有长篇大论，也没有连篇累牍，寥寥数字（数语）就能表达一个深刻的哲理。

4. 规范性。标语从内容到形式都有着严格的规范性。它不能违背规律，别出心裁，也不能不顾人们的欣赏习惯，随心所欲，胡乱出新，造成负面影响。

5. 通俗性。标语通俗易懂、言简意赅，都是老百姓常用的语言，即使文化水平不高的人也能一看就明白、一听就懂得。

6. 时代性。标语是时代的记录和拷贝，具有鲜明的时代特征。标语的内容就是当时政治、经济、文化、社会发展等各方面的烙印。除了所表达的内容紧跟时代步伐，就连表达方式甚至是语言、术语和称呼的运用上都和时代合拍，紧跟时代潮流。

7. 时效性。标语口号有强烈的时效性，它是时代的象征与标签，是时代精神的浓缩，是时代形象的折射。正如列宁在《论口号》一文中指出：“每一个口号都应当以一定政治形势的全部特点为依据。”②

① 《马克思恩格斯选集》第29卷，人民出版社2020年版，第279页。

② 《列宁选集》第32卷，人民出版社1995年版，第86页。

因此，标语口号的内容必须切合实际，围绕当时的中心工作来展开。过了一定的时效，有些标语的内容显得过时了，就必须及时更换。

三、标语的功能

朱自清先生说："许多人讨厌标语口号，笔者也是一个。从北伐到现在二十多年了，标语口号一直流行着。虽然小有盛衰，可是一直流行着。这值得我们想想，为什么会如此呢？是一般人爱起哄吗？还是确实有用，非用不可呢？"① 朱自清先生这里用了反问的语气，实际上正面回答了标语口号"确实有用，非用不可"，明确了标语的积极功能。

标语所涉及的内容十分庞杂，其功能作用也十分广泛和多样化。

1. 政治宣传功能。标语是用来宣传群众、教育群众的一种工具。因此，通过标语去传达、阐述、宣传自己的理论、路线、纲领和政治主张，便成为标语的基本使命。在中国的历史上，标语口号往往同革命、战争联系在一起，在中国的历次政治讨伐或者农民起义中都可以看到很多富有鼓动性的标语，它们起着政治宣传和思想引领的作用。

2. 政策宣示功能。标语是不同阶段、不同时期党和国家某些政策措施的具体概括和宣示。它告诉人们，政党、政府在重视什么、提倡什么、反对什么、限制什么，可以动员教育广大人民群众理解、领会党和国家的现行政策，凝聚力量、召唤人心，共同奋斗。

3. 思想启迪功能。标语能够给人以深刻的思想启迪，有些好的标语内涵深刻、富有哲理，看后能够发人深思、引起共鸣，受到启发。当然，现实生活中也有一些标语内容肤浅、牵强附会、故弄玄虚，不仅谈不上思想深刻，不能给人以思想启迪，还容易使人产生反感。这就要求我们书写者要注意标语的思想性、内涵性，力求深刻，否则无

① 朱自清：《标准与尺度》，岳麓书社 2011 年版，第 35 页。

法起到思想启迪的功能。

4. 动员激励功能。标语能够起到统一思想、动员激励、凝聚人心力量的作用。朱自清先生认为标语口号有强大的动员力量，“以激动情感为主，作用在‘顿’，跟所谓‘登高一呼’，‘大声疾呼’也许相近些。冷静惯了的知识分子不免觉得这是起哄，这是叫嚣，这是符咒，这是语文的魔术。然而这里正见出了标语口号的力量。”[①]

5. 警示鉴戒功能。标语也是引导教化人民的重要手段，它通过反面告诫的方式，引领社会成员自觉行动、遵纪守法、弃恶扬善，共创幸福美好的生活。这种警告提示类的标语，其主要目的是限制、防止和纠正一些不良的行为，在标语的大家族中扮演着“黑脸包公”的角色。

当然，标语的基本功能往往不是单一存在，而常常是交叉渗透的，呈现出你中有我、我中有你的特征。随着时代的发展，标语的表现形式会有所变化，其基本功能也有所拓展和延伸。但是，这些基本的功能是必备的。

第二节 红色标语概述

一、红色的概念

要界定红色标语，就必须首先了解红色的概念。中华民族自古以

① 朱自清：《论标语口号》，《出版参考》2004 年第 35 期。

来就有“红色情结”。有一个远古的传说：古时候有一种叫“年”的怪兽，祖先们为了免遭“年”的攻击，过年时就贴红纸，点红灯，放鞭炮（也是红色的），以吓跑年兽，安然度过“年”来之夜，叫做“过年”。从此，红色就被赋予了吉祥与辟邪的含义。中华民族因此与红色结下了不解之缘，留下了红色情结。

在现代生活中，红色代表勇气与勇敢、代表吉祥与喜庆、代表成功与光荣，甚至在某种意义上来说，红色代表革命。回顾中国共产党的光辉历程，中国共产党的历史就与“红”息息相关。譬如，在井冈山组建的第一支工农革命军称为“红四军”，穿着的衣服称为“红军服”，系的识别带称为“红领带”，撑的旗帜称为“红旗”，拿的梭镖叫作“红缨枪”，人民共和国的摇篮瑞金称之为“红都”……还有南湖的红船，苏区的红歌，瑞金的红井，长征的铁流，抗日的烽火……

以上解释了一些与红色有关联的东西，其目的就是要科学地回答什么是红色标语。

二、红色标语的概念

红色标语是红色文化的一种表现形式，在一些场合又被称为“红军标语”。在此，“红色标语”与“红军标语”是相通的，但是又不特指中国工农红军发布的标语，而是泛指“在中国共产党的领导下，苏区时期党、政、军、群各级组织在公共场所，用文字的形式展示并且能够反映新民主主义革命诉求的具有宣传动员作用的简短句子”。[①] 它主要用于传播新民主主义革命时期党的路线、方针、政策和政治诉求，为党的奋斗目标和政治动员而服务，是属于无产阶级领导的人民大众的反帝反封建的革命文化。

---

① 杨宇光：《中央苏区红色标语的历史考察与当代价值研究》，南昌大学硕士学位论文2010年。

第三节

红色标语产生的历史背景

红色标语的产生，一定有它的历史背景。从深层次挖掘红色标语产生的历史背景，有利于增强对于红色标语出现的必然性的认识。

在苏区时期，特别是前期，由于普遍处于敌人严密封锁、经济文化严重落后、信息传播非常闭塞、民众文化水平相对较低的特殊环境，标语这种通俗易懂、简便易行、受众广泛、喜闻乐见的传播媒介，便成为当时主要的传播工具和传播形式。主观上的需要和客观环境的限制，使苏区红色标语在推动马克思主义中国化、大众化、时代化过程中扮演了重要角色。红色标语产生的历史背景主要体现在以下几个方面。

一、历史根源

标语在中国源远流长，中国历来是一个标语口号的大国，利用标语的历史非常悠久。从历史上看，标语具有显著的社会动员功能，是一种有效的社会动员手段。据《史记》记载，秦始皇一统天下后，登泰山，立三丈高的石碑“刻石颂秦德”。后来历代封建帝王纷纷效仿，竖碑以歌功颂德。这类石刻标语可以看作是现代标语的雏形，是封建帝王教化民众的一种宣传鼓动手段。

在农民起义中，标语口号起到了统一意志、推波助澜的大作用。中国历次大规模的农民起义，都有唤醒民众的响亮口号。如秦朝时期陈胜、吴广提出的“大楚兴，陈胜王”“伐无道，诛暴秦”，就是最早的农民起义军口号；东汉末年的黄巾起义又发出了“苍天已死，黄天当立，岁在甲子，天下大吉”的号召；北宋末年王小波、李顺提出了“吾疾贫富不均，今为汝均之”的口号；明末李自成领导的农民起义军提出了“打开城门迎闯王，闯王来了不纳粮”的口号；太平天国农民起义军提出了“有田同耕，有饭同食，有衣同穿，有钱同使，无处不均匀，无人不保暖”的口号；再到义和团的“扶清灭洋”口号；辛亥革命时期，孙中山先生提出了“驱除鞑虏，恢复中华，创立民国，平均地权”和“联俄、联共、扶助农工”的新三民主义口号；五四爱国运动喊出了“坚决反对丧权辱国的巴黎和约”“坚决罢免亲日派卖国贼曹汝霖、章宗祥、陆宗舆的职务”“格政府之心，救灭亡之祸”等反帝反封建斗争口号，这些标语口号成为当时社会各种变革力量用来宣传自己思想的重要工具，起到了一呼百应的效果。

由于标语口号深厚的文化底蕴、悠久的历史传承，中国共产党登上历史舞台后，将其作为马克思主义中国化、大众化、时代化的一种重要传播手段，在革命实际斗争中经常运用标语口号这种宣传形式，无论是在红军初创时期，还是在苏区反“围剿”斗争中，党和红军领导机关都大力提倡多写标语口号，红军长征中，则将这种宣传形式广泛运用，并推到了极致。[①]

二、理论背景

1.“灌输论”的理论依据。1903 年列宁比较系统地提出了“灌输”原理，这一理论对中国革命有着很强的指导意义。革命的运动必须要有革命的理论来指导，中国共产党正是在马克思列宁主义的指引下，通过标语、口号、传单、布告、报纸等各种通俗易懂的方式，将马克思主义灌输到革命者与群众中去，成为他们的行动指南。

2.“意识的能动作用”原理。辩证唯物主义认为，物质决定意识，

---

① 参见渠长根、贾迎宾：《标语口号是马克思主义大众化的有效实现形式》，《中共郑州市委党校学报》2011 年第 3 期。

意识反作用于物质，意识具有能动作用。红色标语的出现正是遵循了这样一个规律，中国共产党将革命的意识通过标语口号这种简朴的形式传播到群众中去，使广大群众动员起来，从而引发革命性变革。

三、现实基础

1. 苏区的地理环境偏僻。苏区一般都是一省或数省交界的农村或山区，这些地方大多位于穷乡僻壤，交通不便、消息闭塞，由于国民党长期的舆论封锁和欺骗宣传，民众对共产党和红军的情况了解极少，不知道马克思主义是什么、共产党是干什么的，不清楚红军和国民党反动军阀的区别。当红军初入这些地区时，不少群众非常恐惧和害怕，有的甚至举家躲避。为了使劳苦大众从恐惧中解脱出来，红军利用标语口号这种简朴的形式，来传播革命真理，广泛宣传马克思主义。

2. 苏区群众的文化水平整体不高。解放前，由于社会生产力水平低下，统治阶级又实行残酷的剥削与压榨，老百姓无力接受文化知识教育，导致整个中国社会充斥着文盲、半文盲。到“1949 年，全国人口中有 80％的文盲，少数民族中文盲率更高达 95％，劳动者文化素质较低”。[①] 在这种经济文化极为落后的条件下，人民群众普遍文化程度不高，如果强行将深奥的马克思主义理论长篇大论推介给他们，不仅不会起到良好的教育效果，反而会起到负面作用，使群众产生抵触情绪。而通俗易懂、言简意赅的标语口号则正好契合苏区群众的文化知识水平。因此，苏区广大群众文化知识水平较低的背景，也为标语口号发挥作用提供了有利条件。[②]

3. 苏区的革命战争环境残酷。苏区时期，作为革命性质的中国共产党，没有合法的政治地位。当时，主要的舆论宣传工具，例如报纸、

---

① 张健、徐文龙：《中国教育新走向——21 世纪中国教育改革和发展展望》，广东教育出版社 2002 年版，第 120 页。

② 厉有国：《十年内战时期党的标语口号在马克思主义大众化中的角色分析与启示》，《毛泽东思想研究》2011 年第 3 期。

杂志、广播、电台、学校讲台、剧院等，基本上都被国民党所占据。加上国民党严密的经济封锁，使早期的苏区缺乏大规模出版报纸、杂志、书籍的条件和经费。战争局势瞬息万变，情况错综复杂，昼夜兼程、流动作战的环境和物质条件极度匮乏的情况，这些都使得红军开展宣传工作没有大块时间、固定场所、较好的传播手段，因此不得不因陋就简、就地取材，以标语口号的形式，将共产党的理想和革命的主义等内容刻写在沿途的各种场所和物体上，以此传播革命真理，宣传党的路线方针政策，鼓舞激励红军斗志，唤醒广大民众的觉醒，瓦解震慑敌军。可以说，红色标语是特定历史条件下的产物，是中国革命文化史上独特的现象，是党的思想政治工作的重要形式，是红军宣传鼓动工作的一大创举。

4. 苏区群众对红色标语的保护珍藏。苏区群众对红军标语的重视与珍藏，使红军标语得以保存持久、历久弥新。苏区时期，国民党反动派十分害怕红军标语，曾再三下令要求销毁红军标语。如国民党云南民政厅厅长曾向红军经过的云南各地发出指令："倾闻凡匪经过之地方，标语甚多，或用文字张贴，或用石灰红朱涂写抹墙壁，遍处皆有。应速令各县责成乡长派人随处搜寻，发现有此种标语，即予撕去或铲除洗涤，勿稍留痕迹为要。"① 国民党四川省政府和第十六行政督察区专员公署曾接连发出"训令"，声言"前经共产军窜扰，大山悬岩石上及路旁、碑石，每每刊有打倒蒋介石、打倒刘湘卖国贼等文字，……若不设法铲除，年久日远，不免混乱听闻，功过倒置……"因此，"极应详细铲除"。② 国民党茂县党、政、军联合会作出特别决议，勒令各县各地对红军标语"由政府统筹雇匠铲除"，"如再延误，定予查究"。③ 国民党反动当局虽三令五申要铲除红军标语，但广大群众把红

① 云南省档案馆编：《国民党军追堵红军长征档案史料选编（云南部分）》，档案出版社1987年版，第19页。

② 《长征在雪山草地》，四川民族出版社1986年版，第275页。

③ 《长征在雪山草地》，四川民族出版社1986年版，第277页。

军标语视为宝贵财富，采取各种措施奋力保护红军标语，这方面的感人故事不胜枚举。正是由于苏区群众的悉心保护和珍藏，才使这些富有纪念意义的红色标语保存至今。

第四节 红色标语的主要表现形式

苏区时期，在共产党的领导下，苏区广大党员干部和红军宣传战士发挥聪明才智，发明创造了各种各样的标语形式。根据现在可查的文献资料及苏区时期的红军标语遗存，可以看出当年苏区有着多样的标语宣传形式与载体。

一、文献标语

如广泛见于苏区时期的《共产党十大政纲》标语，其实就是节选了党的六大《政治决议案》之“中国革命现在阶段底口号”。还有1929年1月，以军长朱德、党代表毛泽东署名的《红军第四军司令部布告》等，就是当年的标语文献。

二、标语范本

为了统一宣传口径和宣传中心工作任务，苏区党政军机关都先后印发过这种规范性的标语范本，以供下级机关执行。如1929年4月17日在江西于都县城，红四军政治部印发了统一的134条《红军标语》；1930年3月19日在江西大余县城，红四军政治部印发了统一的173条《革命标语》等标语范本，这些范本保存至今，是我们研究当年苏区红色标语的重要历史文献资料。

三、墙头标语

墙头标语，就是用石灰水、木炭、颜料、墨水等物质写在墙壁上的标语。这种标语由于成本较小，不易风化，保存时间较长，因而是苏区时期使用最多、最广泛的一种标语宣传形式。时至今日，在革命根据地仍有大量的这种标语遗存。课题组成员进行了大量的田野调查，通过墙头标语获得了很多珍贵的第一手资料。

四、石刻标语

这种标语通过凿子等工具将宣传文字刻凿在石壁、石崖上。由于其质地坚硬、耐久性好，虽历经风霜雪雨、日晒雨淋，也不易被破坏，可以长久地保留下来，因而得到了宣传工作者的重视。目前在中央革命根据地、川陕革命根据地、湘鄂川黔革命根据地等地仍然保存有上千条珍贵的石刻标语。

五、纸贴标语

纸贴标语主要是张贴于会场和一些交通要道，内容大多与当时当地的中心工作相关联，由于不易保存，所以这种标语很难保留至今，现在多数见于当时的文献资料。

此外，通过历史文献资料，我们也可以看出，在苏区时期，广大人民发挥聪明才智，创造了许多新颖的标语形式。如树干标语、漂流标语、孔明灯标语、提灯标语、邮政标语等各种形式，可谓五花八门、种类繁多。

据参加了湘南暴动后随朱德、陈毅上井冈山担任军需处文书的老红军谭冠三回忆："宣传队每到一地或行军途中，在凡是能写的地方，就全都写上标语。开始，我们是用纸张写的，后来，一则由于纸张容易坏，二则由于行军背一大捆纸也很不方便，就改为用墨或用颜料写。

我们把墨或颜料装在木筒里，用手提着，到处去写标语。最后，我们又改为用石灰水写，提一个石灰桶，用笋壳或棕作笔，在墙上写很大一个字的标语，以宣传群众。我们还油印小的标语，到处去贴。凡是群众看得到的，又能保存比较久的地方，都贴上小标语。打开永新后，我们还用石印机印过一些标语。……有时，我们还把竹片削得光光的在小竹板上写标语，写好后再涂上一层桐油，放在河流或小溪里，让水漂走，有的在竹片上面插上一面小红旗。这种小竹板做的宣传品，可以漂得很远，作用很大。”[①] 可见，为了宣传群众，当时只要想得到的办法都用上了。

第五节 红色标语的语言特点

一、语言的通俗性

由于苏区大多处于比较偏僻、贫穷的农村与山区，加上旧社会的教育水平普遍落后，因此，苏区的群众文化水平普遍很低。面对这样的客观条件，中国共产党注重大量运用简单直接、通俗易懂的群众性语言，宣扬中国共产党的性质、宗旨、政策与主张，宣传红军的性质与宗旨，这对文化水平普遍不高的苏区广大群众起到了很好的宣传效果。

毛泽东在《古田会议决议》中曾经指出：“宣传文字要简短，使他

① 井冈山革命根据地党史资料征集编研协作小组、井冈山革命博物馆编：《中国共产党历史资料丛书——井冈山革命根据地》（下卷），中共党史出版社 1987 年版，第 493—494 页。

们顷刻间能看完，要精警，使他们一看起一个印象。”[1] 苏区标语宣传工作，产生于特定的时代与特定的环境。由于面对的读者主要是广大农村的老百姓，因此，许多苏区标语使用了非常口语化、大众化、乡土化的百姓语言，为群众所喜闻乐见。如“打土豪，分田地”“一切土地归农民”“穷人没有饭吃到土豪家里去挑谷”“工人增加工资减少工作时间!”“学习苏俄红军精神！无产阶级只有分了田地，才有饭吃有衣穿!”“反对老公打老婆!”“女子要读书识字”“好男要当兵，好铁要打钉”等，这些标语都是大白话，通俗易懂、妇孺皆知、形象生动，读起来朗朗上口，为群众所喜闻乐见。

二、语言的感染性

红色标语具有较强的宣传鼓动性与感染性。红色标语能够根据不同对象，巧妙利用当地的方言、俚语，有的放矢，使当地的百姓读来倍感亲切，从而表现出了强烈的感染力。如“白军兄弟你们要晓得，不要乱烧乱杀，烧的是工农的屋子，杀的是工农，是为何苦啊!”“工农子弟都来当红军”等。

三、语言的艺术性

红色标语自身所具有的艺术性的表现手法，让广大群众不但易于接受而且乐于接受中国共产党和红军的宣传主张。

标语的艺术性主要表现在语音、结构、句法、语气、修辞上等，下面具体说说其艺术性表现。

1. 在语音上巧用韵律。具有音乐美，富有韵律节奏感，读起来朗朗上口，听起来和谐悦耳。如“红军里头，待遇极公，穿吃发饷，官兵相同”“兵要爱民，民要爱兵”“消灭遂川反革命，遂川工农分田地”“红军到，干人笑，绅粮叫……”。

① 《毛泽东文集》第1卷，人民出版社1993年版，第101页。

2. 在结构上大量使用对比句。将共产党与国民党、红军与白军、地主官僚与工人农民进行各种对比，来启发教育广大劳苦民众与白军士兵，让人印象深刻。如“红军中官兵伕薪饷穿吃一样，白军里将校尉起居饮食不同”“红军是工农的军队，白军是军阀的军队”等，这些标语由于用了对比的手法，形成了强烈的反差，使人印象深刻。

3. 在结构上多采用对偶、排比句式。如“穷人不打穷人，士兵不打士兵”“实行男女平等，保护婚姻自由”等。从所收集的标语口号来看，它们在结构上非常相似，一般有以下几种形式，一是多用“……是……”，表明所要表达事物的性质，如“中国共产党是真正为工农谋利益的政党”“红军是为劳苦工农谋利益的先锋队”“国民党是刮民党”“白军是军阀的军队”“国民革命军是屠杀工农的军队”等。二是多用动词打头，如“实行……”“推翻……”“反对……”“打倒……”“暴动……”“没收……”等，直接表明鲜明的态度，很具鼓动作用。

4. 在句法上多用无主句或祈使句，简短有力。无主句或祈使句有种开门见山的效果，它给人一种强烈的震撼感，可以表达出一种强烈的感情。如“拥护中国共产党!”“拥护苏维埃政府!”“扩大红军”“欢迎白军兄弟来当红军!”“镇压反革命”“禁止买卖妇女当丫头”等。

5. 在语气上多用句号，少用感叹号，这样的标语不容易使人反感。

6. 在修辞上多使用比喻。如“白军好比一条狗，红军牵着到处走”“活捉蒋介石这个狗东西”等。

7. 这一时期的很多标语都选择革命歌谣、山歌等，通俗易懂，朗朗上口，容易传唱。1928 年 7 月 10 日，《中国共产党第六次全国代表大会决议案》就提出：“发行并［供］给城市与乡村用的大批通俗的政治书籍报章，注意程度浅劣的工农，最好编成歌谣韵语。”[①] 指出由于

---

① 中央宣传部办公厅、中央档案馆编研部编：《中国共产党宣传工作文献选编》，学习出版社 1996 年版，第 832 页。

工农文化程度比较低，最好将政治宣传品编成歌谣标语，以便工农理解接受。1928年10月，《中央通告第四号——关于宣传鼓动工作》中又明确提出要在农村及苏维埃区域“把党的政策口号，编成咏语山歌”。[①] 歌谣容易为群众所接受，这样会使红军的宣传更有力量。比如在井冈山革命根据地永新县至今还流传着赞颂“龙源口大捷”的民谣。

“五月里来是端阳，

七溪岭下摆战场，

不费红军三分力，

打败江西两只羊（杨）。”

这首民谣表达了井冈山革命根据地人民在打破湘赣两省敌军第一次“会剿”后的喜悦心情。

由此可见，当时，共产党在标语语言的运用方面已经达到了政治性与艺术性的统一，注意语言的通俗性、感染力和艺术性，优美的标语语言符合群众的认知水平，顺应了广大群众的心理，充分发挥了宣传、号召和鼓动群众的作用。[②]

第六节 红色标语的主要功能

在革命战争年代，红色标语是教育群众、唤起民众、鼓舞斗志、指引航向的政治号角。

① 中央宣传部办公厅、中央档案馆编研部编：《中国共产党宣传工作文献选编》，学习出版社1996年版，第840页。

② 参见周利娟：《中央苏区红军标语研究》，湘潭大学硕士学位论文2016年。

一、政治思想教育功能

红色标语具有政治思想教育功能。苏区时期，中国共产党广泛运用标语口号开展政治思想工作，这些标语口号在启蒙民众政治思想觉悟、培养民众政党认同、反对封建思想、对民众进行科学思想启蒙等方面发挥了政治思想教育功能。主要表现在以下三个方面。

一是传播了马克思主义，启蒙民众政治思想觉悟。如“实行马克思主义，实行共产主义”“全世界无产阶级和被压迫民族联合起来”等。

二是宣传了党和红军的性质与宗旨，增强民众对共产党和红军的认同感。如“共产党是真正为工农谋利益的政党”“红军是为劳苦工农谋利益的先锋队”“红军是工人农民自己的军队”“红军是真正反帝国主义的武装”等。

三是宣传了科学思想，反对封建迷信。如针对婚姻包办制度、妇女不平等地位，提出了“实行男女平等，实行自由结婚”“禁止虐待童养媳”等。针对封建礼教，提出了“根本打破旧礼教”“斧头劈开新世界，镰刀割断旧乾坤”等。

二、宣传鼓动功能

红色标语具有宣传鼓动功能。苏区时期，围绕各时期方针政策，中国共产党运用标语口号，进行了最为广泛的政治动员。有的号召青壮年当红军，如“工农踊跃加入红军”；有的动员广大群众参加各类革命性群团组织，如“儿童组织起来参加儿童团”“农民组织贫民团”“工人组织自己阶级工会”等。

除了战争动员，还围绕革命根据地建设的中心工作进行组织动员。有的围绕土地分配，如“实行土地革命”；有的围绕经济建设，如“取消苛捐杂税”“实行保护小商人贸易”等；有的围绕文化建设，如“普及农村教育，发展无产阶级文化”“设立工农夜校免费读书”等；有的围绕卫生建设，如“实行卫生，强健身体”“每天洗澡，身体愈好！勤洗澡、伤快好！”等。①

三、说服转化功能

红色标语具有说服转化功能。分化瓦解敌军是革命战争时期中国共产党思想政治工作的一项主要内容，通俗易懂的标语就成为对敌宣传工作的“轻骑兵”。

在苏区时期，中国共产党创造了许多瓦解敌军的标语，情理兼施，引导敌军思想转化。有的标语介绍红军优待俘虏的政策，如“优待白军俘虏兵”“医治白军伤病兵”等；有的标语则直接鼓动白军士兵投诚，如“欢迎白军士兵拖枪投诚红军”等；有的标语通过强烈对比红军与白军的不同，如“红军中官兵伕薪饷一样，白军里将校尉饮食不同”等；有的标语借用“移情”技巧让白军士兵反思为谁扛枪？为谁打仗？如“白军兄弟你们在山东河南苦战得到什么，为什么又来打工农”等；有的标语启发国民党士兵的阶级意识，让他们明白自己也是穷苦工农出身，从而明白穷人不打穷人，如“白军兄弟都是工农出身，不要拿枪来打工农”；有的还围绕民族危机，统战国民党士兵北上抗日，如“白军兄弟不打红军，北上抗日去”“白军兄弟，同我们一道抗日去”“国民党说他抗日，为什么把东三省送给日本去”等。② 标语口号这种强烈的心理攻势，起到了重要的思想转化作用，从而达到了真正瓦解敌军的目的。③ 所以，曾经在红军中就流传有“一个口号抵得

① 闵楠：《标语：四川红军标语的思想宣传方式研究》，电子科技大学硕士学位论文 2016 年。

② 注：本章标语文本内容主要选引自以下文献资料：一是曾宪文、谢敬霞：《岁月留痕——井冈山红色标语选》，江苏人民出版社 2007 年版；二是赣州市文化局、赣州市文物管理局编：《红色印迹——赣南苏区标语漫画选》，文物出版社 2006 年版；三是江西省宁都县博物馆：《历史的足迹——江西省宁都县苏区墙头革命标语、画选编与研究》，江西人民出版社 1988 年版；四是李世明主编：《指路的明灯——长征标语口号》，国防大学出版社 2012 年版。

③ 参见杨巧、金燕：《小形式与大效能：革命战争时期中国共产党标语口号的思想政治教育功能研究》，《甘肃理论学刊》2014 年 1 月。

上红军一个军”[1] 的说法。

四、历史文献功能

红色标语具有历史文献功能。原苏区保留下来的这些历史性遗迹，从一个侧面反映出当时党和红军的政治思想宣传政策与活动，都是当时党和红军宣传工作的一个缩影。因而，对于我们当前的理论研究具有历史文献功能，成为我们研究苏区时期宣传工作的直接物证性材料，也是我们挖掘苏区精神的重要基础性材料，是我们研究历史的重要文献资料。

---

① 赣州市文化局、赣州市文物管理局编：《红色印迹——赣南苏区标语漫画选》，文物出版社 2006 年版，第 27 页。

第三章

苏区时期的红色标语宣传工作

苏区时期，党和红军领导者非常重视群众宣传工作，始终把宣传群众、动员群众、组织群众、武装群众作为事关全局的一项重要工作来抓。而标语是苏区群众所喜闻乐见的语言形式，因此，苏区时期，大量采用了标语这种简易的传播工具，达到了宣传马克思主义和共产党政治主张的目的，起到了发动群众、壮大红军、瓦解敌军的重要作用，也为马克思主义中国化、大众化、时代化提供了重要的历史平台。

红色标语宣传工作，从时间上说，从 1927 年八一南昌起义开始，到 1937 年抗日战争全面爆发；从空间上说，主要包括土地革命战争时期的 13 块革命根据地。在革命战争年代里，苏区红色标语宣传工作有它特定的历史背景，经历了一个循序渐进的历史进程，形成了自身的历史特点，起到了非常重要的历史作用。

第一节

苏区时期红色标语宣传的历史背景

苏区红色标语宣传工作，有它特定的历史背景，主要表现在以下四个方面。

一、针对国民党对共产党和红军的污蔑以及对群众的欺骗，要求共产党和红军必须加强宣传工作

1927 年 9 月，秋收起义失利后，毛泽东审时度势，从中国社会和革命的实际出发，毅然将工农革命军带上了井冈山，建立了第一个农村革命根据地。由于革命根据地尚处于初创时期，老百姓对共产党和

红军了解不深。再加上国民党开动强大的舆论宣传机器，大肆污蔑、丑化和攻击共产党和红军，污蔑共产党是“共匪”、红军是“流寇”，胡说共产党要搞“共产共妻”“杀人不眨眼”，宣传白军如果被共产党和红军抓住了，要被“挖眼睛”“割耳朵”“点天灯”“开膛破肚”，把共产党和红军描写成青面獠牙、十恶不赦的人，共产党和红军就这样被妖魔化了。正如毛泽东于1949年8月在《丢掉幻想，准备斗争》一文中讲道：“共产党是一个穷党，又是被国民党广泛地无孔不入地宣传为杀人放火，奸淫抢掠，不要历史，不要文化，不要祖国，不孝父母，不敬师长，不讲道理，共产公妻，人海战术，总之是一群青面獠牙，十恶不赦的人。”① 由于国民党的欺骗宣传，老百姓对于共产党及其领导下的红军产生畏惧心理。红军每到一地，群众十室九空。就像毛泽东于1928年11月在《井冈山的斗争》一文中所说：“红军再度到宁冈新城、古城、砻市一带时，有数千农民听信反动派的共产党将要杀死他们的宣传，跟了反动派跑到永新。经过我们‘不杀反水农民’、‘欢迎反水农民回来割禾’的宣传之后，才有一些农民慢慢地跑回来。……我们一年来转战各地，深感全国革命潮流的低落。……加入共产党是最大的犯罪。红军每到一地，群众冷冷清清，经过宣传之后，才慢慢地起来。”②

由此可见，当时红军所处环境相当艰难。要改变这种状况，就必须加强政治思想宣传工作，有效地反击国民党反动派对共产党的污蔑和对群众的欺骗，让广大群众充分了解共产党的性质、宗旨与任务是什么，了解工农革命军是一支什么样的军队。所以，1928年10月，发布《中央通告第四号——关于宣传鼓动工作》，明确指出过去所犯之缺点和错误，其中第五点就是：“反应敌党的宣传非常迟缓，甚至忽视敌党的宣传”，要求“各级党部务必十分注意加紧扩大党在广大群众中

① 《毛泽东选集》第4卷，人民出版社1991年版，第1485页。
② 《毛泽东选集》第1卷，人民出版社1991年版，第77—78页。

的政治影响，加紧日常部份［分］争斗的鼓动工作，很迅速的反射［对］国民党各派之虚伪的反革命的宣传，而揭破其假面具与骗术”。[①] 1929年6月，中国共产党第六局中央执行委员会第二次全体会议通过的《宣传工作决议案》第六条指出：“宣传要深入反对势力下的群众中去，特别要注意迅速答复一切反动的宣传。……党的宣传，又每不注意迅速答复敌人反动的宣传，或认为不值得辩驳答复，而任其在群众中自由传播扩大其影响。这些弊病都必须加以切实的纠正。党必须艰苦工作，以夺取反动势力下的群众，必须对于反动派每一欺骗群众的企图迅速加以有力的打击，只有这样，才能使广大群众都站在党的旗帜之下，与反动派奋斗。”[②] 因此，针对国民党对共产党和红军的污蔑以及对群众的欺骗，要求共产党和红军必须加强宣传工作。

二、旧军队的不良印象，造成群众对红军产生畏惧心理，要求加大对红军的宣传力度

旧军队里面一直存在军阀作风，其留给老百姓的印象很差，在老百姓心目中，军队不是拉夫抓丁就是抢钱抢粮，动不动就打人骂人。受旧军队的不良影响，当时的老百姓普遍存在着一种对军队惧怕的心理，看见军队就上山躲避。当时共产党领导的军队虽然已经改名了，叫工农革命军，旗帜上打的是五角星加镰刀斧头，但因为部队的服装与旧军队没有什么明显的区别。出于对旧军队的惧怕与对红军的不了解，红军每到一处，老百姓往往是十室九空。当时任红四军政治部主任的陈毅在1929年9月给党中央写的报告中讲道：“群众毫不懂红军是什么东西，甚至许多把红军当作土匪打。”[③]

---

① 中央宣传部办公厅、中央档案馆编研部编：《中国共产党宣传工作文献选编》，学习出版社1996年版，第837—838页。

② 中央宣传部办公厅、中央档案馆编研部编：《中国共产党宣传工作文献选编》，学习出版社1996年版，第888页。

③ 井冈山革命根据地党史资料征集编研协作小组、井冈山革命博物馆编：《中国共产党历史资料丛书——井冈山革命根据地》（上卷），中共党史出版社1987年版，第369页。

当时，受旧军队的影响，老百姓普遍存在着一种对军队惧怕的心理，不敢和革命军队接触。井冈山老红军陈士榘上将回忆说："秋收起义后，毛委员带领我们向萍乡、莲花、永新一带转移。在永新三湾从组织上进行了改编，建立党的组织，加强了党对军队的领导。同时提出了一项重要的政治任务，那就是部队要担负武装宣传队的任务，向群众宣传我们是代表工农大众利益，反抗统治阶级的革命军队，是一支与旧式军队截然不同的工农革命军队。如果不让老百姓了解我们军队的特点，了解我们与旧军队有截然的区别，我们便无法接近群众，发动群众，没有群众我们就无法存在。当时，我们虽然已经改为工农革命军，打的是五角星加镰刀斧头的红旗，但部队的服装与旧军队没有什么显然的区别。旧军队给老百姓最深刻的印象，是抓夫、派差给他们挑东西，拿东西不给钱。动不动打人骂人。老百姓见到'丘八'就要'跑反'到山上去。这说明群众对军队是非常痛恨和害怕的。……每到一处，老百姓往往是十室九空，除留有少数老年人以外，很难见到青壮年人。为了争取群众，必须向群众进行广泛的宣传，宣扬我们革命的主张和宗旨。"①

可见，能否宣传群众、动员群众、组织群众、武装群众，让群众尽快接受红军，已经成为摆在当时党和红军面前的一道重大课题。

三、党和红军队伍内部初期对宣传工作的忽视，要求共产党和红军必须重视宣传工作

大革命失败后，中共中央总结失败的经验教训，认为既有忽视军事斗争的原因，也有忽视宣传鼓动的原因。1927 年 8 月，《中共中央通告第四号——关于宣传鼓动工作》明确指出："客观环境的恶劣固是致此损失之一个原因，但本党自中央至各级党部之忽视宣传和鼓动的

① 井冈山革命根据地党史资料征集编研协作小组、井冈山革命博物馆编：《中国共产党历史资料丛书——井冈山革命根据地》（下卷），中共党史出版社 1987 年版，第 197 页。

工作，尤其应该担负责任，这样的忽视若不急起纠正，则将陷党于更大的损失。”[①] 指出大革命失败后“全党的宣传和鼓动尤其减少，几乎等于零”，要求从中央到地方各级党部急起纠正，以免“陷党于更大的损失”。

在革命根据地创建初期，红军队伍里的一些指战员，对于宣传工作普遍不太重视，认为军事工作才重要，宣传工作是“闲杂人等，打野话”。对于这种错误倾向，毛泽东敏锐地察觉到了。毛泽东主张将宣传工作突出到与军事工作同等重要的位置，克服了将军事工作与政治思想工作对立起来的单纯军事思想。

1929 年 9 月，陈毅在给中央的报告《关于朱毛军的历史及其状况的报告》中也指出红军队伍不重视宣传工作的情形：“红军在成立初期宣传工作仍沿国民革命军旧习，把宣传工作认为是某一部分人的事，尤其是感觉部队是打仗的，宣传是卖假膏药，是讨厌的。”[②]

到了 1929 年 12 月，毛泽东在《古田会议决议》中指出了红军队伍中忽视宣传工作的一些缺点，既有“宣传内容的缺点”，也有“宣传技术的缺点”，比如：

1. 宣传队不健全，宣传员大大减少，有些还有一至二个，有少数部队连一个都没有了。

2. 宣传员成分太差，有俘虏兵，有伙夫马夫，有吃鸦片的。

3. 官兵多排斥宣传队，称宣传员为“闲杂人”“卖假膏药”。

4. 宣传队没有足够的经费。

5. 内容陈旧不新鲜，同时散发和邮寄都不得法。

6. 壁报和政治简报出得很少，内容太简略，字又太小看不清。

7. 革命歌谣简直没有，画报只出了几张等等。[③]

---

① 中国社会科学院新闻研究所编：《中国共产党新闻工作文件汇编》，新华出版社 1980 年版，第 35 页。

② 井冈山革命根据地党史资料征集编研协作小组、井冈山革命博物馆编：《中国共产党历史资料丛书——井冈山革命根据地》（上卷），中共党史出版社 1987 年版，第 369 页。

③ 《毛泽东文集》第 1 卷，人民出版社 1993 年版，第 97 页。

针对这些缺点，毛泽东提出了许多非常好的改进工作的意见与建议，对于当时的红军宣传工作起到了非常重要的指导作用。

时任宣传员的李宽和回忆道："在这半年前，红军中的宣传员是不吃香的。因为那时还不太重视宣传工作，搞宣传，都是抽一些病号参加。因此，曾经有少数同志说宣传队是'收容队''卖狗皮膏药的'。"[①] 忽视宣传工作在当时成了一种普遍现象，毛泽东敏锐地观察到这个问题，因此，提出要重视和加强红军的宣传工作问题。

四、革命形势的迅猛发展，要求共产党和红军必须加强宣传工作

大革命失败后，中国共产党相继发动和领导了一系列武装起义，以武装反抗国民党反动派的屠杀政策，开始进行土地革命。革命形势的迅猛发展，要求"扩大政治影响，争取广大群众"，这是苏区初创时期宣传工作面临的重大任务。

1928 年 6 月 30 日，中共中央发布中央通告第五十五号文件，指出："目前宣传鼓动工作十分重要。在一般情形说，北京已经打下，新军阀内部的冲突渐由酝酿而趋于实现，国民党内部四分五裂，不但发生各派的组织，并且形成了各派的思想，在此混乱冲突状况之下，正是党的深入扩大我们宣传工作的机会。"[②] 认为应该趁着国民党四分五裂、内部矛盾加深、革命形势迅猛发展的良好势头，深入扩大我们的宣传工作。要求为迎接新的革命高潮的到来，必须做好争取群众的宣传工作与教育工作。

当时红军的宣传任务极其艰苦，一方面，国民党反动派开动强大

① 江西省文化厅革命文化史料征集工作委员会、福建省文化厅革命文化史料征集工作委员会编：《中央苏区革命文化史料汇编》，江西人民出版社 1994 年版，第 518 页。

② 中国社会科学院新闻研究所编：《中国共产党新闻工作文件汇编》，新华出版社 1980 年版，第 38 页。

的舆论机器，大肆宣传污蔑攻击共产党和红军；另一方面，党和红军队伍内部初期又对宣传工作不重视。而革命形势的迅猛发展，又要求共产党和红军必须加强宣传工作。正是在这种背景下，做好宣传工作，以宣传群众、动员群众、组织群众、武装群众，已经成为摆在共产党和红军面前的一道重大课题。

第二节

苏区时期中国共产党对红色标语宣传工作的重视

鉴于上述历史背景，为了揭穿国民党的虚假宣传，打破国民党对共产党的污蔑和对群众的欺骗，为了争取与积聚广大革命群众的力量，也为了迎接革命高潮的到来，中国共产党人高高举起马克思主义和中国共产党的旗帜，高度重视标语宣传工作，主要体现在以下五个方面。

一、在思想上高度重视群众宣传工作，将宣传工作特别是标语宣传工作纳入议事日程

大革命失败后，1927 年 8 月，中共中央随即发布关于宣传鼓动工作的中央通告第四号文件，要求各级党部必须重视宣传鼓动工作。要求各地："八月七日中央紧急会议已经确定了党的新政策，为加紧党的政治宣传和鼓动起见，并为整理全国宣传和鼓动的工作成为一贯的系统起见，中央宣传部特决定下列的宣传鼓动的工作大纲并通过各级党

部切实依照严密执行。”[①]

在井冈山时期，毛泽东就充分认识到宣传鼓动对于革命事业的重要性。

井冈山时期，由于根据地条件非常艰苦，不具备出版报纸条件。毛泽东因地制宜提出要多运用标语、口号形式搞好宣传工作。那时，对于图画人才的引进也引起了足够的重视。毛泽东在 1928 年 11 月《井冈山的斗争》一文中就这样写道：“文字宣传，如写标语等，也尽力在做。每到一处，壁上写满了口号。惟缺绘图的技术人才，请中央和两省委送几个来。”[②]

许多参加了井冈山斗争的老红军在回忆录中都回忆了当年井冈山时期，毛泽东是如何重视宣传工作的，以及在毛泽东的带领下，是如何搞宣传工作的。

参加过井冈山斗争后来任中组部副部长的曾志回忆：“当时，毛主席提出红军部队要完成三大任务，即人人要会打仗，人人要会做宣传群众的工作，人人要会做组织群众的工作。每个红军战士既是战斗员、又是宣传员、组织员。我们三十二团留下来做地方工作的有两个连，还有独立营。我们机关工作的干部和连队的战士合在一起，三人至五人编成一组，一人分工一片，分散活动。白天隐蔽在群众家里访贫问苦，做宣传组织群众的工作。”[③]

参加过井冈山斗争的赖毅中将回忆：“秋收起义部队三湾改编后……毛委员就命令我们兵分两路，到湘南、江西各处，进行革命宣传活动，写贴标语布告等，扩大政治影响。部队新到之处张贴了标语和布告，是以工农革命军第一军第一师第一团的名义张贴的。布告的内容是说明我们是什么军队，宗旨是什么，号召群众起来闹革命，打

---

① 中国社会科学院新闻研究所编：《中国共产党新闻工作文件汇编》，新华出版社 1980 年版，第 37 页。

② 《毛泽东选集》第 1 卷，人民出版社 1991 年版，第 67—68 页。

③ 井冈山革命根据地党史资料征集编研协作小组、井冈山革命博物馆编：《中国共产党历史资料丛书——井冈山革命根据地》（下卷），中共党史出版社 1987 年版，第 197 页。

土豪。”[①]

参加过井冈山斗争的谭冠三中将回忆：“宣传队每到一地或行军途中，在凡是能写的地方，就全都写上标语。”[②]

1929年12月，毛泽东在《古田会议决议》的《红军宣传工作问题》中，进一步明确了红军宣传工作的重要性。他对当时红军宣传工作在内容和技术上存在的问题与对策，作了具体而细致的分析，对改进红军宣传工作发挥了一定的作用。在这篇文章中毛泽东把宣传工作看成是“红军第一个重大的工作”和“主要任务”，可见毛泽东对宣传工作的重视。

在《古田会议决议》的指导下，红军宣传工作走上了正规化和制度化的轨道。时任宣传员的李宽和回忆道，“在这半年前，红军中的宣传员是不吃香的。”“古田会议后，这种倾向逐步得到了纠正。古田会议，指明了红军中宣传工作的重要意义、任务和方法，为红军的宣传工作制定了正确的方针。1930年4月26日，红军第四军政治部还发布了《宣传员工作纲要》，使宣传工作更加具体化了。自那以后，宣传员的成分也起了根本变化，再也不像以前那样了，而是挑选机关、连队中文化水平较高的骨干分子参加。这样，宣传队的地位比以前高多了，谁当了宣传员，谁就被认为是有两下子的人，其本人也觉得光彩。”[③]

由于毛泽东、朱德、陈毅等党和红军领导人对于群众宣传工作的重视，才使得宣传工作纳入了议事日程，将宣传工作提高到同军事斗争、政权建设、土地革命等同等重要的位置。

---

① 赖毅：《回忆井冈山斗争》，江西人民出版社1979年版，第298页。

② 井冈山革命根据地党史资料征集编研协作小组、井冈山革命博物馆编：《中国共产党历史资料丛书——井冈山革命根据地》（下卷），中共党史出版社1987年版，第493—494页。

③ 江西省文化厅革命文化史料征集工作委员会、福建省文化厅革命文化史料征集工作委员会编：《中央苏区革命文化史料汇编》，江西人民出版社1994年版，第518页。

二、健全宣传组织机构，成立宣传队，组建宣传兵，列出专门经费预算，为做好标语宣传工作提供组织保障和经费保障

大革命失败后，中共中央随即指示要组织宣传队，健全宣传组织机构。1927 年 8 月，发布《中共中央通告第四号——关于宣传鼓动工作》，指出："各地必须注意日常的口头文字宣传，应在当地组织宣传队。"[①] 1928 年 10 月 1 日，发布《中央通告第四号——关于宣传鼓动工作》，明确要按照六次大会决议要求，党内"从上至下（从中央以至支部）建立经常的宣传鼓动工作，建立并强健各级党部的宣传机关（上级党部设宣传部，下级党部设宣传科或宣传干事）"。[②]

红四军成立以后，军队中的宣传机构设置开始走向正规化。当时比较先进的是建立了宣传兵制度。时任红四军政治部主任的陈毅在 1929 年 9 月《关于朱毛军的历史及其状况的报告》中这样记述："红军现在有一个宣传兵制度，凡军队每一个机关均须派 5 个人担任宣传工作，这 5 个人不背枪，不打仗，不服勤务，名叫宣传兵。"[③]

在古田会议之后，红四军决定"以支队为单位，设立宣传中队，编制为队长、队副各 1 名，宣传员 16 人，挑夫 1 人（挑宣传品），公差 2 人。每个中队的宣传员分为若干分队，每个分队有分队长一人，宣传员三人。"[④]

1933 年 12 月，中共江西省委宣传部发布《通信第十五号》，指出："本部特根据中央局宣传部的指示，对各级宣传部的组织有如下的决定：县委宣传部除正副部长外，下面设宣传鼓动干事，教育干事，

---

① 中国社会科学院新闻研究所编：《中国共产党新闻工作文件汇编》，新华出版社 1980 年版，第 37 页。

② 中央宣传部办公厅、中央档案馆编研部编：《中国共产党宣传工作文献选编》，学习出版社 1996 年版，第 840 页。

③ 井冈山革命根据地党史资料征集编研协作小组、井冈山革命博物馆编：《中国共产党历史资料丛书——井冈山革命根据地》（上卷），中共党史出版社 1987 年版，第 368—369 页。

④ 《毛泽东文集》第 1 卷，人民出版社 1993 年版，第 100 页。

发行干事，宣传鼓动员（均不脱离生产），支部有宣传干事，教育干事，发行员。”①

另外中央还发文，要求各省必须列出政治宣传的专门经费，以作保障。如1928年8月11日，中央发布《中央通告第六十二号——目前党的根本策略与政治宣传鼓动》，要求“各省党费和职工运动费至少须以十五分之一作为政治宣传的经费，列入经常预算，不许移作别用”。②

设立宣传队，组建宣传兵，设宣传鼓动干事和宣传鼓动员，列出专门经费预算，这就为党和红军开展群众宣传工作提供了坚强的组织保障和经费保障。

三、注重宣传形式的多样化，通过多种宣传形式，特别是利用标语开展群众宣传工作

在宣传工作的形式上，毛泽东善于学习、善于总结，扩展了宣传的途径与形式。他因地制宜提出要多运用标语、口号、传单、布告、墙报（又称时事简报）、简报、画报、歌词、演讲等各种形式搞好宣传工作。

口头宣传的形式有演讲、谈话、群众大会、戏剧、歌谣等。宣传队择定善于辞令的宣传员若干人，担任口头宣传员。演讲是当时口头宣传的主要方式。

标语是当时文字宣传中最为经常和普遍使用的形式，要求每一个宣传员准备一副工具，因陋就简，就地取材，随时随地写标语。写在墙壁上的叫墙标语；用纸写的叫纸标语；用布写好，悬挂在大道中间的叫布标语；写在木板上的叫木标语；刻在竹片上的叫竹标语；等等。

---

① 赣州市文化局、赣州市文物管理局编：《红色印迹——赣南苏区标语漫画选》，文物出版社2006年版，第46页。

② 中央宣传部办公厅、中央档案馆编研部编：《中国共产党宣传工作文献汇编》，学习出版社1996年版，第836页。

老红军谭冠三回忆还有“漂流标语”，他回忆道：“有时，我们还把竹片削得光光的在小竹板上写标语，写好后再涂上一层桐油，放在河流或小溪里，让水漂走，有的在竹片上面插上一面小红旗。这种小竹板做的宣传品，可以漂得很远，作用很大。”①

四、注意标语宣传的方式方法，提高群众宣传工作的成效

苏区时期，即使条件十分简陋，党和红军也十分注意宣传的方式方法。当时对标语宣传的内容、口径，甚至书写方式都有着严格的要求和规定。如 1929 年 10 月，红四军前委宣传科编写了《宣传须知》，明确了标语宣传的技术，有些规定相当具体，例如，“不要写草字、省笔字；慢一点写，力求写得好看，不要性急乱涂；不要写错，不要遗落字，一个标语写完须查看一遍才走；除各纵队政治部制定地方口号之外，宣传队不得自由创造新鲜标语”。② 还有“要选择位置，要写得高，使人远远看得见；要写得清晰好看，不要杂乱无章；要注意场合，不要不分对象乱贴；署名一律署‘红军’两字”③，等等。这些详细而具体的规定，对于规范标语宣传工作起到了很好的指导作用，大大提高了标语宣传工作的成效。

五、注重理论联系实际，避免宣传工作单纯停留在口号上面

根据地的军民，为了把党的政策主张变成现实，做了大量的工作。如组建了自己的军队，建立了地方苏维埃政权，建立了自己的根据地，特别是满足了广大人民群众千百年来梦寐以求的夙愿——土地，通过

---

① 井冈山革命根据地党史资料征集编研协作小组、井冈山革命博物馆编：《中国共产党历史资料丛书——井冈山革命根据地》（下卷），中共党史出版社 1987 年版，第 493—494 页。

② 江西省文化厅革命文化史料征集工作委员会、福建省文化厅革命文化史料征集工作委员会编：《中央苏区革命文化史料汇编》，江西人民出版社 1994 年版，第 3 页。

③ 江西省文化厅革命文化史料征集工作委员会、福建省文化厅革命文化史料征集工作委员会编：《中央苏区革命文化史料汇编》，江西人民出版社 1994 年版，第 21 页。

打土豪、分田地，广大农民拥有了属于自己的土地。[①] 给人民群众分土地，满足人民群众最根本的利益，就是党的政策实实在在的兑现。所以，当年中国共产党做群众宣传工作，不是简单地停留在标语口号的宣传上面，不是停留在振振有词的空洞说教上面，而是做到了理论联系实际，将正确的理论路线付之于实际行动，真心实意为群众谋利益。因此，才得到了人民群众真心实意的拥护和爱戴。正如湖南省委巡视员杜修经 1928 年 6 月 15 日在《向中共湖南省委的报告》中说的："民众在打土豪后相信毛司令，在分田地后相信党、相信苏维埃。"[②]

正是因为苏区时期中国共产党和红军非常重视开展群众宣传工作，特别是利用了标语这种为群众所喜闻乐见的宣传形式，尤其是注意宣传的方式方法，注重理论联系实际，大大提高了群众宣传工作的成效。因此，产生了极其广泛的影响。

第三节

苏区标语宣传工作的历史进程

苏区时期，宣传工作的发展经历了一个循序渐进的过程，作为当时宣传主要形式的苏区标语宣传工作也不例外，经历了一个由萌芽、成长、成熟到继续发展的阶段。具体说来，可以分为四个阶段，即萌

① 余伯流、陈钢：《井冈山革命根据地全史》，江西人民出版社 2007 年版，第 219—220 页。

② 余伯流、陈钢：《井冈山革命根据地全史》，江西人民出版社 2007 年版，第 222—223 页。

芽阶段、成长阶段、成熟阶段、继续发展阶段。

一、萌芽阶段

1921 年党的成立到 1927 年南昌起义之前，这段时期是红色标语宣传工作的萌芽阶段。

1921 年中国共产党成立后，在中国共产党第一个决议中，就提出了宣传问题，规定："不论中央或地方出版的一切出版物，其出版工作均应受党员的领导。"① 1923 年 6 月，中国共产党第三次全国代表大会制定了《关于妇女运动的决议案》和《关于劳动运动的决议案》，② 要求加大对青年、妇女、工人和农民的宣传工作，并提出了一些切合实际的宣传口号。1923 年，中国共产党第三届第一次中央执行委员会通过了《教育宣传问题决议案》，提出了要求共产党人在平常口语之中须时时留意宣传。1925 年 1 月，《中共第四次全国代表大会宣言》中提出了下列口号："打倒国际帝国主义的侵略！推翻国内的军阀！国民会议万岁！中国劳动群众万岁！中国共产党万岁！"③ 在党的四大《对于妇女运动之议决案》中提出了一些保护妇女权益、男女平等的口号。在党的四大《对于宣传工作之议决案》中，对于过去党的宣传工作提出了三点批评意见，要求进一步改进并整顿党的宣传工作，提出了 12 条整顿意见，其中最后一条就是"各地方不应忽略了利用每个群众集合，实行我们广大的宣传和鼓动工作。在这种工作中，传单、小册子的内容，讲演人的口号均宜十分切合群众本身实际要求"。④

以上表明，从 1921 年中国共产党成立到 1927 年初，中国共产党

---

① 中国共产党历次全国代表大会数据库，http://cpc.people.com.cn/GB/64162/64168/64553/4427949.html.

② 中国共产党历次全国代表大会数据库，http://cpc.people.com.cn/GB/64162/64168/64555/4428220.html.

③ 中国共产党历次全国代表大会数据库，http://cpc.people.com.cn/GB/64162/64168/64556/4428257.html.

④ 中国共产党历次全国代表大会数据库，http://cpc.people.com.cn/GB/64162/64168/64556/4428265.html.

开始重视宣传工作，并提出了一些切合实际的宣传口号，但是，总体而言，标语宣传仍然没有得到应有的重视。

1927 年 5 月 1 日，党的五大通过的《中国共产党第五次全国代表大会为“五一”节纪念告中国民众书》提出“我们今年五一的标语是：工农商学兵一致联合起来打倒蒋介石！颁布劳动法！实行八小时工作制！保护女工童工！耕者有其田！……”[①] 这是在党的正式文件中，第一次明确提出并使用了“标语”这个名词，表明这个时期中国共产党已开始留意标语宣传了。

总的来说，在这一阶段的宣传工作中，中国共产党开始注重宣传工作，提出了一系列的反帝反封建的口号。但是标语宣传工作并没有得到充分的重视，当时宣传的主要方式是编印党报党刊杂志，因为那时中国共产党的工作重心还在城市。虽然党的三大提出了《关于农民问题的决议案》，但也只有区区 251 个字。[②] 在党的四大通过的《对于农民运动之议决案》中，也只认为“我们务必在反帝国主义反军阀的民族革命时代努力获得最大多数农民为工人阶级之革命的同盟”。[③] 由于这个时候中国共产党还处于幼年时期，当时党的领导人认为，农民不是革命的主力军，只能是联合及改造的对象。所以，这一时期党的宣传工作重心主要放在城市，以工人、知识分子为主，因而这个时候的标语宣传工作处于萌芽阶段。

二、成长阶段

1927 年南昌起义至 1929 年 12 月古田会议召开之前，这一段时间可以视为红色标语宣传工作的成长阶段。

---

① 中国共产党历次全国代表大会数据库，http：//cpc.people.com.cn/GB/64162/64168/64557/4428297.html.

② 中国共产党历次全国代表大会数据库，http：//cpc.people.com.cn/GB/64162/64168/64555/4428221.html.

③ 中国共产党历次全国代表大会数据库，http：//cpc.people.com.cn/GB/64162/64168/64556/4428268.html.

1927年，南昌起义打响了武装反抗国民党反动派的第一枪，并取得了胜利。当时非常重视宣传工作，任命郭沫若为宣传委员会主席，主持宣传工作，先后颁布了《中央委员宣言》等文告。8月3日，起义部队南下广东。在南下途中，各军军部都组织了宣传队，沿途到处书写革命标语，广泛宣传马克思列宁主义，宣传苏联俄国十月革命，宣传中国共产党的主张和革命的主要任务，宣传国民党反动派叛变革命、屠杀共产党人和革命群众，播撒革命的种子。据记载，1927年南昌起义部队进入闽西时，在长汀县就书写了“革命者来”的标语。[①]

1927年9月9日，毛泽东领导湘赣边界秋收起义，由于起义很快就失利，毛泽东审时度势，果断地把部队带往井冈山方向。在随后的三湾改编中，成立了士兵委员会，开始重视宣传工作，广泛采用刷写红军标语的方法，大力对群众进行宣传。据赖毅将军回忆：“秋收起义部队三湾改编后……毛委员就命令我们兵分两路，到湘南、江西各处，进行革命宣传活动，写贴标语布告等，扩大政治影响。”[②]

在井冈山时期，毛泽东提出“打土豪，分田地”，发动农民进行土地革命；率领工农红军张贴“共产党是无产阶级的指导机关”“工农革命军是劳苦工农的军队”等标语，宣传共产党和红军的性质、宗旨与任务；张贴“保护中小商人”“取消苛捐杂税”等标语，宣传保护中小工商业的政策；张贴“优待敌军俘虏”“医治白军伤病兵”等标语，宣传优待俘虏的政策；刷写“不费红军三分力，打败江西两只羊（杨）”，向群众宣告红军的重大胜利，表达红军广大指战员心中的喜悦之情。

1928年4月，朱德、陈毅率领南昌起义余部和湘南起义农民队伍上井冈山，实现了朱毛会师，极大地壮大了井冈山红军的武装力量。5月成立工农革命军第四军，两军会师后，红军部队增添了许多可以搞

① 本书编委会：《中央苏区标语集》，长江文艺出版社2017年版，第72页。
② 赖毅：《回忆井冈山斗争》，江西人民出版社1979年版，第298页。

宣传工作的文化人才，比如伍若兰、曾志、彭儒、吴仲廉、段子英等一批女干部，她们都是从湖南衡阳省立女子第三师范学校毕业的，因此，红军正式组建了宣传队，井冈山现存的许多红军标语就是出自她们之手。红军宣传队成立之后，制定了许多写标语的注意事项，标语宣传工作开始逐步规范和完善。

广州起义失败后，中共广东省委常委扩大会议总结经验教训时认识到，没有利用标语等方式加强宣传发动群众，是起义失败的原因之一："当时一般同志都不注意这个问题，标语口号并不普遍，假如我们尽量扩大宣传做发动群众工作，使广州政权维持多二天三天，中路一带，定可受很大的影响，同时反动军队（如张发奎的李汉魂部队）都可发生动摇，我相信一定可以将形势变更过来的。"① 这表明中国共产党的领导干部开始高度重视标语宣传的重要性了。

1928 年 7 月，党的六大通过的《政治决议案》中第四部分提出了"中国革命现在阶段底口号"，即《中国共产党十大政纲》，指出"这十大要求，就是中国共产党现在争取群众，准备武装起义，以推翻地主豪绅资产阶级的主要口号"。② 所以，在井冈山行洲红军标语群旧址遗存的红军标语里面就有"共产党十大政刚（纲）"和"国民党十大罪状"等标语。

1929 年 1 月，国民党反动派对井冈山发动了第三次"会剿"。按照红四军前委会议（即柏露会议）的战略部署，实施"围魏救赵"的策略，红四军主力撤离井冈山，毛泽东、朱德、陈毅率领红四军向赣南和闽西进发，沿途张贴许多由军长朱德、党代表毛泽东签署的《红军第四军司令部布告》（1929 年 1 月），宣传红军的性质宗旨、严明纪律，宣传共产党的政策主张，揭露国民党、地主阶级、小资产阶级和

---

① 中央档案馆、广东省档案馆编：《广东革命历史文件汇集（1927—1928）》，1985 年印行，第 88 页。

② 中国共产党历次全国代表大会数据库，http://cpc.people.com.cn/GB/64162/64168/64558/4527130.html.

帝国主义的罪恶。《红军第四军司令部布告》可以说就是一幅巨大的红色标语，起到了宣传群众、动员群众的作用，对沿途广大群众中产生了巨大的政治影响，使当地群众知道红军是工农自己的队伍，是为广大工农谋利益的队伍。

1929 年 4 月 17 日，红四军为了规范红军标语宣传，在赣南于都县以红四军政治部名义发布了《红军标语》134 条。[①] 这些标语内容十分丰富、非常切合实际。同时在标语前还特别写了 9 条书写标语的注意事项，这些注意事项也富有针对性与指导性。《红军标语》可以说是红色标语宣传史上的重要一笔。到了 1929 年 10 月，红四军前委宣传科为了指导宣传工作，还特意编写了《宣传须知》，明确了标语宣传的 5 点技术。[②]

这一阶段的标语宣传工作总体来说是积极向前发展的，但是，这一时期的标语宣传工作依然存在着一些问题，主要表现如下。

一是红四军内部对宣传工作重要性的认识不是很到位。有些人认为宣传工作不能与军事工作处于同等重要地位，因此，“差不多官兵一致地排斥宣传队”。

二是红军士兵内部普遍轻视标语宣传工作。认为写标语的宣传队员是“闲杂人等”，是“打野话”“卖狗皮膏药的”，即宣传工作不说正经话，不办正经事。

三是标语宣传组织设置不健全。宣传员数量大大减少了，有些只有一两个，有少数部队连一个都没有了。还有宣传员成分太差，有俘虏兵、有伙夫马夫、有吸鸦片的，还有工作表现不好的、逃跑被抓回来的，统统塞进宣传队，宣传队简直成了收容所，完全不能做好宣传工作了。

---

① 江西省文化厅革命文化史料征集工作委员会、福建省文化厅革命文化史料征集工作委员会编：《中央苏区革命文化史料汇编》，江西人民出版社 1994 年版，第 3—4 页。

② 江西省文化厅革命文化史料征集工作委员会、福建省文化厅革命文化史料征集工作委员会编：《中央苏区革命文化史料汇编》，江西人民出版社 1994 年版，第 21 页。

四是对宣传员缺乏训练和督促。因此，宣传队的工作随随便便，做不做都没有人去管。

五是标语宣传费用缺乏保障，“宣传队没有够用的宣传费”。

六是宣传内容陈旧，宣传方法单一。“传单、布告、宣言等陈旧不新鲜，同时散发和邮寄都不得法”“革命歌谣简直没有”“画报只出了几张”“口头宣传又少又糟”“对白军士兵的宣传方法不好”① 等。以上列举的这些都是毛泽东在《古田会议决议》中的《红军宣传工作问题》一文中，列举的红军宣传技术上存在着的主要缺点。因此，针对以上这些现实工作中存在着的主要问题，毛泽东开始思考如何改进和提高红军的宣传工作。

三、成熟阶段

古田会议的召开到长征的开始这一时期可以视为红色标语宣传的成熟阶段。

1929 年 12 月，红四军党的第九次代表大会通过的《古田会议决议》阐明了红军宣传工作的重要意义，指出：“红军宣传工作的任务，就是扩大政治影响争取广大群众。”② 《古田会议决议》进一步明确了红军宣传工作的重要性。古田会议结束后，各部队开始重视宣传工作，通过健全宣传队伍，颁布宣传员工作纲要和宣传动员令，开办训练班等，培养了一大批宣传干部。从此以后，苏区宣传工作走上了规范化的道路，这也使得红色标语宣传工作走上了规范化的道路，标语宣传方法、技术也逐渐成熟起来。

1930 年 4 月 16 日，红四军政治部在赣州市会昌县制定了《宣传员工作纲要》，对宣传员提出了 18 条工作要求，前 6 条都是关于标语

① 《毛泽东文集》第 1 卷，人民出版社 1993 年版，第 97 页。
② 《毛泽东文集》第 1 卷，人民出版社 1993 年版，第 96 页。

宣传方面的。[①]《宣传员工作纲要》的颁布，标志着红军标语宣传工作开始走上了制度化、规范化的轨道。

古田会议后，苏区标语宣传工作的另一重大变化是宣传队伍逐步发展壮大，过去是单纯以红军宣传兵为主体，后来逐步扩大为“乡村由苏维埃领导写，城市由工会领导写，红军由士兵会领导写”[②] 的多主体格局，大大扩大了标语宣传的规模。如第一次反“围剿”前夕，1930 年 11 月，红一方面军前敌委员会特别对乡政府、工会和每个士兵都发布了《宣传动员令》，该动员令有对白军宣传的十二个口号，提议个个都拿起笔来写那十二个口号。[③]

由于发动了全民写标语，这时候的标语宣传工作已经如火如荼了。1930 年 10 月 7 日，中共赣西南特委书记刘士奇在给中央的综合报告中指出：“苏维埃的胜利地，斗争较久的地方……从前过年庆节，写些封建式的对联，现在都是写的革命标语。”[④] 可见这时的标语宣传就已经深入到农村千家万户了。

在中央苏区历次反“围剿”斗争中，标语一直是我军宣传的重要手段。可以说，在历次反“围剿”战争中，标语是一种威力巨大的武器，发挥了重大的宣传作用。

随着“左”倾错误的不断蔓延，第五次反“围剿”的失利，中央红军主力开始进行伟大的长征。

与此前大革命时期的标语宣传相比较，中央苏区时期的标语宣传工作更加成熟了，其所覆盖的社会层面更为宽广，内容更为丰富，形式更为多样，宣传的方式方法更为新颖，战斗定向更加准确，其创新

① 江西省文化厅革命文化史料征集工作委员会、福建省文化厅革命文化史料征集工作委员会编：《中央苏区革命文化史料汇编》，江西人民出版社 1994 年版，第 199 页。

② 江西省文化厅革命文化史料征集工作委员会、福建省文化厅革命文化史料征集工作委员会编：《中央苏区革命文化史料汇编》，江西人民出版社 1994 年版，第 33 页。

③ 江西省文化厅革命文化史料征集工作委员会、福建省文化厅革命文化史料征集工作委员会编：《中央苏区革命文化史料汇编》，江西人民出版社 1994 年版，第 32—33 页。

④ 江西省档案馆、中共江西省委党校党史教研室编：《中央革命根据地史料选编》（上册），江西人民出版社 1982 年版，第 356 页。

达到了全新的高度，它标志着中国共产党宣传群众、动员群众、组织群众、武装群众的工作能力进一步提升。这段时期是红军标语宣传工作的成熟阶段。

四、继续发展阶段

从长征的开始到胜利结束可以视为红色标语宣传工作的继续发展阶段。

中央主力红军开始长征后，在中共苏区中央分局书记项英和中央政府办事处主任陈毅等领导下，中国南方 8 省 15 个地区的红军和游击队，进行了 3 年艰苦卓绝的游击战争。红色标语作为一种简洁明快、行之有效的文化宣传手段，在 3 年游击战争时期，也得到充分的重视。据时任少共赣粤边特委书记刘建华回忆："在 3 年游击战争中，还广泛宣传，到处散发传单，张贴标语，在群众中产生很大影响。"[①]

在长征途中，由于一路行军匆忙，标语宣传工作更是发挥了重要的作用，红军沿途刷写红色标语，向 14 个省的人民宣传了中国共产党和红军的性质、宗旨和任务。如陈云在 1935 年 10 月 15 日向共产国际汇报长征情况时谈道："每一个红军战士都随身带有一截粉笔，他每天至少要在走过的地方写三条标语。"[②]

长征期间，红军总政治部及各军团政治宣传部门都及时对标语口号宣传作出具体指示和部署。1934 年 10 月 9 日，红军总政治部对写标语口号提出明确要求："在墙壁上多写标语口号（居民的和告白军士兵的），特别要根据当地群众迫切的具体要求，提出斗争口号，领导群众斗争……"[③] 根据总政治部的指示精神，各红军队伍非常重视标语

---

① 黄淑明：《艰难岁月中的革命文化——访坚持赣粤边三年游击战争的老红军刘建华》，《新文化史料》1999 年第 3 期。

② 《建党以来重要文献选编（1921～1949）》第 12 册，中央文献出版社 2011 年版，第 373 页。

③ 《红军长征过广西》，广西人民出版社 1986 年版，第 73 页。

宣传工作，各连队开展了写标语竞赛活动。[①] 在这样的激励之下，出现了宣传员夜里打火把写标语的现象。

遵义会议后，1935 年 2 月，红军总政治部又发布《关于各部队立即动员遍写标语的命令》，发布了 12 条标语。[②] 1935 年 3 月 10 日《红星报》再次发表《写标语》的文章，号召大家学习写标语的模范连队。中央红军四渡赤水期间，红军总政治部印发了瓦解敌军宣传材料 12 条[③]，对标语的具体内容及各部队开展写标语宣传评比竞赛检查，作出具体规定。中央红军 1935 年 6 月 2 日渡过大渡河后，总政治部于 9 日晚发布《渡过大渡河后适用的标语口号》93 条，其中根据长征要经过少数民族居住地，还发布了专门针对彝藏番回苗等少数民族的标语。《渡过大渡河后适用的标语口号》是对长征标语口号内容的全面总结，表明了红军对标语宣传工作认识的不断深化。

长征途中最具特色的要数红军石刻标语了。长征途中，红四方面军还成立了錾刻石壁标语的“钻花队”，吸收当地一些能工巧匠，精心刻制大幅石刻标语。四川省最大的石刻标语当数通江县沙溪乡的“赤化全川”，该标语刻在悬崖上，每字高 5.5 米，宽 4.7 米，堪称全国石刻标语之最。

同时，由于红军长时段地经过少数民族地区，这个时候，制作了许多专门针对少数民族的标语，以宣传党的民族宗教政策。1936 年 6 月 27 日，红四方面军政治部发布《在西北地区行动的标语口号》，提出要找熟悉番回文的人，将标语口号译成番回文刷写，以广宣传。[④] 并提出了诸如“保护少数民族利益，尊重少数民族风俗习惯”[⑤] 的许

---

① 《实行连队写标语竞赛》，《红星报》1934 年第 5 期。

② 董有刚主编：《川滇黔边红色武装文化史料选编》，贵州人民出版社 1995 年版，第 33—34 页。

③ 《努力实现总政治部提出的四大号召》，《红星报》1935 年第 15 期。

④ 参见中共中央统战部编：《民族问题文献汇编（1921.7—1949.9）》，中共中央党校出版社 1991 年版，第 497—499 页。

⑤ 《星火燎原未刊稿》第 4 集，解放军出版社 2007 年版，第 147 页。

多标语。这些标语对于宣传党的民族宗教政策，动员少数民族支援红军起到了积极的作用。

长征途中广大指战员把写标语当作战斗任务的一个重要组成部分，表现出极大的政治热情，不仅有政工人员、宣传队员参加，有众多的普通战士参加，而且红军高级干部也带头参加这一工作，如朱德、董必武、陆定一、潘汉年等。

红军留下的大量标语令国民党当局十分害怕。1934 年，贵州沿河县邮局局长曾对湘鄂川黔苏区的标语宣传做过这样的评说：“其于宣传工作，尤为注意，标语之多，满街满衢，门窗户壁，书无隙地，人心归附，如水下倾。该党手段之高，用心之毒，无以复加矣。吾黔勇于内争，忽于赤祸，涓涓不塞，后患莫测。现就该党一切行动观之，大有赤化黔北之势。”[①] 1935 年 3 月 22 日，《云南民国日报》以“赤匪窜扰威信情形”为题报道称：“伪政治部组织较全，人数亦甚多，所到之及处，不论墙头石上，立即将反动标语用色土书写，并贴反动传单、布告。”[②] 当时，国民党当局十分害怕红军标语，曾再三下令要求撕去或铲除洗涤红军标语。但是广大群众把红军标语视为指路明灯，有许多地方群众自发地保护红军标语，这方面有许多可歌可泣的故事。据不完全统计，长征沿途标语口号至今被完整保存下来的就有 7000 多条。

在陕北根据地，革命标语到处可见。美国记者埃德加·斯诺初到陕北根据地时，对革命标语印象特别深刻，他在《西行漫记》一书中写道，延安到处是红军标语，“欢迎一切抗日军队结成统一战线!”“中国革命万岁!”“中国红军万岁!”“打倒把中国出卖给日本的汉奸!”“打倒喝我们血的军阀!”“打倒吃我们肉的地主!”“我就是在这些用醒目的黑字写的、多少有些令人不安的标语下面度过我在红区的第一夜

① 文化部党史资料征委会编：《长征中的文化工作》，北京图书馆出版社 1998 年版，第 79 页。

② 董有刚：《川滇黔边红色武装文化史料选编》，贵州人民出版社 1995 年版，第 556 页。

的。”他称赞苏区红色文化宣传的威力：“他们的设备那么简陋，可是他能满足真正社会的需要……在共产主义运动中，再没有比红军文化更有力的威力，更敏锐更巧妙的宣传武器了。”①

在长征过程中，特别是在遵义会议之后，结束了王明“左”倾教条主义在中央的统治地位，开始确立了马克思主义的正确路线。在此过程中，党和红军的标语宣传工作也有了许多新的特点，比如，“开始更多地与中国革命的具体实践相结合，与群众的迫切要求相结合；标语的地方特色和口语化更加凸显，逐渐融入了方言、民谣等极具中国特色和风格的元素；标语功能紧密配合中国革命形势的发展，使党和红军逐渐把工作重心转移到抗日救国、建立抗日民族统一战线上来。这个时候红军宣传标语的内容开始更多地体现出中国特色与中国风格。”②

这些标语口号传播了革命真理、唤醒了受苦民众、震慑瓦解了敌人，承载着红军的优良传统、作风和革命精神。所以，“长征是宣言书、是宣传队、是播种机”，可以说红色标语宣传在其中充当了重要的角色和作用。

必须提出的是，由于当时受“左”倾错误思想的影响，苏区标语宣传也留下了一些“左”的痕迹，如有一些要求红军一味地攻打大城市的宣传标语口号，还有一些肃反扩大化的宣传鼓动口号，这些从侧面印证了当时的革命史实。尽管苏区标语宣传中有极少数“左”倾标语口号内容，但瑕不掩瑜，绝大多数是有利于苏区各项事业发展的，所起到的重要作用也是不言而喻的。

---

① 〔美〕埃德加·斯诺著，董乐山译：《西行漫记》，生活·读书·新知三联书店1979年版，第33页。

② 张玲玲：《红军长征途中宣传标语的演变》，《北京档案》2016年第10期。

第四节

苏区红色标语宣传的历史特点

苏区的标语宣传工作是在非常艰苦的战争环境下进行的，特殊的历史背景及标语本身的特点，使得苏区标语宣传形成了许多独特的宣传风格和宣传特点。

一、宣传内容的全面性

苏区红色标语宣传内容广泛而全面。这些标语从内容上来说，大体可以归纳为 12 大类：（1）宣传中国共产党的性质、纲领、政治主张；（2）建立无产阶级工农兵政府；（3）反对国民党政府的反动统治；（4）宣传国际共产主义运动，反对帝国主义侵略瓜分中国；（5）开展土地革命；（6）向敌军开展政治攻势，分化瓦解、争取敌军士兵；（7）开展扩红运动，建立革命武装；（8）巩固根据地，消灭地主武装；（9）宣传红军纪律；（10）维护妇女权益、男女平等、婚姻自主；（11）保护富农经济、商人利益，增加工人工资；（12）动员开展纪念性活动等。

此外，还有号召加入少共、儿童团组织，号召认购革命战争公债，破除迷信，反对苛捐杂税，推行累进税，也有宣传国共合作，鼓励艰苦奋斗，勤劳立业做人，提倡讲卫生等。几乎当时苏区所开展的各项革命斗争活动，都有相应的标语内容印证。从某种意义上说，这些标语就是一部苏区革命斗争史纲要。

二、宣传内容的时效性

中国共产党非常重视标语口号的时效性问题。在红四军党的第九次代表大会上，毛泽东就曾指出："到一个地方要有适合那个地方的宣传口号和鼓动口号，又有依照不同的时间（如秋收与年关，蒋桂战争时期与汪蒋战争时期），制出不同的宣传口号和鼓动口号。”①

纵观苏区现存的红军标语，我们不难看出，党和红军的宣传鼓动工作总是密切根据革命形势的发展、各项中心工作任务的要求来展开的。

在苏区初创时期，针对广大群众不了解共产党和红军的现状，同时为了扩大政治影响，争取广大群众参加和支持革命斗争，张贴、散发刷写了许多宣传共产党和红军的标语。到了中央苏区时期，为了彻底打破敌人的“围剿”，就必须动员广大人民群众积极行动起来，积极支援前线红军，党和红军就经常发布一些群众动员标语口号。如 1931 年 2 月 5 日，江西省赤色总工会颁布了《宣传动员令》，并指出了标语的重要性：“同志们要注意用一个标语，抵得一支红军啊！”②

中央苏区建立后，红军标语宣传进入常态化。在不同时期有不同的侧重点，而且每逢重大的政治任务或重要的纪念日、纪念周的到来，苏区中央局宣传部或临时中央宣传部都会拟定统一的宣传标语，下发给各级党政部门和群众团体进行宣传。

特别是在第五次反“围剿”前夕，为了应对国民党军残酷的封锁，特别是面对战争导致红军大量减员的现实情况，这时候的标语宣传内容就出现大量的关于“扩红”“战争动员”“支援革命战争”的宣传等。③

三、宣传对象的针对性

苏区时期的标语宣传工作能够根据不同的对象、时间、地点、任务要求等，提出不同的宣传口号，具有很强的针对性。

一是根据不同的对象开展不同内容的宣传。苏区标语宣传工作，针对不同的对象制定了不同的标语口号。如 1929 年 4 月 17 日，红四

---

① 《毛泽东文集》第 1 卷，人民出版社 1993 年版，第 99 页。

② 江西省文化厅革命文化史料征集工作委员会、福建省文化厅革命文化史料征集工作委员会编：《中央苏区革命文化史料汇编》，江西人民出版社 1994 年版，第 98—99 页。

③ 参见赣州市文化局、赣州市文物管理局编：《红色印迹——赣南苏区标语漫画选》，文物出版社 2006 年版。

军政治部发布《红军标语》。这些标语有宣传打倒帝国主义的，有宣传推翻国民党军阀政府的，有宣传建立工农兵代表会议政府的，有宣传土地革命的，还有针对工人、士兵、红军、商人、共青年团和妇女的宣传标语。[①] 这些标语宣传了反帝反封建主义、共产党和红军的性质、党的政策主张、开展土地革命和建立苏维埃政权等。此外，为了争取白军士兵拖枪倒戈投诚，还专门设计了许多针对白军士兵的宣传标语，号召他们向红军投诚。

二是在文字的使用上，根据不同的民族使用不同的文字。一般地区用汉文，在少数民族地区，有用藏文、回文，或用藏汉文、汉回文等合写的标语。

三是针对不同的地区开展不同内容的宣传。比如关于反对国民党反动派的标语，红军在各省区即有不同。除了提出反帝反封建、反对蒋介石等一般性口号外，在湖南着重提反对地方军阀何键，在四川着重提反对地方军阀刘湘、刘文辉、杨森、田颂尧，在广西着重提反对地方军阀李宗仁、白崇禧，在云南着重提反对地方军阀龙云，在贵州着重提反对地方军阀王家烈，在甘肃、宁夏着重提反对地方军阀马步芳、马鸿逵、马步青等。

四是根据群众利益的实际需要开展宣传。例如，根据各地群众痛恨国民党的苛捐杂税等弊政，红军宣传“反对抓丁拉夫”“不交苛捐杂税，大家组织抗捐会”等标语口号。针对人民群众千百年来对土地的强烈渴望，提出了“打土豪，分田地”等标语。针对人民群众想要当家作主的愿望，提出了“建立苏维埃政府”“建立工农兵政府”等标语；针对小商人、小资产阶级害怕共产党的心理，切合实际地制定了一系列保护工商业、鼓励中小商人做买卖的方针和政策，提出了“实行保护小商人贸易”“取消一切苛捐杂税”“保护小商人做买卖”等标

① 参见江西省文化厅革命文化史料征集工作委员会、福建省文化厅革命文化史料征集工作委员会编：《中央苏区革命文化史料汇编》，江西人民出版社 1994 年版。

语；针对翻身后的群众提高文化教育水平的需要，提出了“设立农村学校，工农不要钱有书读”等标语；针对妇女要求翻身得解放的强烈要求，提出了“男女平等”“打倒包办婚姻，禁止虐待童养媳”等标语。这些标语说出了广大人民群众的心声，代表了不同职业、不同阶层人民的利益诉求和心理愿望，因此，具有很强的号召力和感染力。由于这些标语口号反映了当地基层民众的切身利益和迫切要求，因而，中国共产党赢得了各族群众的信任和拥护。

四、宣传形式的多样性

苏区时期的标语宣传工作具有形式的多样性。根据现在可查的文献资料及苏区时期的红军标语遗存，可以看出当年苏区有着多样的标语宣传形式与载体。

一是形式多样，不拘一格。标语种类以宣传口号居多，又有对联、留言、漫画、歌谣、童谣等。

二是制作的方法多种多样。主要有手写、木刻、石刻三大种类。有的标语写在木板、竹片、叶子上；有的标语刻在树干、石壁、石碑上；有些红军将写上标语的木板、竹片投入河中，随水漂流到达白区，扩大影响，人称“水电报”；有些将宣传标语写在风筝和孔明灯上，随风飘落到敌占区。

三是选择的场所多种多样。从目前田野调查的情况来看，红军战士只要在房屋上能写的地方，基本上都写满了标语，包括院墙、住房、城门、门柱、神庙、祠堂、牌坊等。1931 年初，江西省赤色总工会也颁布了《宣传动员令》，要求各职业工会纠察队并转各革命团体“无论墙壁、桥板、渡船、堂屋、房间、茅房、树林、石壁等处，只要可以写的地方都要写好。”①

---

① 江西省文化厅革命文化史料征集工作委员会、福建省文化厅革命文化史料征集工作委员会编：《中央苏区革命文化史料汇编》，江西人民出版社 1994 年版，第 98 页。

四是书写形式多样，生动活泼。有横写、竖写，字体有大有小；颜色有土红、土黄、白色、黑色等；书写的工具有毛笔、笋壳笔、杉皮笔、棕片笔等；所用涂料多种多样，包括墨汁、石炭、锅烟、木炭、朱砂等材料。

五是采用的字体多种多样。有的标语用楷书、隶书、行书，有的标语用柳体、颜体等；有的标语还配有图画，形象生动，令人爱看。这些字是红军官兵的战地“书法大全”，尽管写得参差不齐，也不乏上乘之作，却是红军的真实手迹，是革命斗争的真实记录。

六是标语的载体多种多样。如前所述，主要包括文献标语、标语范本、墙壁标语、石刻标语、纸贴标语等。此外，通过历史文献资料，我们也可以看出，当时苏区还有竹片标语、木板标语、孔明灯标语、邮政标语、漂流标语等各种形式，可谓五花八门、种类繁多。

五、宣传方法的艺术性

苏区时期的标语宣传工作非常讲究艺术性，为了提高标语宣传的作用，苏区时期党和红军下发的一些标语宣传文件非常注重标语书写的规范。要求不能写错，不要写草字或省笔字，要写得端正，慢一点写，力求写得好看，不要性急乱涂，注意书写的位置，不要遗落字，一个标语写完须查看一遍才走，还规定了一些书写的原则，等等。

如1929年4月17日，在赣南的于都县城，红四军政治部发布了一份统一的《红军标语》。这份《红军标语》共有134条，第一次在标语前特别写了9条关于如何书写标语的注意事项，对标语的书写问题提出了非常严格的要求，如“(1)不要写草字省笔字。(2)慢一点写，力求写得好看，不要性急乱涂。(3)不要写错，不要遗落字，一个标语写完须查看一遍才走。(4)全部一百三十四个标语分为下列三种写法：(甲)在县城及大市镇，须把一百三十四个全部写完，不可缺一个。(乙)县城市镇和大村庄，须写大字标语，凡有‘*’记号都要写(共九十二个)，因为大字标语的效力比小字大得多。(丙)行军沿路写的标语以'↑'为记号（共六十六个），没有这个记号不必写。（5）除各纵队政治部得制定地方口号之外，宣传队不得自由创造新鲜标语。（6）军部直属队，一二三纵队，四个单位，每个单位均负担标语全部，各单位由政治部负责自行分工。（7）一律用笔写上墙壁，不准偷懒改用纸贴。（8）署名一律署红军两个字，不准署杂色名义。标语落尾废止感叹号（！）改用断句号（。）。（9）凡比较语气标语，如国民党共产党比较，红军白军比较等只可连写，不可分写。"①

1929年10月，红四军前委宣传科又编写下发了一份《宣传须知》，在第五项"宣传的技术"部分，对如何书写红军标语作出了详细的规定，提出了严格要求："①写墙标语要选择位置，要写得高，使人远远望见，使反动派不好破坏。②写时不要错误，如草写，省笔字，掉了字，在一个地方不要重写标语，一个（条）标语写完后须看过一次才走。③石灰或墨水不□水淡。④写标语时如有人来看，就要与他解释所写标语的意义，不要哑巴式的只管写不开嘴。⑤写标语要研究求进步，不要敷衍，不准写得杂乱无秩序，或写在商人招牌上使别人讨厌。贴标语或其他各种宣传品的时候，看什么地方贴什么标语和宣传品（如在农村必须贴写关于农民方面的标语及宣传品，在城市必须多贴关于工人及商人方面的标语和宣传品），不要以为宣传品太多，不选择对象便乱贴，并要粘得十分稳定，使反动派扯不尽，抹不去。"②

1931年2月，在第二次反"围剿"时，江西省赤色总工会也颁布了《宣传动员令》，其中对各级工会纠察队也提出了书写标语的技术规范，如"要写正字，笔还一笔，画还一画，不要草写；要看墙壁的长短，来布置标语，墙壁长，写长的标语，墙壁短则写短的标语（或写小点），不要一个标语写两垛墙壁；墙壁上如有原来的标语，是从右边

① 江西省文化厅革命文化史料征集工作委员会、福建省文化厅革命文化史料征集工作委员会编：《中央苏区革命文化史料汇编》，江西人民出版社1994年版，第3—4页。

② 江西省文化厅革命文化史料征集工作委员会、福建省文化厅革命文化史料征集工作委员会编：《中央苏区革命文化史料汇编》，江西人民出版社1994年版，第21页。

认起，从右边写去，是从左边认起，便从左边写去，若颠方向写去，则使看者不容易看清白；标语符号不可省略；每条标语写完之后，一定要写出各机关的名义来。”①

在其他各种文献里，我们都可以看出，当年苏区时期，对标语宣传的技术规定得非常详细。从现存的苏区墙壁标语来看，当年的宣传工作者确实注重了宣传艺术，由此取得了令人瞩目的宣传效果。

六、宣传语言的通俗性

苏区标语宣传工作，产生于特定的时代与特定的环境。由于面对的读者主要是广大农村的老百姓，因此，许多苏区标语大量使用了非常口语化、大众化、乡土化的百姓语言，为群众所喜闻乐见。如“打土豪，分田地”“一切土地归农民”“穷人没有饭吃到土豪家里去挑谷”“欢迎白军士兵的反水过来当红军”“工人增加工资减少工作时间”“反对老公打老婆”“好男要当兵，好铁要打钉”等标语，这些标语都是大白话，通俗易懂，形象生动，读起来朗朗上口。一下子接近了与普通民众的心理距离，使他们看后感觉很亲切，容易识记，达到了非常好的宣传鼓动效果。

七、宣传队伍的广泛性

苏区时期非常重视建立、完善宣传组织和宣传网络。1929 年 8 月 21 日，中共中央给红四军前委发了一封指示信，强调“红军中政治部工作及宣传队组织（或如你们所称‘宣传兵’）是红军中政治命脉，其作用决不减于战斗兵，……然决不能因此便动摇了根本路线。”② 当时，党和红军领导人非常重视宣传工作，注重建立和完善各级宣传组

① 江西省文化厅革命文化史料征集工作委员会、福建省文化厅革命文化史料征集工作委员会编：《中央苏区革命文化史料汇编》，江西人民出版社 1994 年版，第 98—99 页。

② 《建党以来重要文献选编（1921～1949）》第 6 册，中央文献出版社 2011 年版，第 395 页。

织，如建立了宣传兵制度。红军的宣传队组织也非常健全，1929 年 12 月，毛泽东在《古田会议决议》中就提出了要健全宣传队组织的问题。[①] 在古田会议精神的指引下，军队及地方苏维埃政府组织内部的宣传机构全部建立与健全起来了。因此，古田会议后，红军标语的书写人员有了一个重大变化，由红军宣传员逐步扩展为各级革命机关、各级苏维埃政府和各级人民团体甚至人民群众等主体共同书写。

从现存的墙壁标语落款，我们也可以看出当年参与书写红军标语的单位众多，落款单位主要分为两个部分：一是红军各单位政治部和战斗部队番号或代号；二是党的各级革命政权或群众团体。据不完全统计，中央苏区时期红色标语中书写的不同部队番号竟达 200 余个（含当地红色政权机关、少共、儿童团等），可谓是我们党和军队在革命征途中留下的足迹。根据田野调查和历史文献资料整理，主要包括：（1）共产党宣传部；（2）红军总部；（3）中国工农红军总政治部；（4）红军总直；（5）红军总特；（6）中国工农红军第一方面军司令部及其所属部队番号；（7）红四军（毛泽东、朱德所率）及其所属部队番号；（8）红军士委会及各军所属士委会番号；（9）红军一师教导队番号；（10）红军五师；（11）红军二师；（12）红军十师；（13）红三军团、红五军（彭德怀、滕代远所率）及其所属部队番号；（14）红六军团及其所属部队番号；（15）红三军及其所属部队番号；（16）红五军及其所属部队番号；（17）红七军（张云逸所率）番号；（18）红八军及其所属部队番号；（19）红十二军及其所属部队番号；（20）红十四军及其所属部队番号；（21）红二十二军及其所属部队番号；（22）红军卅五军及其所属部队番号；（23）红独一师（李天柱、王震所率）番号；（24）红独立三师；（25）红独立五师；（26）红独立七师；（27）红独十政番号；（28）红独十营番号；（29）红军宜黄独立团；（30）红独四团番号；（31）红三十军团军一师教导队青年九组；

① 《毛泽东文集》第 1 卷，人民出版社 1993 年版，第 100 页。

(32)红西路军五军一师司令部青年三组；(33)红军十三军三十八师一一四团十二连；(34)红军第一、第二后方医院；(35)湘赣第二军分区司令部番号；(36)区苏维埃执行委员会；(37)湘赣游击队番号；(38)红骑丙青年第二组番号；(39)红骑团青年第二组番号；(40)红廿军一七三团三连番号；(41)红Ⅲ政治部；(42)国民革命军第八军一师一团三营番号；(43)三六九团番号；(44)黄坳区革会；(45)红军一师教导队；(46)鄷县农民自卫军番号；(47)鄷县警卫连(红九营、赤卫大队)；(48)县党部；(49)中共莲花三区委宣传科；(50)中共莲花二区工会；(51)上堡赤卫队宣传部；(52)谢村工农赤卫队；(53)清溪乡总工会宣传部；(54)遂川县苏维埃政府；(55)中央造币厂；(56)中国共产党寻乌县委员会；(57)共产青年团；(58)永新县团部；(59)中国共产党宁冈妇女部；(60)少年先锋队宁二区队部；(61)中共少共、儿童团；(62)宁都县少队宣传部；(63)党代表，等等。几乎所有参加过井冈山斗争和中央苏区的部队均留有标语和部队番号，这些标语也就成了中央苏区革命斗争参战部队的“签到册”。

从这些落款单位情况分析来看，党和红军为做好标语宣传工作，建立了完善的宣传组织，动员了广大人民群众共同参与标语宣传工作。

八、宣传风格的战斗性

苏区标语从无产阶级利益出发，以反帝反封建为中心，以宣传马克思主义理论为核心内容，紧密配合革命斗争的需要，集中代表了广大工农群众的根本利益，体现了他们的意志、愿望和要求，因此，爱憎分明，旗帜鲜明，具有鲜明的阶级性和战斗性。

在苏区的红色标语宣传中，还有许多宣传对敌政策、揭露国民党反动派罪行的标语，如“打倒背叛民权革命的国民逆党”“打倒英美帝国主义的走狗蒋介石”等。其革命性极强，每一条标语都火辣辣地充斥着硝烟味，它让贫苦民众欢天喜地，它使阶级敌人气急败坏，它既是战斗的号角，又是刺向敌人的匕首和投枪。

第五节 苏区红色标语宣传的历史作用

苏区的标语宣传工作，在土地革命战争时期产生了极其广泛的影响。这些标语对于宣传群众、动员群众、组织群众、武装群众，从而发动群众拥护共产党、参加红军等起到了非常重要的作用，还瓦解了敌人的意志和打击了敌人的气焰，最后，通过刷写红军标语，锻炼了一大批革命宣传队伍。通俗易懂的红色标语恰好成为红军宣传工作的轻骑兵，当时红军中就流传着这样一句口号："每一个口号抵得上红军一个军。"①

一、政治宣传作用

在大革命时期，标语口号就是共产党用来对农民普及政治宣传的主要工具。

苏区时期，共产党和红军利用红色标语口号，充分宣传了中国共产党及其领导下的红军的性质宗旨任务，红军标语是红军和苏区群众之间联系的最初桥梁。经过宣传教育，苏区群众都了解了共产党和红军的政策主张。正如 1930 年 10 月 7 日，时任赣西南特委书记的刘士奇给中央的综合报告中所记载的："苏府范围的农民，无论男女老幼，都能明白国际歌，少先歌，十骂反革命，十骂国民党，十骂蒋介石，

① 江西省宁都县博物馆：《历史的足迹——江西省宁都县苏区墙头革命标语、画选编与研究》，江西人民出版社 1988 年版，第 135 页。

红军歌，及各种革命的歌曲，尤其是阶级意识的强，无论三岁小孩，八十老人，都痛恨地主阶级，打倒帝国主义，拥护苏维埃及拥护共产党的主张，几乎成了每个群众的口头禅。最显著的是许多不识字的工农分子，都能作很长的演说，国民党与共产党，国民政府与苏维埃政府，红军与白军，每个人都能分别解释。”①

二、思想启蒙作用

在建立革命政权之前，苏区农民受地主阶级压迫和千百年封建传统观念的束缚，没有接受文化教育的权利。因此，苏区人民生活极其困苦，阶级观念淡薄，宗教思想浓厚。红军创建苏区后，因陋就简，首先开展以红色标语为主的宣传活动，逐渐提高了农民的阶级意识，启蒙了他们的思想觉悟。群众通过熟记一条条标语口号，提高了思想觉悟和阶级觉悟。正如刘士奇在给党中央的综合报告中写的那样：“文化运动发展了，很多不识字的女孩子，参加了革命以后能写得很短的信及标语之类的东西……后来民国日报论文谓共产党可恶，其教育群众的方法可学，不识字的农民，他们都能使之讲得很多道理。鲁胖子电蒋谓赣西南，三岁小孩，八十老人都是‘共匪’，即此时期，较之白色区域资产阶级的学校和一般所谓提倡义务教育平民教育的先生们喊了十几年没有半点影响，真是相差十万八千里。”“推翻了封建基础，苏维埃的胜地，斗争较久的地方，没有人敬神，菩萨都烧了，庙宇祠堂变成了农民工人士兵的政府办公室，或者是游戏场，许多农民的家里以前贡着家神‘天地君亲师位’的，现在都换以‘马克思及诸革命先烈精神’，从前过年春节，写些封建式的对联，现在都写的革命标语，以前买卖婚姻，现在完全废除了，婚姻自由，不需金钱。”“苏维埃区域，没有一个盗贼乞丐，晚上睡着无从关门，由西南到闽西，许

① 江西省档案馆、中共江西省委党校党史教研室编：《中央革命根据地史料选编》（上册），江西人民出版社 1982 年版，第 355 页。

多农民门上贴着‘夜不闭户’‘道不拾遗’‘园无荒土，野无游民’的对联，这亦是确实一种事实。”①

由此可以看出，通过各种宣传方式，苏区文化运动发展了，苏区人民文化水平提高了，思想水平也提高了，“从前过年春节，写些封建式的对联，现在都写的革命标语”；“以前买卖婚姻，现在婚姻自由，不需金钱。”由于思想的启蒙，苏维埃的胜地，真是一片新天地了。

三、群众动员作用

红色标语为苏区的建立、巩固和发展奠定了坚实的群众基础，发挥了巨大的群众动员作用。红色标语使各族群众了解了共产党和红军的性质、宗旨、方针、政策，唤起了广大民众的觉醒，指明了翻身求解放的奋斗之路，引导他们逐步走上了革命的道路。广大农民在红军的宣传鼓动下，积极起来参加革命，“打土豪，分田地”，建立工农兵政权，运送粮食物资，帮助和收留红军伤病员，积极参加红军和支援红军等。当时，红军与苏区老百姓的关系就如同鱼和水的关系，他们团结起来共同为革命根据地的建设而战斗。

四、壮大红军队伍作用

红色标语宣传为红军队伍的壮大发挥了积极作用。通过标语宣传，宣传了红军的性质、宗旨与任务，号召广大青壮年群众踊跃参加红军。因此，苏区时期，农民自觉自愿地参加红军，是红军的主要兵源之一。毛泽东在井冈山时期，提出“打土豪，分田地”，因此，翻身得解放的农民纷纷参加红军，以保护自己的胜利果实。1928 年 11 月，毛泽东在给中共中央的报告《井冈山的斗争》中写道，边界红军的来源主要是国民党起义部队、农民、工人和俘虏兵，但是经过一年多的战斗，

① 江西省档案馆、中共江西省委党校党史教研室编：《中央革命根据地史料选编》（上册），江西人民出版社 1982 年版，第 355—356 页。

伤亡也大，红四军的骨干逐渐以农民为主，“红军成分，一部是工人、农民，一部是游民无产者。”[①] 表明农民已经成为边界红军的主要来源。

毛泽东刚上井冈山的时候才 700 多人，到了中央苏区的时候，第三次反“围剿”胜利时已有 3 万多人，到第四次反“围剿”胜利时，已猛增到 7 万多人，到第五次反“围剿”开始时，已激增到 10 万多人。苏区人民潮水般参加红军，除了共产党和红军的吸引力之外，标语的巨大感召力，在其中也起到了极好的引导作用。[②]

五、对敌统战作用

红军采取张贴标语、散发宣传单、火线喊话等多种形式，从觉悟上启发、政策上讲明、感情上疏通、心理上突破、精神上震撼，有效地分化、瓦解、震慑了敌军，削弱了敌人军心士气，打击了敌人的嚣张气焰。

老红军廖明同志回忆：“对敌军，我们进行政治瓦解工作：写标语、散传单、火线喊话、优待俘虏……1930 年军阀混战结束，我们写了一条标语，叫做‘白军兄弟们，你们在山东河南苦战得了什么？为什么又来打工农？’这条标语对敌军起了很大的瓦解作用。”[③]

在中央苏区五次反“围剿”战争中，瓦解白军的标语数量巨大，产生了意想不到的作用。1931 年 12 月 16 日，国民党第二十六路军举行了宁都起义，参加了红军。宁都起义的成功，主要是地下共产党员做了艰苦细致的工作，当然，红军标语也功不可没，这可见于《二十六路军革命士兵委员会敬告全国士兵兄弟书》，里面写道，我们是北方的军队，春节期间被蒋介石调到江西来剿匪，国民党的宣传员向他们

---

① 《毛泽东选集》第 1 卷，人民出版社 1991 年版，第 63 页。

② 苏若群：《土地革命战争时期党的标语口号思想政治教育功能研究》，中国矿业大学博士学位论文 2014 年。

③ 陈毅、肖华等著：《回忆中央苏区》，江西人民出版社 1981 年版，第 196 页。

宣称：红军是“共匪”，“杀人放火”“共产共妻”。后来到了江西一看，发现不是这回事，他们很奇怪，红军既然那样的坏，为什么苏区所有的群众却帮助他们？后来又看到很多红军标语“穷人不杀穷人”“士兵不打士兵”，更加怀疑起来，后来通过俘虏兄弟的来信，他们才搞清楚了，原来红军与国民党所宣传的完全相反，“红军是工农阶级的武装”“红军内的生活官兵一律平等”，因此他们认为只有加入红军才是出路。最后，他们在《敬告全国士兵兄弟书》中发出愤怒的怒吼和最响亮的号召：“兄弟们，我们不要再作国民党的‘杀人机器’，我们再也不当豪绅地主资本家军阀官僚的走狗和奴隶了，起来！赶快起来！”[①] 国民党第二十六路军掉转枪头，临阵起义，反戈一击，由此可见红军标语对敌统战宣传的巨大威力和显著效果。

如前所述，红军用标语等宣传形式粉碎了国民党反动派对共产党和红军的污蔑以及对群众的欺骗，打破了敌人所谓“共匪见人就杀”的欺骗，使敌军士兵倒戈、投诚、起义，加入到红军中来。正如毛泽东在《井冈山的斗争》一文中总结说：“对敌军的宣传，最有效的方法是释放俘虏和医治伤兵。敌军的士兵和营、连、排长被我们俘虏过来，即对他们进行宣传工作，分为愿留愿去两种，愿去的即发路费释放。这样就把敌人所谓‘共匪见人就杀’的欺骗，立即打破。杨池生的《九师旬刊》，对于我们的这种办法有‘毒矣哉’的惊叹。”[②] 毛泽东在该文中分析了当时的形势之后，指出：“逐渐引起敌军士兵和无出路的下级官长对我们注意，自拔来归的将日益增多，红军扩充，又是一条来路。”[③] 通过红色标语宣传优待敌军俘虏的统战政策，许多国民党士兵拖枪投奔红军，成为扩充红军队伍的来源。

---

① 江西省档案馆、中共江西省委党校党史教研室编：《中央革命根据地史料选编》（中册），江西人民出版社 1982 年版，第 591—592 页。

② 《毛泽东选集》第 1 卷，人民出版社 1991 年版，第 67 页。

③ 《毛泽东选集》第 1 卷，人民出版社 1991 年版，第 81 页。

六、锻炼革命宣传队伍作用

在标语宣传的实践中，广大宣传工作者特别是红军宣传兵提高了自身文化素质。许多红军宣传兵的文化水平原来都很低，但他们通过辛勤努力后，特别是在刷写红军标语的实践中，文化素质都得到不同程度的提高。①

据陈毅回忆，井冈山时期，红四军的政治训练形式非常多，其中一条是“军队里举行识字运动，简易的办法就是要士兵认红军的标语，认得一个标语即将此标语包含的意义策略告诉他。”②

在斗争实践中锻炼涌现出很多写标语的能手和标语画家。刘光明就是其中的一个代表人物。据朱家胜在《多才多艺的宣传家——怀念刘光明同志》一文中回忆道：“刘光明原叫刘祥光，江西省莲花县棠市人，是我们红六军团政治部宣传部副部长，全军团有名的多才多艺的宣传家。……他刻苦肯干，身体力行，他能写能画，每到一处就在墙上写大标语，他写的大标语不同于一般的标语，每个字也就是一幅画，是一种字画结合的艺术标语……这种字中有画，画又是字，字画一体的标语，通俗易懂，形象生动，识字的人既看字又看画，不识字的人，看了画后，也能理解标语的意思，又能识字学文化，所以大家越看越爱看，在看标语的过程中，党的政治主张深入人心。人们赞扬政治主张的同时，纷纷赞扬老刘的艺术才能。但是他原先只有高小文化程度，为什么能写出这样的标语呢？有一次，我指着墙上的标语向他提出这个问题。他说：‘不会就学嘛！红军写在墙上的标语口号，就是中国共产党的政治主张，要想让它深入人心，就必须把它写好，让人爱看。

① 参见刘善玖、黄保华：《论中央苏区革命标语宣传的特点与作用》，《井冈山师范学院学报（哲学社会科学版）》2002年第4期；黄保华、朱腾云：《论中央苏区的革命标语宣传》，《赣南师范学院学报》1998年第2期。

② 井冈山革命根据地党史资料征集编研协作小组、井冈山革命博物馆编：《中国共产党历史资料丛书——井冈山革命根据地》（上卷），中共党史出版社1987年版，第366页。

要写好它，没有别的办法，只有多写，多练嘛！'"[①] 刘光明从一个高小生成长为红六军团政治部宣传部副部长，成为全军团有名的多才多艺的宣传家，靠的是什么？靠的就是刘光明说的"多写，多练标语"。

据老红军梁必业回忆："有不少红军宣传队的小队员，只有十四岁，他们到一个地方就在墙上写大标语，大字写得很好看，所到之处，当地群众尤其是许多老人看了都很吃惊。他们以为这些小孩有很高的文化水平，其实不过是初小学生。有的甚至没有读过书，是在红军中学到的。"[②] 可见，不少红军宣传队的小队员都是通过一定的标语宣传实践，文化水平逐步得到提高的。

在苏区时期，由于中国共产党对红色标语宣传工作的高度重视，当然也由于历史条件的限制，因而大量采用了标语这种通俗易懂、为群众所喜闻乐见的宣传形式，来广泛地开展群众宣传和群众动员工作，在中国革命史上发挥了重要的作用，在中国革命宣传史上写下了绚丽多彩的一页。

---

① 黄涛、史立成、戈文编：《红军英雄传》，解放军出版社 2006 年版，第 634—640 页。

② 江西省文化厅革命文化史料征集工作委员会、福建省文化厅革命文化史料征集工作委员会编：《中央苏区革命文化史料汇编》，江西人民出版社 1994 年版，第 459 页。

第四章

苏区红色标语内涵解读

标语是用简短文字写的具有宣传鼓动作用的口号，带有明确的指向性，具有鲜明的思想性。它所要表达的观点、立场旗帜鲜明。标语同时是历史的记录和拷贝，反映的是特定时代所具有的鲜明思想。不同时代的标语无不带有当时政治、经济、文化、社会发展的烙印，是当时年代的思想映射。

红色标语的具体内容，就反映了苏区时期党和红军的路线、方针、政策等。红色标语多是宣传党的性质宗旨，宣传党的土地革命政策、经济文化政策、民族宗教政策和对敌统战政策与策略，宣传红军的性质、宗旨和群众纪律，发动群众打土豪、分田地，建立革命政权，扩大共产党和红军的政治影响，激发人民群众的革命热情。标语更像是一部“浓缩的党史”，可以洞察那个年代生活的历史脉络。其内容涉及政治、经济、文化、教育等各个方面。因此，红色标语不仅可以折射出党和红军的性质、宗旨与任务，还可以映射出那个时代中国共产党和苏维埃政府的各项政策与策略。

本章主要对一些经典的红色标语文本进行内涵和政策解读，阐述一些标语背后所折射出来的内涵，特别是标语内涵所展示出来的重大意义及现实启示。

第一节

论红色标语展示的中国共产党性质、宗旨与任务

只有中国共产党才能领导人民推翻帝国主义及其军阀在中国的统治，建立革命根据地，实行土地革命，消灭地主豪绅阶级对农民的封建剥削。在苏区标语宣传中，宣传中国共产党的性质、宗旨与任务，

是扩大中国共产党政治影响的首要任务。为了让广大民众了解共产党的性质、宗旨与任务，红军每到一处，就张贴和刷写标语进行宣传，宣传中国共产党是工人阶级的先锋队，是为劳苦大众谋利益的无产阶级政党。可以这样说，当年的苏区人民，正是通过这些广泛流传的红色标语，来认识和了解共产党和共产党领导下的红军的性质、宗旨与任务，进而逐渐觉醒，加入到革命队伍中来，成为反帝、反封建的主力军。

过去，所有研究苏区标语的文章，很少有上升到对党的性质、宗旨和任务高度来加以研究。其实，仔细研读苏区标语，我们可以发现，其中大量的是宣传党的性质、宗旨和任务等方面的内容。通过研读这些红色标语文本内涵，可以看出标语背后所展示出来的中国共产党的性质、宗旨与任务。通过进一步回顾与梳理中国共产党的性质、宗旨与任务的历史演进，我们可以从中得到许多有益的历史启迪。

一、苏区时期宣传中国共产党的性质、宗旨与任务类标语的主要内容

通过对井冈山及中央苏区时期的革命旧址进行田野调查，我们收集了大量的苏区时期的红军标语，其中宣传中国共产党的性质、宗旨与任务类标语比较多，我们挑其精要列举如下。

（一）宣传中国共产党的性质的标语

在苏区时期，宣传中国共产党的性质类标语主要有“共产党是无产阶级的指导机关”“中国共产党是中国民权革命唯一领导者”“共产党是无产阶级的政党”“共产党是领导无产阶级革命的党”“执行共产党的政治主张”“共产党是领导无产阶级唯一的政党”“共产党是抗日反帝的领导者”“共产党是革命的领导者”“共产党是无产阶级中最觉悟最勇敢的分子结合而成的，觉悟的勇敢的分子加入共产党来”等。

通过宣传，根据地民众逐渐了解认识到中国共产党是中国工人阶

级的先锋队。

（二）宣传中国共产党的宗旨的标语

这方面的标语主要有“共产党是真正为工农谋利益的政党”“共产党是民众的救星”“共产党是为工农兵劳苦群众谋利益的”“共产党是替工农谋利益的政党”“共产党是为无产阶级谋利益的党”“共产党是为全世界无产阶级谋利益的政党”“共产党为穷人打土豪分田地”“革命军才是工农群众及穷苦人民的武力”“工农革命军是为无产阶级谋利益的”“红军是为无产阶级谋利益的军队”“红军是共产党领导的苏维埃工农军队，是要为千百万工农群众谋利益谋解放”“中国红军是为无产阶级的军队”等。

通过宣传，根据地民众逐渐了解认识到中国共产党是为劳苦大众谋利益的无产阶级政党。

（三）宣传中国共产党的任务的标语

这一类标语主要分为两类：一类是中国共产党的远大目标——实行共产主义和全世界的无产阶级解放。如“实行马克斯（思）主义！实行共产主义！”“无产阶级解放万岁”“全世界无产阶级联合起来”等。另一类是中国共产党的近期革命目标——反帝反封建，打倒国民党政府，实行土地革命、民权革命。如提出“打倒帝国主义，打倒地主阶级，打倒国民党政府，是现今革命的三大目标”等。

其中反对帝国主义、打倒帝国主义特别是打倒日本帝国主义的标语特别多：“打倒帝国主义”“反对帝国主义”“打倒制造中国军阀混战的帝国主义”“反对帝国主义瓜分中国”“反对帝国主义压迫中国革命”“推翻帝国主义在华统治”“没收外国资本企业和银行”“只有打倒帝国主义才能解放中国工农兵劳苦群众”“联合世界工人阶级和被压迫群众彻底打倒帝国主义”“反对帝国主义进攻苏联”“白军弟兄，蒋介石把北方卖给日本了，立即北上抗日去”“全中国抗日的工人农民士兵团结起来，实行对日作战”“打倒日本帝国主义，红军是真正抗日的武装”“反对日本帝国主义，白军士兵不打红军，中国人不打中国人”等。

关于反对及打倒国民党军阀的宣传鼓动标语也很多："打倒卖国的法西斯帝国民党""打倒投降帝国主义，出卖民族的国民党""国民党勾结帝国主义，共产党打倒帝国主义。国民党禁止民众开会，共产党帮助民众开会。国民党变成军阀，共产党打倒军阀。国民党背叛民权革命，共产党领导民权革命。国民党帮助资本家压迫工人，共产党帮助工人抵抗资本家。国民党帮助土豪收租收息，共产党帮助农民夺回田地。国民党压迫士兵，共产党解放士兵。国民党抽收苛捐杂税，共产党取消苛捐杂税""打倒屠杀工农的国民党""打倒抽收苛捐杂税的国民党""打倒背叛革命的国民党""看国民党的三民主义——民族主义，投降英日美帝国主义。民权主义，不准民众开会。民主主义，加租加息加税"等。

还有一些宣传民权革命、土地革命、建立苏维埃政权的标语："实行无产阶级领导民权革命""实行无产阶级革命、实行土地革命""打土豪，分田地""青年群众联合起来，在共产青年团的领导之下参加民权革命的斗争""工农兵劳苦群众要得到解放，只有站到共产党领导之下来""工农群众联合起来建立工农兵苏维埃政权""只有苏维埃才能救中国""红军是抗日反帝的军队""白军士兵要抗日反帝就要到苏维埃政权底下来，苏维埃才是反对帝国主义的政权""主义遵马列，政权归工农""工农群众起来建立工农兵的苏维埃政权"等。

最能体现土地革命战争时期中国共产党现今革命任务的是《共产党十大政纲》，这是 1928 年 7 月在苏联莫斯科召开的党的六大《政治决议案》第四部分——《中国革命现在阶段底口号》，这十大政纲被红军宣传兵广泛地刷写在苏区，这在井冈山革命根据地和中央苏区的乡村可大量地看到。同时提出了要推翻帝国主义在华的统治、推翻军阀国民党政府、建立工农兵代表会议苏维埃政权等任务。党的六大认为，这十大政纲，就是中国共产党现在争取群众，准备武装暴动，以推翻豪绅资产阶级政权的主要口号。这其中主要体现了反帝反封建、推翻军阀国民党政府，实现中华民族独立解放的任务。

通过宣传，根据地民众逐渐认识到中国共产党是以反帝反封建、推翻军阀国民党政府，实现中华民族独立解放为己任的，其最终目标是实现人类社会最美好的社会——共产主义社会。[①]

二、红色标语展示的中国共产党的性质、宗旨与任务

通过标语口号去表达、阐述、宣传共产党的理论、路线、纲领和方针政策，是苏区时期红色标语口号的基本使命。因此，从这些红色标语背后，可以看出中国共产党的性质、宗旨与任务。

（一）红色标语反映出中国共产党的性质

“共产党是无产阶级的政党”“共产党是无产阶级的指导机关”“共产党是无产阶级中最觉悟最勇敢的分子结合而成的，觉悟的勇敢的分子加入共产党来”“红军是为劳苦工农谋利益的先锋队”“红军是工农革命的先锋队”等标语，实际上反映出了中国共产党的性质。

共产党的性质表述最早见于马克思和恩格斯1848年发表的第一份共产党的纲领性文件《共产党宣言》，其中多次对共产党的性质进行界定和阐述。马克思和恩格斯指出：“共产党人始终代表整个运动的利益”“共产党人是各国工人政党中最先进的和最坚决的、始终推动运动前进的部分。”[②] 由上可见，马克思和恩格斯的这些论述实际上已经包含了“两个先锋队”的思想，只是没有明确表达出来而已。

在马克思主义的正确指导下，中国共产党在革命和建设的过程中，对党的性质作了长期的探索。党的一大通过的纲领没有对党的性质进行明确表述，只是在纲领中确定了中国共产党是无产阶级的政党。党的二大制定并通过了中国共产党的第一个党章，其中也没有对党的性质进行明确表述，但当时通过的《关于共产党的组织章程决议案》《关于“工会运动与共产党”的决议案》一起，对党的性质作了表述。在

---

① 颜清阳：《井冈山革命根据地红色标语宣传及其历史作用》，《中国井冈山干部学院学报》2011年第5期。

② 《马克思恩格斯选集》第1卷，人民出版社1972年版，第264页。

《关于共产党的组织章程决议案》中认为：共产党是“为无产阶级做革命运动的急先锋”。[①] 在《关于“工会运动与共产党”的决议案》中认为：“共产党是所有阶级觉悟的无产阶级分子的组合，是无产阶级的先锋军。”[②] 这是中国共产党在党的正式文件中第一次明确表述党的性质，是一个“急先锋”的组织，是“无产阶级的先锋军”。这个定性是早期共产党人对党的性质的认识的一个科学总结，强调了中国共产党在无产阶级革命中的先锋作用。“先锋军”后来发展为“先锋队”，这个表述一直沿用至今。从1923年党的三大到1928年党的六大，先后四次修改党章，但是党的性质始终没有被写入党章。尽管如此，党在革命实践中对党的性质的认识仍在不断加深，这种认识也越来越科学。

中国共产党对党的性质的认识经历了一个不断演进的过程。后来，从党的七大到党的十九大，每一次党的代表大会都会对党章做一定的修改，对党的性质有过不同的表述。但是，无论怎样表述，对“中国共产党是先锋队”性质的认识一直没有变。

对党的性质的规定的修改最有代表性的有三次。第一次是1945年党的七大通过的党章科学地规定了党的性质：“中国共产党，是中国工人阶级的先进的有组织的部队，是它的阶级组织的最高形式。中国共产党代表中国民族与中国人民的利益。”[③] 这是民主革命时期关于党的性质的科学概括，完全符合当时中国共产党的实际情况。第二次是1982年党的十二大通过的党章对党的性质作出了全面而又科学的表述：“中国共产党是中国工人阶级的先锋队，是中国各族人民利益的忠实代表，是中国社会主义事业的领导核心。”[④] 这表明，从一开始，党

① 中国共产党历次全国代表大会数据库，http：//cpc. people. com. cn/GB/64162/64168/64554/4428167. html.

② 中国共产党历次全国代表大会数据库，http：//cpc. people. com. cn/GB/64162/64168/64554/4428167. html.

③ 中国共产党历次全国代表大会数据库，http：//cpc. people. com. cn/GB/64162/64168/64554/4428167. html.

④ 中国共产党历次全国代表大会数据库，http：//cpc. people. com. cn/GB/64162/64168/64554/4428167. html.

必须始终坚持自己的工人阶级先锋队的性质。第三次是2002年党的十六大通过的党章对党的性质进一步表述为："中国共产党是中国工人阶级的先锋队，同时是中国人民和中华民族的先锋队，是中国特色社会主义事业的领导核心，代表中国先进生产力的发展要求，代表中国先进文化的前进方向，代表中国最广大人民的根本利益。"[①] 党的十七大、十八大和十九大党章对于党的性质就一直沿用了党的十六大通过的党章的表述。把"两个先锋队"和"三个代表"共同作为党的性质的重要规定鲜明地表达出来，极大地丰富了党的先进性的内涵，切合我们党的历史发展和现实状况，符合党情国情，符合党心民心，有利于调动广大党员和全国人民的积极性和创造性，团结和带领广大人民群众共同建设中国特色社会主义伟大事业。

（二）红色标语反映出中国共产党的宗旨

"共产党是真正为工农谋利益的政党""共产党是为工农兵劳苦群众谋利益的""共产党是为无产阶级谋利益的党""共产党是为全世界无产阶级谋利益的政党""红军是为无产阶级谋利益的军队"等标语，实际上反映出了中国共产党的宗旨。

共产党的宗旨表述最早见于马克思和恩格斯于1848年发表的第一份共产党的纲领性文件《共产党宣言》，其中多次对共产党的宗旨进行界定和阐述。马克思和恩格斯指出："无产阶级的运动是绝大多数人的、为绝大多数人谋利益的独立的运动。"[②] "共产党人强调和坚持整个无产阶级的不分民族的共同利益……共产党人始终代表整个运动的利益。"[③] 由此可见，在马克思和恩格斯看来，共产党的宗旨是"为绝大多数人谋利益的"，是始终代表无产阶级的整体利益。这里，马克思和恩格斯实质上提出了共产党的宗旨"为绝大多数人谋利益的"，因

① 中国共产党历次全国代表大会数据库，http：//cpc.people.com.cn/GB/64162/64168/64554/4428167.html.

② 《马克思恩格斯选集》第1卷，人民出版社1972年版，第262页。

③ 《马克思恩格斯选集》第1卷，人民出版社1972年版，第264页。

此，它为全世界共产党人所信奉。

中国共产党从一成立开始，就把“为绝大多数人谋利益”写在自己的旗帜上。1922 年，党的二大在《关于共产党的组织章程决议案》中提出：我们共产党，“应当是无产阶级中最有革命精神的群众组织起来为无产阶级之利益而奋斗的政党”。[①] 1923 年，党的三大在《大会宣言》中进一步提出：“拥护工人农民的自身利益是我们不能一刻忽忘的。”[②] 上述思想在大革命期间党所领导的工农运动中得到了最充分的体现，当时无论是在城市组织的工人大罢工运动，还是在农村组织的农民运动，都是以争取工农的政治经济权利为切入点，使饱受三座大山压迫的广大劳苦大众有了为自己争取切身利益的无产阶级领导力量。

在土地革命战争时期，共产党人更加全面关心群众利益，真心实意地为群众谋利益。1934 年，毛泽东在中华苏维埃第二次全国代表大会上就郑重提出要关心群众生活，注意工作方法，他多次指出，我郑重地向大会提出，我们应该深刻地注意群众生活的问题。他还以长冈乡群众说的话为例：“共产党真正好，什么事情都替我们想到了。”[③] 在这个思想的指导下，共产党领导苏区人民打土豪、分田地，满足了千百年来农民最大的需求——土地。得了实惠的农民在井冈山时期最早喊出了“共产党万岁”的口号。在中央苏区时期，广大劳动人民踊跃参军参战，积极发展生产，支援革命战争，为第一至第四次反“围剿”战争取得胜利奠定了深厚的群众基础。即使由于“左”的错误路线，导致第五次反“围剿”严重失利的情况下，依然有大量群众跟随红军一起实行战略大转移，参加长征。

中国共产党“全心全意为人民服务”宗旨的清晰表述是在抗日战争时期。1944 年 9 月 8 日，毛泽东在为警卫战士张思德举行的追悼会

---

① 中国共产党历次全国代表大会数据库，http：//cpc. people. com. cn/GB/64162/64168/64554/4428167. html.

② 中国共产党历次全国代表大会数据库，http：//cpc. people. com. cn/GB/64162/64168/64554/4428167. html.

③ 《毛泽东选集》第 1 卷，人民出版社 1991 年版，第 138 页。

上，他以《为人民服务》为主题发表了重要讲话。在这篇讲话中，他第一次全面系统地阐述了“为人民服务”的思想。1945 年 4 月 23 日，毛泽东在致党的七大开幕词《两个中国之命运》中明确告诫全党：“全心全意地为中国人民服务。”[①] 4 月 24 日，在党的七大政治报告《论联合政府》中，毛泽东讲到我军的宗旨时指出：“全心全意地为中国人民服务，就是这个军队的唯一的宗旨。”[②] 在该篇文章中，讲到党的作风时，他又指出：“全心全意地为人民服务，就是我们的出发点。”[③] 因此，党的七大正式把“为人民群众服务”的思想写进了党章，明确地表述了中国共产党的宗旨，使之成为中国共产党及其成员一切行动的指南。1956 年 9 月，党的八大通过的党章中规定党员的义务中有一条就是“全心全意地为人民群众服务”，就这样，一直到党的十九大，“中国共产党党员必须全心全意为人民服务”就成了中国共产党的崇高宗旨。从党的历史来看，一部共产党的成立、发展、壮大的历史，就是一部“全心全意为人民服务”的历史，也是一部体现中国共产党初心和使命的历史。

（三）红色标语反映出中国共产党的任务

“实行共产主义”“无产阶级解放万岁”“打倒帝国主义，打倒地主阶级，打倒国民党政府，是现今革命的三大目标”等标语，实际上既反映了中国共产党的远大目标任务，又展示了中国共产党在新民主主义革命时期的任务。

共产党的任务表述最早见于马克思和恩格斯 1848 年发表的第一份共产党的纲领性文件《共产党宣言》，上面写着：“共产党人的最近目的是和其他一切无产阶级政党的最近目的一样的：使无产阶级形成为阶级，推翻资产阶级的统治，由无产阶级夺取政权。”“共产党人可以

---

① 中国共产党历次全国代表大会数据库，http：//cpc. people. com. cn/GB/64162/64168/64554/4428167. htm.

② 《毛泽东选集》第 3 卷，人民出版社 1991 年版，第 1039 页。

③ 《毛泽东选集》第 3 卷，人民出版社 1991 年版，第 1094—1095 页。

用一句话把自己的理念概括起来：消灭私有制。”[①] 这其实既明确了共产党人的近期目标——夺取政权，又明确了共产党人的远大目标——消灭私有制，建立共产主义社会。

中国共产党从一成立起，就旗帜鲜明地把社会主义和共产主义规定为自己的奋斗目标。从党的一大通过的党纲、党的二大通过的党章到党的十九大通过的党章，中国共产党始终宣称自己的最终目的是实现共产主义。

但是，由于时代背景不同，革命的任务也不尽相同，因此，共产党人的近期目标（即最低纲领）也是随着时代的变迁而变化。党的一大虽然也主张“与其他政党合作，反对共同的敌人”即军阀，但并没有制定出党在民主革命阶段的明确纲领。大会通过的党的第一个决议规定，党在当前的“基本任务是成立产业工会”。党的二大发表的宣言在分析国际国内形势和中国社会性质的基础上，提出在目前的历史条件下，党的奋斗目标是“打倒军阀，推翻国际帝国主义的压迫，达到中华民族完全独立，统一中国为真正民主共和国”。[②] 这就制定出了党在当前阶段的反帝反封建的民主革命纲领，即党的最低纲领。从党的二大到五大，基本上都提出推翻帝国主义的压迫，打倒军阀，消灭封建势力。只有党的七大党章对于中国共产党的当前历史任务表述得最为科学：“在现阶段为实现中国的新民主主义制度而奋斗。”[③] 这清楚地表明了中国共产党在新民主主义时期的主要任务是领导中国革命，推翻压在中国人民头上的三座大山，建立人民当家作主的新中国。

新中国成立后，从党的八大到十一大，党章对中国共产党在整个社会主义历史阶段的基本纲领（总任务），基本上表述为“坚持无产阶

① 《马克思恩格斯选集》第1卷，人民出版社1972年版，第264—265页。

② 中共中央党史研究室：《中国共产党的九十年》，中共党史出版社2016年版，第43页。

③ 中国共产党历次全国代表大会数据库，http：//cpc.people.com.cn/GB/64162/64168/64554/4428167.htm.

级专政下的继续革命，逐步消灭资产阶级和一切剥削阶级，用社会主义战胜资本主义”。[①] 党的十二大通过的党章，对于党在现阶段的总任务作了根本上的改变，这从根本上实现了党的工作重心的转移，将以阶级斗争为纲转变为以经济建设为中心，实现社会主义四个现代化。党的十四大通过的党章根据我国现阶段正处于社会主义初级阶段这一历史特点，把原来党章中的“总任务”改为“党的基本战线”[②]，规定了党和国家在今后一个相当长的时期内的奋斗目标，即把我国建设成为富强、民主、文明、和谐的社会主义现代化国家，它的核心是“一个中心、两个基本点”，即以经济建设为中心，坚持四项基本原则，坚持改革开放。党的十五大提出“两个一百年”的奋斗目标，在此基础上，党的十六大到十九大进一步完善和丰富了“两个一百年”奋斗目标的具体内涵，即到2020年全面建成小康社会，到2050年全面建成富强、民主、文明、和谐、美丽的社会主义现代化强国。

由苏区时期提出的“打倒帝国主义，打倒地主阶级，打倒国民党政府”“实行共产主义”等目标，到新时代提出的“两个一百年”奋斗目标的任务，其性质和内涵都是一脉相承的，都体现了中国共产党的初心和使命，即“为中国人民谋幸福，为中华民族谋复兴”，都是朝着一个远大的奋斗目标——实现共产主义社会而奋勇前进。

党的最终奋斗目标与现阶段任务是辩证统一的关系。党的现阶段的任务就是我们全党和全国各族人民的共同理想和近期目标，也是实现共产主义社会这一最终目标的必经阶段。决不能因为我们的最终目标是实现共产主义，就在革命与建设发展的各个阶段都实行共产主义的政策，也不能因为我们尚处在革命与建设发展的某个阶段，就放弃共产主义的远大理想。每一个共产党员，都要严格按照党章的要求去

① 中国共产党历次全国代表大会数据库，http：//cpc.people.com.cn/GB/64162/64168/64554/4428167.htm.

② 中国共产党历次全国代表大会数据库，http：//cpc.people.com.cn/GB/64162/64168/64554/4428167.htm.

做，忠实地履行党员业务，心中牢记共产主义远大理想和社会主义共同理想目标，踏踏实实地完成好自己的本职工作。我们坚信，在以习近平同志为核心的党中央坚强领导下，我们一定会如期实现“两个一百年”奋斗目标，实现中华民族伟大复兴的中国梦！

三、中国共产党对自身性质、宗旨与任务认识发展历程的启示

中国共产党对自身性质、宗旨与任务的认识是一个不断发展变化的过程，其任何一个细节的变化都与当时的历史背景、党的理论水平和实践经验密切相关。中国共产党的性质从“无产阶级属性”到“无产阶级（工人阶级）先锋队”，再到“两个先锋队”；中国共产党的宗旨从“为绝大多数人谋利益”到“全心全意为人民服务”；中国共产党的近期任务从“反帝反封建”到“以阶级斗争为纲”，到“一个中心、两个基本点”的基本路线，再到新时代提出的“两个一百年”奋斗目标，党的认识随着革命和建设实践的发展而发展，随着执政经验的丰富而丰富，其中虽有过失误和挫折，但是，中国共产党最终保持了她的先进性与纯洁性。回顾这段曲折发展的历史，我们从中可以得出以下四点经验和启示。

（一）坚持马克思主义中国化

马克思主义中国化，就是将马克思主义的基本原理和中国具体实际相结合，从而探索出适合中国国情的社会主义革命道路和有中国特色的社会主义建设道路。

中国共产党对自身性质、宗旨与每一阶段的中心任务的认识，都伴随马克思主义中国化的过程。在革命战争年代，我们需要将马克思主义理论中国化，用以指导中国革命的实践。在新时代，我们同样需要将马克思主义理论中国化，用以指导当前中国特色社会主义伟大实践。习近平新时代中国特色社会主义思想就是马克思主义理论中国化的最新理论成果，我们一定要认真学习领会，并贯彻落实。

（二）坚持和发展实事求是的马克思主义思想路线

中国共产党之所以能够取得革命胜利并在革命胜利后长期执政，关键就在于有一条马克思主义的正确思想路线。邓小平指出："实事求是，一切从实际出发，理论联系实际，坚持实践是检验真理的标准，这就是我们党的思想路线。"[①] 党的思想路线正确与否，是中国革命成败的决定性因素。

从中国共产党对自身性质、宗旨与任务的认识上来看，只有当坚持马克思主义思想路线时，才能科学概括出党的性质、宗旨与任务；凡是党在思想路线上发生错误时，对自身性质、宗旨与任务的认识就会出现偏差，有时甚至出现严重的失误。在 1945 年党的七大上，以实事求是为核心的思想路线在全党得到确立。党依靠这条正确的思想路线，科学地分析了党的性质，进一步明晰了党的宗旨，指明了前进的方向，因而，经过解放战争，终于夺取了全国胜利。而在"文化大革命"时期，由于党背离了实事求是的思想路线，坚持"以阶级斗争为纲"的错误路线，因而对党的性质、宗旨、任务的认识出现了严重的偏差，使我们党的建设与发展出现了严重挫折。而在党的十一届三中全会以后，由于实现了思想路线上的拨乱反正，继续坚持党的实事求是的思想路线，从而为党的建设指明了科学的方向。因此，我们一定要善于及时总结正反两方面的经验教训，始终坚定不移地贯彻执行党的马克思主义思想路线，不断开创中国特色社会主义现代化建设新局面。

（三）坚持加强和改进党的建设

党的建设是党领导的伟大事业不断取得胜利的三大法宝之一。新民主主义革命时期，中国共产党正是由于加强党的自身建设，巩固了党的无产阶级性质，坚持了全心全意为人民服务的宗旨，明晰了自身的奋斗目标，不断增强了党的凝聚力和战斗力，从而保证了革命的成功。新中国成立后，中国共产党进一步加强了自身建设，不断提高领

---

① 《邓小平文选》第 2 卷，人民出版社 1994 年版，第 279 页。

导能力和执政水平，成长为中国特色社会主义事业的坚强领导核心。

在当前面临许多新的伟大斗争的形势下，进一步提高全体党员全心全意为人民服务的宗旨，进一步坚持“一个中心、两个基本点”基本路线不动摇，就必须进一步加强和改进党的自身建设，加强和规范党内政治生活，深入推进反腐败斗争，深入推进“自我革命”，不断提高党的建设制度化、规范化、科学化水平。

（四）坚持民主集中制原则

民主集中制是党的根本组织原则，也是群众路线在党的生活中的具体运用。从中国共产党对自身性质、宗旨与阶段性任务的不同表述中可以看到，每一个逐步丰富与完善的过程，都是充分发扬党内民主、集合全党的智慧所形成的。

无论是党的七大还是党的十一届三中全会之后召开的历次代表大会，之所以开得成功，之所以对党章的修改完善更加科学，都是充分发扬党的民主集中制的结果。相反，“文化大革命”使党的建设遭到空前破坏，这种悲剧就是民主集中制遭到严重破坏的结果。可见，民主集中制是搞好党的自身建设的一个重要保证。在当前从严治党的大背景下，党不仅要充分发扬党内民主，也要充分发扬人民民主，党内民主是党的建设和发展的必要保证，人民民主则是中华民族发展和国家振兴的必然要求。

第二节

论红色标语展示的红军性质、宗旨与任务

苏区时期，红色标语既是宣传中国共产党和进行革命动员的重要手段，也是宣传工农红军的重要媒介与工具。红色标语在宣传红军的

性质、宗旨、任务与特征等方面发挥了重要的作用，动员了广大人民群众参加红军、支援红军和拥护红军，凝聚了强大的革命力量。

过去，所有研究苏区标语的文章，很少有上升到对红军的性质、宗旨和任务高度来研究。其实，仔细研读苏区标语，我们可以发现，其中大量的是宣传红军的性质、宗旨、任务和特征等方面的内容。这些方面的标语宣传意义重大，曾经发挥了巨大的威力。研究苏区红色标语所展示的红军性质、宗旨与任务，研读其背后所折射出来的内涵，可以给予我们许多深刻的历史启示。

一、苏区时期宣传红军的性质、宗旨与任务类标语的主要内容

苏区时期宣传工农红军的性质、宗旨与任务类标语，不论是对现存文献资料的考察还是实地调研，这一类的标语都比较多。

（一）宣传工农红军性质的标语

这类标语主要有“红军是共产党领导的苏维埃工农军队，是要为千百万工农群众谋利益谋解放”“红军是为劳苦工农谋利益的先锋队”“红军是中国先锋和劳苦群众的救星”“红军是工农自己的武装！红军是工农革命的先锋队”“红军是工农自己的军队”“红军是工农的化身”“红军是工人农民的阶级武装”“红军是工农的军队，红军是工农的武装”“红军是无产阶级的门卫”“红军是工人农民的军队”“红军是工人农人的军队”“白军是土豪劣绅的走狗，红军是工人农民的卫队”“红军是工农的子弟兵”等。

通过宣传，根据地民众逐渐了解认识到红军是共产党领导下的为劳苦工农谋利益的先锋队。

（二）宣传工农红军宗旨的标语

这类标语主要有“革命军才是工农群众及穷苦人民的武力”“工农革命军是为无产阶级谋利益的”“红军才是保护工农的军队”“红军是中国民族和劳苦大众的救星”“红军是领导穷人找饭吃找衣穿的军队”

“红军是保护穷人利益的军队”“红军是为无产阶级谋利益的军队”“红军才是真正为工农谋利益的军队”“白军士兵替官长打仗，红军士兵替自己打仗”“红军为无产阶级而战”等。

通过宣传，根据地民众逐渐了解认识到中国工农红军是以帮助工农以及一切被压迫民众获得解放为宗旨的老百姓自己的队伍。

（三）宣传工农红军任务的标语

这类标语主要有“红军是中国革命的一个动力”“红军是保护中国民族独立自由的军队”“红军为消灭资本主义而战”“工农与红军团结一致，揭破反革命的一切改良欺骗武装宣传”“红军是执行土地革命反帝国主义军阀的革命军队”“白军是帮土豪压迫工农的，红军是帮工农打土豪的”“红军主张不交租，不还债，不纳粮”“工农红军刮刮叫，军事政治都学到”等。

通过宣传，根据地民众和红军指战员认识到中国工农红军既要担负着打仗消灭敌人的任务，又要打土豪和宣传群众，最后还要为消灭资本主义、帝国主义，保护中国民族独立自由而战斗。

（四）宣传红军纪律和民主的标语

这类标语主要有“（反对）官长打士兵”“革命军军政官长不打士兵”“兵要爱民，民要爱兵”“穷人不打穷人，士兵不打士兵”“红军不拿工农和贫农一点东西”“不拿无产阶级一点（东西）”“红军不拿群众一点东西”“红军公买公卖”“红军绝对不拉伕不发洋财”“反对开小差”“白军官长打士兵，红军官长不打士兵”“士兵组织士兵会”“改良士兵生活，给予土地工作”“红军中官兵夫薪饷穿吃一样，白军里将校尉起居饮食不同”“红军官兵伕生活一律平等”等。

通过宣传，根据地民众逐渐了解认识到中国工农红军纪律严明，作风优良，对群众秋毫无犯，官兵平等，官兵一致，民主氛围浓厚。

（五）宣传扩大红军的标语

这类标语主要有“扩大红军”“创造红军铁军”“扩大铁的红军”“纪念红色五月创造铁红军”“扩大红军发展民族革命战争”“欢迎工农

群众参加红军扩大红军”“劳苦工农自动起来当红军”“工农穷人发动参加红军，扩大红军”“欢迎智（知）识份（分）仔（子）来当红军”“欢迎白军弟兄快快拖枪过来当红军”“欢迎白军士兵下级官长来当红军”“猛烈扩大红军”“勇敢的工农学生一致到红军中来”“英勇少队动员到红军中去”“猛烈扩大红军一百万”“要根本消灭敌人就要猛烈扩大红军”“猛烈扩大红军争取全国苏维埃胜利”“红军好，工农当红军”“参加红军，保卫土地革命”“参加红军保卫苏维埃政权”等。

还有“扩大红军歌：（1）十句唱来九句真，句句唱来鼓动人，大家同志留心听，歌子叫做当红军。（2）唱歌爱歌当红军，当红军一讲就惊人。推翻反动国民党，消灭地主与豪绅。（3）消灭地主与豪绅，领导工农来革命，建立苏维埃政权，工农军暴动把田分”；“红军行军歌：当兵就要当红军，处处工农来□□。当兵就要当红军，帮助工农打敌人。当兵就要当红军，退伍下来不愁贫。当兵就要当红军，冲锋陷阵杀敌人”，等等。

通过宣传扩红，动员广大群众踊跃参加红军，保卫革命根据地。

（六）宣传拥护红军和优抚红军家属的标语

这类标语主要有“拥护朱毛领导无产阶级谋利益的（红军）”“欢迎朱军长”“庆祝红军胜利会师”“拥护扩大红军”“打倒土豪劣绅，拥护红军”“拥护红军就是拥护穷人自己的利益”“帮助红军探消息，帮助红军引路”“帮助红军买粮食”“组织洗衣队、慰问队去慰问红军”“做鞋做袜拥护红军”“红军胜利万岁”“工农红军万岁”“优待红军家属”“红军家属不缴纳累进税”“参加红军者先分田分上等好田”“分好田好地给红军家属”“参加红军，分配土地！实行替红军家属代耕”“拥护中央革命军事委员会项英同志”等。

通过宣传，使广大劳苦大众真心实意地拥护红军、帮助红军。

二、红色标语展示的红军性质、宗旨与任务

红色标语体现了工农红军的性质、宗旨与任务。

（一）红色标语反映了红军的性质

“红军是共产党领导的苏维埃工农军队”“红军是为劳苦工农谋利益的先锋队”“红军是工农革命的先锋队”“红军是工农的武装”等标语，实际上折射出工农红军的性质，即我军是人民的军队。中国共产党成立初期，党对人民军队的性质作了深刻的阐述。1921 年 7 月，党的一大通过的纲领就明确规定：“革命军队必须与无产阶级一起推翻资本家阶级的政权，必须支援工人阶级，直到社会阶级区分消除为止。”[①] 这就说明中国共产党在成立伊始就对建立人民的军队有明确的认识。但是，由于中国共产党当时还处于幼年时期，理论准备不足，从 1921 年 7 月党的一大开始，至 1927 年 4 月党的五大召开前，中国共产党一直没有认识到武装斗争的重要性，一直提出要建立中国各革命阶级和政党的“联合战线”，进行“联合战争”。由于主动放弃了对军队的领导权和指挥权，致使以蒋介石、汪精卫为代表的国民党右派势力滋生蔓延，蒋介石、汪精卫悍然发动反革命政变，大肆屠杀共产党人和革命人民，使国共第一次合作的轰轰烈烈的大革命遭到失败。中国共产党从大革命的失败中得到教训，开始懂得了独立领导武装斗争的重要性。1926 年，毛泽东在主办广州农民运动讲习所期间，就提出了建立农民自己的武装的思想。随后，他又亲自对湖南省农民运动进行了为期 32 天的考察，并于 1927 年 3 月公开发表了《湖南省农民运动考察报告》，明确提出“推翻地主武装，建立农民武装”[②] 的重要思想。1927 年 8 月，在武汉召开的八七会议上，他又提出“政权是由枪杆子中取得的”著名论断。后来毛泽东又多次指出：“在中国，离开了武装斗争，就没有无产阶级的地位，就没有人民的地位，就没有共产党的地位，就没有革命的胜利。”[③] “没有一个人民的军队，便没有

---

① 《中共中央文件选集（1921—1925）》，中共中央党校出版社 1982 年版，第 5 页。

② 《毛泽东选集》第 1 卷，人民出版社 1991 年版，第 28 页。

③ 《毛泽东选集》第 2 卷，人民出版社 1991 年版，第 610 页。

人民的一切。”[①] 这些精辟的论述，是毛泽东对人民军队性质及其重要性的深刻思考和科学总结。

大革命失败后，中国共产党在全国各地发动和领导了百余次武装起义。1927 年 8 月 1 日，南昌起义标志着中国共产党独立领导武装斗争的开始和中国新型人民军队的诞生。1927 年 9 月 9 日，毛泽东领导了著名的湘赣边界秋收起义，成立了中国工农革命军第一军第一师，设计并举起了第一面有“镰刀”和“斧头”标志，代表工人和农民的军旗。毛泽东为此写了一首《西江月·秋收起义》的诗词，第一句就是“军叫工农革命，旗号镰刀斧头”，表明了军队主要是由工人农民组成的、代表工农根本利益的革命军队。1928 年 5 月，朱毛会师后，成立了中国工农革命军第四军，6 月改为中国工农红军第四军。

人民军队的性质在中国人民解放军成立初期就确立了，关于人民军队的性质，中共中央指出，人民军队是“阶级的军队”[②]。表明了中国共产党领导的军队是工农无产阶级的军队。关于人民军队力量的主体，中央指出，“工农革命军的主要成分，应当是阶级觉悟的革命的工人和农民”[③]，“红军之成份，须极力减少小资产阶级之成份，或旧式雇佣之兵士，因为这容易使红军的基础动摇，而归于消灭。红军须有广大之工农分子参加，先选拔赤卫队中勇敢分子，尤其是同志加入红军，工人赤卫队分子尤须有多数加入”。[④] 同时规定“一切属于统治阶级的和剥削者：军阀、地主、豪绅、官僚、资本家、富农及其家属都不准加入红军”。[⑤] 这些重要论述，揭示了人民军队的本质属性。

为了确保人民军队的性质，毛泽东还对红四军内部存在的各种非无产阶级思想进行了斗争。在 1929 年 12 月红四军党的第九次代表大会上，毛泽东针对红四军党内存在的各种非无产阶级思想，提出了

---

① 《毛泽东选集》第 3 卷，人民出版社 1991 年版，第 1074 页。
② 《中共中央文件选集（1928）》，中共中央党校出版社 1989 年版，第 488 页。
③ 《中共中央文件选集（1927）》，中共中央党校出版社 1989 年版，第 464 页。
④ 《中共中央文件选集（1928）》，中共中央党校出版社 1983 年版，第 120、128 页。
⑤ 《中共中央文件选集（1931）》，中共中央党校出版社 1983 年版，第 486 页。

许多纠正的办法和措施，号召同志们起来彻底地加以肃清，从而端正了红四军的建军方向，确保了人民军队的性质。[①]

（二）红色标语反映了红军的宗旨

“红军是为无产阶级谋利益的军队”“红军是中国民族和劳苦大众的救星”“红军才是真正为工农谋利益的军队”等标语，实际上折射出工农红军的宗旨，即红军是全心全意为人民服务的军队。1929 年 1 月，红四军在从井冈山向赣南、闽西进军的过程中，发布了《红军第四军司令部布告》，宣布红军的宗旨是“民权革命，打倒列强，打倒军阀，统一中华”。[②] 1929 年 6 月，红四军发布的布告指出红军“以帮助工人、农民及一切被压迫阶级得到解放为宗旨”。[③] 这是目前可见文献中对我军宗旨最早的表述。1931 年 8 月，《中华苏维埃第一次全国代表大会红军问题决议草案》指出，“红军是工农群众自己的军队，是解放工农群众的武装力量”“每个红军战斗员都知道为着本阶级的利益而斗争，为一切劳动群众而服务，绝不是替剥削者和资本家去压迫工农的”。[④] 这些表述表明了服务人民是我军的宗旨，也是人民军队性质的要求。毛泽东在《为人民服务》一文中指出：“我们这个队伍完全是为着解放人民的，是彻底地为人民的利益工作的。”[⑤] 同时在《论联合政府》一文中指出“紧紧地和中国人民站在一起，全心全意地为中国人民服务，就是这个军队的唯一的宗旨”。[⑥] 这些重要论述都表明，服务人民是红军的唯一宗旨。

（三）红色标语反映了红军的任务

“红军为消灭资本主义而战”“红军是真正反帝国主义的武装”“红

---

① 参见宗成康：《人民军队性质的塑造及其启示》，《南京政治学院学报》2007 年第 4 期。

② 江西省文化厅革命文化史料征集工作委员会、福建省文化厅革命文化史料征集工作委员会编：《中央苏区革命文化史料汇编》，江西人民出版社 1994 年版，第 2—3 页。

③ 总政治部办公厅：《中国人民解放军政治工作历史资料选编（第 1 册）：土地革命战争时期（一）》，解放军出版社 2002 年版，第 226 页。

④ 《中共中央文件选集（1931）》，中共中央党校出版社 1983 年版，第 486 页。

⑤ 《毛泽东选集》第 3 卷，人民出版社 1991 年版，第 1004 页。

⑥ 《毛泽东选集》第 3 卷，人民出版社 1991 年版，第 1039 页。

军是执行土地革命反帝国主义军阀的革命军队”“红军是帮工农打土豪的”“工农与红军团结一致，揭破反革命的一切改良欺骗武装宣传”“红军是抗日反帝的军队”等标语，实际上反映出工农红军在新民主主义革命时期的主要任务。

党的一大通过的纲领就明确规定“革命军队必须与无产阶级一起推翻资本家阶级的政权，必须支援工人阶级，直到社会阶级区分消除为止”[①]。规定了人民军队的主要任务是推翻资本家阶级的政权，直到阶级消亡，渐次达到实现共产主义理想社会。

随着实践的发展，共产党人逐步认识到工农红军的主要任务内涵扩大了，不但是要打仗消灭敌人，还要担负起执行革命的政治任务。1927 年 9 月，毛泽东领导了秋收起义，由于起义很快就失利，毛泽东审时度势，果断地将秋收起义部队一步步带上了井冈山。11 月 18 日，部队攻下了湖南省茶陵县城，由于团长陈浩未能按照前委的指示，组织指战员大力开展群众工作，使解放后的茶陵县城一度冷冷清清。团长陈浩伙同副团长徐庶、参谋长韩庄剑，吃喝玩乐，无所不为，群众意见非常大。后来陈浩一伙对革命丧失信念，开始进行阴谋反叛的活动，幸好被及时察觉。在确凿的物证下，毛泽东下令逮捕了陈浩、徐庶、韩庄剑、黄子吉四人。返回宁冈大本营后，12 月 29 日，部队在龙市召开大会，毛泽东在会上列数了陈浩等四人叛变投敌的罪行，并处决了四个叛徒。在大会上毛泽东还总结了工农革命军攻打茶陵后不做群众工作的经验教训，首次宣布了工农革命军的“三大任务”：“第一，打仗消灭敌人；第二，打土豪筹款子；第三，宣传群众，组织群众，帮助群众建立革命政权。”[②] 这三大任务中的第一点“打仗消灭敌人”其实指的是军事任务，第二点“打土豪筹款子”其实指的是经济任务，第三点“宣传群众，组织群众，帮助群众建立革命政权”其实

---

① 《中共中央文件选集（1921—1925）》，中共中央党校出版社 1982 年版，第 5 页。

② 余伯流、陈钢：《井冈山革命根据地全史》，江西人民出版社 1998 年版，第 125—126 页。

指的是政治任务。这“三大任务”集军事、经济、政治任务为一体，指明了工农革命军任务的方向。毛泽东为工农革命军制定的“三大任务”，对井冈山革命根据地的创建和人民军队的建设起了很重要的作用，从而使部队的政治工作、军事斗争等均有了更具体明确的目标任务，是毛泽东对创建人民军队的历史经验总结。

毛泽东创造性地提出了红军三大任务，但是，这并不是一下子就能够为人们所接受的。在红军发展的过程中，在要不要执行这三大任务的问题上，曾经多次受到不同意见的干扰。有些同志片面强调军事斗争，认为军事与政治二者是对立的。这种错误思想在红四军党的第七、第八次代表大会反映最为明显。红四军在错误思想指导下，带来了无谓的损失。[①] 1929年9月28日，中共中央通过了由陈毅执笔起草、周恩来和李立三审定通过的给红四军前委的指示信，史称“九月来信”。“九月来信”规定红军的基本任务是：“一、发动群众斗争，实行土地革命，建立苏维埃政权；二、实行游击战争，武装农民，并扩大本身组织；三、扩大游击区域及政治影响于全国。”[②] 中央的“九月来信”，为红四军党内统一认识、纠正各种错误思想提供了根据。在中央“九月来信”精神的正确指导下，1929年12月28日，古田会议以决议的形式规定了红军的三大任务，认为“红军是一个执行革命的政治任务的武装集团”。[③] 这就从根本上划清了红军与旧军队的界限，使红军成为一支真正的无产阶级军队。

随着时间的推移，红军的人民军队性质不变，全心全意为人民服务的宗旨不变，但是，军队的任务根据实践的变化而有所变化。在抗日战争时期，八路军、新四军继承红军的传统，把三大任务发展成为打仗、做群众工作和生产这三项，特别是“自己动手，丰衣足食”，一面作战、一面生产，这样既减轻了人民的负担，锻炼了部队，又战胜

① 参见鲁荣顺、王巍一：《试述红军三大任务的形成和发展》，《镇江师专学报（社会科学版）》1987年第4期。

② 中共中央文献研究室：《毛泽东传》，中央文献出版社2011年版，第208页。

③ 《毛泽东文集》第1卷，人民出版社1993年版，第96页。

了一切困难，得到了人民的拥护。在解放战争时期，毛泽东及时地发出了“把军队变为工作队”的号召，以便接管将要被解放的广大新地区，这是红军三大任务在新的条件下的发展，对于取得全国胜利有着巨大的作用。全国解放后，人民解放军始终保持着人民军队的本色，仍然执行着三大任务，他们除了保家卫国、抵御外侮外，还积极参加国家的建设事业，积极参加抗震救灾、抗洪抢险……哪里有危险，哪里就有人民解放军，真正做到了为人民的利益而赴汤蹈火，在所不辞，践行了人民军队为人民的性质与宗旨。

三、红色标语展示了红军队伍建设的特征

“红军是共产党领导的苏维埃工农军队”“红军不拿工人农民的一针一线”“红军公买公卖”“红军绝对不拉伕不发洋财”“革命军军政官长不打士兵”“反对开小差”“红军士兵准许说话开会”“士兵组织士兵会”“改良士兵生活，给予土地工作”“红军中官兵伕薪饷穿吃一样，白军里将校尉起居饮食不同”等红色标语，实际上反映出红军队伍建设的特征。这些特征，确保了这支军队的人民性质，是人民军队区别于一切旧军队的标志，是人民军队的优势所在，也是这支军队深受老百姓欢迎爱戴的根本原因。红军队伍建设的特征主要表现在以下五个方面。

（一）加强党对军队的绝对领导，为人民军队性质的确立提供了坚强的政治保证

标语“红军是共产党领导的苏维埃工农军队”表明了党对军队绝对领导的本质特征。正如习近平总书记指出：“党对军队绝对领导的根本原则和制度，发端于南昌起义，奠基于三湾改编，定型于古田会议，是人民军队完全区别于一切旧军队的政治特质和根本优势。”①

党指挥枪的原则奠基于三湾改编。毛泽东曾经指出，我们的原则是

① 习近平：《在庆祝中国人民解放军建军 90 周年大会上的讲话》，人民出版社 2017 年版，第 6 页。

党指挥枪，而决不容许枪指挥党。1927 年 9 月秋收起义后，在率部向井冈山进军途中，毛泽东在永新县三湾村对部队进行了著名的三湾改编，确立了党对军队的绝对领导，奠定了新型人民军队的重要基础。1929 年底，毛泽东又亲自起草《古田会议决议》，确立了人民军队“思想建党”和“政治建军”原则，还明确提出要坚决执行“少数服从多数”的民主集中制原则。古田会议以决议的形式，明确规定了党对军队实行绝对领导的原则，为人民军队性质的确立提供了坚强的政治保证。从此，这支在共产党领导下的人民军队便成了一支拖不垮、打不烂的铁军，在革命的洪流中逐步发展壮大起来。党对军队的绝对领导是中国特色社会主义的本质特征，是党和国家的重要政治优势，是人民军队的建军之本、强军之魂。

（二）加强军队党组织和政治工作机构建设，为人民军队性质的确立提供了坚强的组织保证

标语“支部建在连上”表明了在红军的组织建设中，支部是最基本的单元，是“战斗的堡垒”。1927 年 9 月，毛泽东对秋收起义部队进行了三湾改编，在部队建立党的各级组织和党代表制度，支部建在连上，班、排建党小组，连以上设党代表，营、团建立党委，由党代表负责领导所属部队党的工作和政治工作。并决定，凡属部队的一切重大问题，均须经党组织集体讨论决定。这样就从组织上确立了党对军队的绝对领导制度，从根本上保证了党的路线、方针和政策在军队中的贯彻执行。三湾改编将“支部建在连上”，发挥了共产党员的先锋模范作用，党支部成了一个坚强的战斗堡垒，从此打造了一支钢铁团队。1928 年 11 月，毛泽东在《井冈山的斗争》一文中总结道，红军之所以艰难奋战而不溃散，“支部建在连上”是一个重要原因。因此，1929 年 12 月，毛泽东在《古田会议决议》中，重申了三湾改编确立的组织原则，即“每连建设一个支部，每班建设一个小组，这是红军中党的组织的重要原则之一。”① 毛泽东还制定了《红军第四军党代表

---

① 《毛泽东文集》第 1 卷，人民出版社 1993 年版，第 88 页。

工作大纲》，把党代表的职责任务、工作方法和工作制度等固定了下来，从此，红军党代表工作有章可循。

与此同时，党中央十分重视红军中的政治机关组建工作。1928 年召开的党的六大指出，在革命军队中，“为领导政治工作起见，宜组织政治部。”[①] 1931 年 8 月颁布的《中华苏维埃第一次全国代表大会红军问题决议草案》特别强调“红军政治委员、政治部，是共产党和苏维埃政府在红军中的直接代表”。大会特别指出“红军中的政治委员、政治部、共产党与青年团是执行阶级的任务，对于红军政治人员的政治教育和巩固红军战斗力是有极伟大作用的。政府与革命军事委员会应该制定政治委员和政治部以及各种政治团体在红军中的责任与应有权限的各种条例，并使每个战斗员都能深刻了解这些条例的内容”。[②] 这就为保证人民军队的性质提供了坚强的组织保证。

（三）加强军队政治思想建设，为人民军队性质的确立提供了坚强的思想保证

中国共产党十分注重部队的“政治思想训练”。1927 年 12 月，中央首次提出对南昌起义部队“必须有严重的政治训练”[③]。1928 年 5 月，中央发布的《中央通告第五十一号——军事工作大纲》明确提出：“红军中政治工作，必须特别注意。红军兵士不仅为战斗员，并应为战地宣传组织人员……政治委员应代表苏维埃进行兵士群众的政治教育。是非常必要的。这不仅是可使红军兵士的政治认识与宣传组织工作能力增高，而且在退伍之后，乃至于在偶尔失败之时，均能使他们回到乡村中成为群众中最积极最勇敢的分子。”[④] 提出要利用红军士兵集中施行政治教育，以提高他们的政治认识和宣传组织工作能力。1929 年 12 月，

---

① 总政治部办公厅：《中国人民解放军政治工作历史资料选编（第 1 册）：土地革命战争时期（一）》，解放军出版社 2002 年版，第 112 页。

② 《中共中央文件选集（1931）》，中共中央党校出版社 1983 年版，第 486—487 页。

③ 总政治部办公厅：《中国人民解放军政治工作历史资料选编（第 1 册）：土地革命战争时期（一）》，解放军出版社 2002 年版，第 35 页。

④ 《中共中央文件选集（1928）》，中共中央党校出版社 1983 年版，第 130 页。

《古田会议决议》认为“红军党内最迫切的问题，要算是教育的问题”。[①] 决议还详细规定了党内教育和士兵教育的材料和方法。

毛泽东非常重视对红军的思想政治教育。1927 年 9 月，毛泽东领导秋收起义后，带领工农革命军上了井冈山，就通过教育，举办红军军官教导队，多次开展红军政治思想教育，还撰写了《中国的红色政权为什么存在?》《井冈山的斗争》两篇光辉著作，回答了“红旗到底打得多久”的疑问。1930 年初，毛泽东在福建古田还写了一篇光辉著作《星星之火可以燎原》，以回答林彪的思想疑虑，当时毛泽东要求将该文章油印成小册子，发给全军指战员学习，以增强全军将士对革命前途必胜的信心。

关于红四军开展政治思想训练工作的具体内容，1929 年 9 月，陈毅在其《关于朱毛军的历史及其状况的报告》一文中专门向党中央作了汇报，主要包括“讲演，讲课，早晚点名讲话与呼口号，讲评，识字，参加群众大会，各种报告及工作批评等”。[②]

通过政治思想教育，使红军官兵懂得了“为谁扛枪，为谁打仗”，在艰难困苦的环境中坚定了革命理想信念，塑造了团队的灵魂。实践证明，这些政治思想教育工作都相当有成效，正如毛泽东在给中央的报告中说：“经过政治教育，红军士兵都有了阶级觉悟，都有了分配土地、建立政权和武装工农等项常识，都知道是为了自己和工农阶级而作战。因此，他们能在艰苦的斗争中不出怨言。”[③] 通过加强政治思想建设，为保证人民军队的性质提供了坚强的思想保证。

（四）加强军队纪律建设，打造一支纪律严明的部队，为人民军队性质的确立提供了坚强的纪律保证

标语“红军不拿工人农民的一针一线”表明了红军严明的纪律。

① 《毛泽东文集》第 1 卷，人民出版社 1993 年版，第 94—107 页。

② 井冈山革命根据地党史资料征集编研协作小组、井冈山革命博物馆编：《中国共产党历史资料丛书——井冈山革命根据地》（上卷），中共党史出版社 1987 年版，第 366 页。

③ 《毛泽东选集》第 1 卷，人民出版社 1991 年版，第 64 页。

纪律是确保人民军队性质的保证，没有严格的纪律，党就无法率领军队进行胜利的斗争，实现既定的目标。1927年10月，毛泽东在率工农革命军创建井冈山革命根据地的斗争中，在江西省遂川县荆竹山，发现有一些红军战士肚子饿了，跑到田地里面挖老百姓的红薯吃。毛泽东心里想，这支部队马上要上山了，如果不强调纪律，就很难和山上的王佐队伍以及群众搞好关系。因此，他召集工农革命队伍在荆竹山雷打石前面集合，第一次宣布了工农革命军三大纪律，其中第三条就是不拿老百姓一个红薯，这是工农革命军最初颁布的“三大纪律”。1928年1月，毛泽东在遂川县李家坪，召开了全体革命军指战员大会，又宣布了工农革命军的“六项注意”，这是我军最早提出的“六项注意”。1928年4月，毛泽东在湖南省桂东县沙田圩，正式颁布了“三大纪律、六项注意。”这是毛泽东创建井冈山革命根据地以来第一次比较完整地颁布工农革命军的“三大纪律、六项注意”。1929年1月，红四军主力离开井冈山向赣南、闽西进军时，毛泽东根据沿途群众的客家风俗习惯，又将六项注意改为八项注意。[①] 井冈山时期的“不拿老百姓一个红薯”，就改为“不拿群众一针一线”，其严明群众纪律的内涵不变，但是语言更精练了。“三大纪律、八项注意”集中体现了我军军民一致、秋毫无犯的新型军民关系，成为工农革命军发展壮大的力量源泉。加强军队纪律建设，打造一支纪律严明的部队，为人民军队性质的确立提供了坚强的纪律保证。[②]

（五）加强军队作风建设，打造一支作风优良的部队，为人民军队性质的确立提供了坚强的作风保证

标语“红军中官兵伕薪饷穿吃一样，白军里将校尉起居饮食不同”“革命军军政官长不打士兵”“红军士兵准许说话开会”“士兵组织士兵

① 余伯流、陈钢：《井冈山革命根据地全史》，江西人民出版社1998年版，第115、133、189页。

② 徐占权、徐婧：《中央苏区军队建设》，中央文献出版社2009年版，第15—16页。

会”等标语表明了红军的优良作风。

由于工农革命军有一部分是从国民党军队过来的，自然也带来了一些旧军队不良作风的残余。为了废除旧军队中的旧制度及其影响，从建军之初，党就提出“创造新的革命军队，不要有雇佣性质”① 的主张。1927 年 9 月毛泽东领导的秋收起义部队在三湾改编时，明确规定在军队内部广泛实行政治、军事、经济的民主制度，设立士兵委员会监督官长的规定。三湾改编确立的民主制度，使部队中出现了一种官兵一致、上下平等的新型官兵关系，极大地激发了广大官兵的认同感，增强了部队的凝聚力与战斗力。军队内部实行民主制度，是世界军队历史上的一个创举，也是红军区别于一切旧军队的又一个显著标志，对红军的建设发展产生了极其显著的作用和深远的影响。毛泽东在 1928 年 11 月给中央的报告中深刻指出：“红军的物质生活如此菲薄，战斗如此频繁，仍能维持不敝，除党的作用外，就是靠实行军队内的民主主义。”②

除了实行军队内部的民主主义，还决定坚决废止肉刑，优待伤病兵。1929 年 12 月底的《古田会议决议》明确规定：“官兵生活平等”“坚决废止肉刑，废止辱骂，优待伤病兵”“经济委员会管理大队伙食和分伙食尾数”③ 等。以决议形式保障士兵的民主权利，这在人民军队建设史上是第一次。

毛泽东、朱德等人，不但制定了一系列军队内部的民主管理制度，而且也是身先士卒、率先垂范的典范，他们以高尚的品德和良好的作风带动了军队内部的作风建设。正如毛泽东 1928 年 11 月在给中央的信中写的“什么人都是一样苦，从军长到伙夫，除粮食外一律吃五分钱的伙食，发零用钱，两角即一律两角，四角即一律四角，因此士兵也不怨恨什么人”。④ 杨至诚上将在其《艰苦的岁月》一文中回忆道：“我们在井

① 《中共中央文件选集（1927）》，中共中央党校出版社 1989 年版，第 340 页。
② 《毛泽东选集》第 1 卷，人民出版社 1991 年版，第 65 页。
③ 《毛泽东文集》第 1 卷，人民出版社 1993 年版，第 106—107 页。
④ 《毛泽东选集》第 1 卷，人民出版社 1991 年版，第 65 页。

冈山的岁月中，从毛党代表、朱军长起，官兵的生活都是一样的……从军长、党代表起，都是一样苦，因此士兵们没有什么怨言"，"我们红军的官长，是能以身作则的。"[①] 在井冈山和中央苏区时期，还传颂着许许多多毛泽东、朱德等身先士卒、率先垂范的感人事迹。

军队内部的民主制度，它的本质就是官兵政治人格上平等，生活中同甘共苦，核心是官兵一致。官兵一致与军民一致、瓦解敌军，成为人民军队政治工作的三大原则，至今仍然是我军政治工作必须遵循的根本原则。通过加强军队作风建设，打造一支作风优良的军队，为人民军队性质的确立提供了坚强的作风保证。

四、红军加强自身队伍建设的启示

苏区红军自身队伍的建设对于人民解放军的建设有着许多深刻的启示，必须要从各方面加强军队党的建设，具体来说有以下四点是永远不能改变的。

（一）必须加强党对军队的绝对领导，永葆"军魂"不变

三湾改编将支部建在连上，从组织上确立了中国共产党对军队的绝对领导制度，从根本上保证了党的路线方针政策在军队中的贯彻执行，保证了红军发展壮大的正确的政治方向。历史反复证明，有党的基层组织在，就有党的旗帜方向在，有党的凝聚力和战斗力在。实践反复证明，党的正确领导，是红军从胜利走向胜利的根本保证。这是人民军队的看家本领和传家法宝，也是巩固党的执政地位的组织根基。动摇这一根基，就会丧失人民军队特有的政治优势，就会将国家和人民拖入苦难的深渊。习近平总书记强调指出，坚决听党指挥是强军之魂，是我军永远不变的"军魂"。党的领导，是人民军队始终保持强大的凝聚力、向心力、创造力、战斗力的根本保证。党对军队的绝对领

① 井冈山革命根据地党史资料征集编研协作小组、井冈山革命博物馆编：《中国共产党历史资料丛书——井冈山革命根据地》（下卷），中共党史出版社 1987 年版，第 542—543 页。

导是中国特色社会主义的本质特征，是党和国家的重要政治优势，是人民军队的建军之本、强军之魂。

（二）必须加强军队的政治思想工作，永葆“军心”不变

政治思想工作是军队的生命线。红军在初创时期，之所以艰难奋战而不溃散，靠的就是坚强有力的政治思想工作和广大党员干部的模范带头作用。通过政治思想工作，坚定了广大指战员对革命事业的必胜信念和全心全意为人民服务的崇高思想，激发了他们的革命英雄主义精神，从而战胜了前进道路上无法想象的艰难困苦，谱写出人类历史上的光辉篇章。

在当前，仍然需要加强军队的政治思想工作，要按照习近平总书记提出的“要始终把思想政治建设摆在军队各项建设首位”的要求，“充分发挥政治工作对强军兴军的生命线作用”，始终用先进的思想文化占领官兵精神高地，以理论的清醒确保政治的坚定，以思想的先进确保听党指挥成为高度自觉。在新时代，特别要坚持不懈地用习近平强军思想武装全体官兵，使坚持党对军队的绝对领导在官兵思想中深深扎根，使全心全意为人民服务的思想在官兵中牢牢记住，坚决听党指挥，为人民服务。

（三）必须加强军队的纪律建设，永葆“军纪”不变

纪律是执行党的路线的保证、提高战斗力的保障，也是新型人民军队区别于旧社会剥削阶级军队的显著标志之一。没有严格的纪律，党就无法率领军队进行胜利的斗争。红军时期，毛泽东规定的“三大纪律、八项注意”，体现了人民军队的本质以及正确处理军队内部关系和军民关系的原则，是军队建设的重要内容和人民军队的光荣传统。“加强纪律性，革命无不胜！”正因为纪律严明，所以，人民军队人民爱，得到广大人民群众的衷心拥护与爱戴，获得了永不竭尽的力量源泉。

在当前，仍然需要加强军队的纪律建设，从严治军。习近平总书记深刻指出，要着眼于深入推进依法治军、从严治军，抓住治权这个关键，构建严密的权力运行制约和监督体系。我们要按照习近平总书记的要求，打造一支纪律严明的军队，永葆人民军队的本色。

（四）必须加强军队的作风建设，永葆“军风”不变

作风建设是部队建设全局性、根本性、基础性的工作，作风优良是保证，关乎部队形象，关乎战斗力生成，关乎部队建设发展全局，特别是关乎军队的性质、宗旨、本色。艰苦奋斗、廉洁自律、密切联系群众、官兵一致等都是红军的优良传统与作风。时代变了，红军的优良传统和过硬作风始终不能变。不管是在硝烟滚滚的战争年代，还是在改革强军的征程中，好作风永远是我们凝聚兵心士气和提高战斗力的传家法宝。在当前，改革强军既需要优良作风作保证，又要将作风建设推上新起点、新高度。习近平总书记指出：“要发扬密切联系群众的优良传统，保持同人民群众水乳交融、生死与共的关系，永远做人民利益的捍卫者。”①

永葆人民军队的性质不变，是我军有效履行新时代历史使命的需要。新时代我们一定要按照习近平总书记关于政治建军、依法治军、从严治军、改革强军的要求，发扬和传承红军的优良传统和良好作风，培养有灵魂、有本事、有血性、有品德的新一代革命军人，锻造铁一般信仰、铁一般信念、铁一般纪律、铁一般担当的过硬部队，永葆人民军队性质、宗旨和本色。

第三节

从红色标语看苏区时期的红色政权建设

土地革命战争时期，中华苏维埃共和国是中国历史上第一个全国

① 《习近平在庆祝中国人民解放军建军90周年大会上的讲话》，《人民日报》2017年8月2日。

性的工农民主政权，苏维埃政府是为劳苦工农大众谋利益的人民群众自己的政府。由于苏维埃政权的存在和发展，革命根据地广大劳苦大众充满了当家作主人的喜悦。“建立工农兵苏维埃政府”“工农民主专政”“一切权利归农会”“保卫苏维埃政权”等，这些发自他们内心的呼声成为红色标语宣传的重要内容。研读这些红色标语文本内涵，可以梳理出苏区时期红色政权建设的历史背景、主要历程、主要特点，并从中得到一些有益的历史启示。

一、苏区时期宣传红色政权建设类标语的主要内容

苏区时期宣传红色政权建设类标语，不论是对现存文献资料的考察，还是实地调研，这一类的标语都比较多，大致可以分为以下三类。

（一）宣传建立工农兵苏维埃政府类的标语

“建设工农兵苏维埃政府”“建立苏维埃，工农兵团结起来”“建立全国的苏维埃政府”“建立自己的苏维埃政府”“推翻国民党统治，建立苏维埃政府，有田分穷人才有饭吃”“建立工农兵贫民的政府”“建立工农兵代表会议政府”“群众们，你想得到太平幸福，只有建立苏维埃政府”“实行共产主义，拥护中国共产党，活捉王东元，建立全国的苏维埃政府”“工农兵团结起来，准备武装暴动夺取政权”“建立苏维埃政府，苏维埃政府是无产阶级的政府”“推翻军阀国民党政府，建立工农兵代表会议和苏维埃政府”“工农兵团结起来准备武装暴动夺取政权”，等等。

（二）宣传工农民主专政类的标语

“苏维埃是穷人的政府”“工农专政”“主义遵马列，政权归工农”“贫农组织贫农团”“国民党政府是为豪绅资产阶级谋利益的政府，工农兵代表会议政府是为工农兵谋利益的政府”“国民政府是军阀指派劣绅包办的政府，工农兵代表会议政府是工人农民兵士自己选举的政府”“国民党政府只准豪绅资产阶级参加，工农兵无分（份）”“工农兵代表会议政府，只准工农兵参加，豪绅资产阶级滚开”“只有苏维埃才能发

动更广大的群众力量”，等等。

（三）宣传拥护和保卫苏维埃政权的标语

“（拥护）苏维埃政权”“武装拥护苏维埃政府”“拥护（省）苏大会要创造铁的红军”“巩固苏维埃向前发展”“巩固苏维埃根据地”“保卫苏维埃根据地”“执行苏维埃的一切法令”“只有苏维埃才能救中国，要想救中国必须打倒卖国的国民党”“白军士兵要抗日反帝就要到苏维埃政权底下来，苏维埃才是反对帝国主义的政权”“苏维埃是世界上最进步的政权形式”“中华苏维埃共和国万岁”“全世界苏维埃联邦万岁”，等等。

二、红色标语展示了苏区时期红色政权建设的实质与特征

红色标语里面有大量的关于建立“苏维埃政府（政权）”等相关的宣传，那么，什么是“苏维埃”？当年苏区时期又是如何建立“苏维埃”政权的？有什么特点？等等，这里作一解读，以便读者对苏区时期的红色政权建设有一个清晰的了解。

（一）什么是“苏维埃”？

“建立工农兵苏维埃政府”“建立苏维埃，工农兵团结起来”等都是宣传建立苏维埃政权的标语。那么，首先要问究竟什么是“苏维埃”呢？

苏维埃（俄语：совéт，意为“代表会议”）是苏联议会的名称，起源于俄国 1905 年革命。当时是一种工人和士兵的直接民主形式，其代表可以随时选举并随时更换。1917 年十月革命的胜利，宣布全部政权归苏维埃。苏维埃成为苏俄新型政权的标志，城市和乡村的最基本生产单位都有苏维埃，苏维埃在共产党的领导下，不仅可以立法，还可以直接派生行政机构。随后，苏维埃运动在各国风起云涌，苏维埃当时成为国际共产主义运动发展的特有组织形式。中国共产党 1930 年建立的一些革命根据地政权也使用“苏维埃”，所以这些革命根据地被称之为“苏区”。

但对于中国广袤农村而言，苏维埃的本义过于生僻，不仅苏区大部分农民不甚了了，就连相当多的共产党人也不一定清楚。农民根本弄不清楚苏维埃是怎么回事，广东的农民知道著名共产党人苏兆征，因此就把苏维埃当成苏兆征的弟弟。而湘赣边界的农民则把苏维埃称之为“埃政府”，因为当地客家方言“埃”就是“我”的意思。事实上，群众的误解是有几分“道理”的。对于大多数农民，尤其是贫苦农民来说，他们理解的苏维埃，就是共产党的政府和“埃（我）政府”，苏维埃是最受群众欢迎的民主政府形式。这也是为什么在国民党军队四面“围剿”和包围中，苏维埃政府能够屹立不倒的重要原因。

（二）从理论到实践，中国共产党建立苏维埃政权的过程

中国共产党始终秉承建立无产阶级的人民民主专政政权的理想。中国共产党在 1921 年 7 月成立时，即明确表明“我党采取苏维埃的形式”。[①] 1922 年 7 月，党的二大宣言中称：“工人们时常要记得他们是一个独立的阶级，训练自己的组织力和战斗力，预备与贫农联合组织苏维埃，达到完全解放的目的。”[②] 但是，在大革命时期，中国共产党由于早期理论不成熟和力量单薄，加上第一次国共合作，并没有把建立共产党领导的民主政权提上议事日程。因此，中国共产党人对革命胜利后建立的人民民主专政政权性质、内容的探讨，也还只是一种理论上的探究。

大革命失败后，幼年的中国共产党在艰难困境中，开始真正认识到建立革命政权问题的重要性。毛泽东率先在八七会议上提出“枪杆子里面出政权”的著名论断。中共中央也从宣传苏维埃逐渐转变为在行动上为建立苏维埃政权而战斗，并在 1927 年 9 月指出：“现在的任务不仅宣传苏维埃的思想，并且在革命斗争新的高潮中应成立苏维

① 中国共产党纲领（英文译稿），人民网，http：//cpc. people. com. cn/GB/64162/64168/64553/4427946. html. 中国共产党历次全国代表大会数据库，1921.

② 中国共产党第二次全国代表大会宣言，人民网，http：//cpc. people. com. cn/GB/64162/64168/64554/4428164. html. 中国共产党历次全国代表大会数据库，1922.

埃。”[①] 从此，在共产国际的推动下，在中国共产党的领导下，一场以武装斗争为主要形式，以土地革命为主要内容，以建立各级苏维埃政权为主要目标的苏维埃运动迅速兴起。

1927 年 11 月 21 日，彭湃在广东省海丰县领导成立海陆丰工农兵苏维埃政府，这是中国第一个苏维埃名义的农村苏维埃政权。毛泽东领导开辟的井冈山革命根据地和湘赣边苏维埃政权，在首批苏区红色政权中最具有代表性。从 1927 年 11 月到 1928 年 3 月，毛泽东率领秋收起义部队，在茶陵、遂川、宁冈三个县先后创建了“红色政权”——工农兵政府，初步形成了以宁冈为中心的井冈山革命根据地。1928 年 4 月下旬，朱毛会师后成立了工农革命军第四军，井冈山革命根据地的工农武装割据区域迅速扩大。从 1928 年 5 月至 6 月间，永新县、酃县（今炎陵县）、莲花县三个县级红色政权（工农兵苏维埃政府）相继成立，各县区、乡苏维埃政府也普遍建立起来了。井冈山革命根据地的开辟和湘赣边苏维埃政权的建设，为后来中央苏区的政权建设提供了宝贵经验。

1928 年 6 月至 7 月在苏联莫斯科召开的党的六大，对苏维埃政权的建设具有特别的意义。会议在《对国内工作指示的电稿》中明确提出“必须扩大苏维埃的根据地及加紧组织红军”[②]，确定了要“扩大苏维埃的根据地”与建立“工农民权独裁制的苏维埃的政权”。

党的六大以后，中共中央向共产国际报告了中国农村革命根据地的发展情况，并高度赞扬“惟朱毛湘赣边界所影响之赣西数县土地革命确实深入了群众”。[③] 在党的六大精神的指示下，国内苏维埃运动与苏维埃政权建设蓬勃发展起来了，1930 年已有 300 多个县建立了苏维埃政权，统辖人口 5000 多万。工农武装力量不断壮大，革命根据地日

① 《中共中央文件选集（1927）》，中共中央党校出版社 1989 年版，第 370 页。

② 对国内工作指示的电稿，人民网，http：//cpc.people.com.cn/GB/64162/64168/64558/4428365.html. 中国共产党历次全国代表大会数据库，1928.

③ 《中共中央文件选集（1928）》，中共中央党校出版社 1989 年版，第 721 页。

益扩大和巩固。面对革命形势的新发展，共产国际向中国共产党提出了建立苏维埃中央政府的任务，中国共产党对此作出了积极响应。

1931 年 11 月 7 日至 20 日，中华苏维埃第一次全国代表大会在江西瑞金召开，宣布中华苏维埃共和国临时中央政府成立，这标志着中国共产党领导的统一的国家政权的形成。从此，在中国政治舞台上第一个代表广大工农劳苦大众利益并由工农劳苦大众参与民主管理的全国性政权开始运作和发挥作用。

（三）苏维埃政权的实质——工农民主专政

标语“工农专政”“主义遵马列，政权归工农”“工农兵代表会议政府是为工农兵谋利益的政府”“工农兵代表会议政府是工人农民兵士自己选举的政府”“苏维埃政府即是工农兵士贫民的代表会议政府”“苏维埃政府是指革命群众打倒反动阶级的权力机关”等，都是宣传苏维埃政权的实质，其实质是建立工农兵民主专政政府。

党的六大通过的《苏维埃政权的组织问题决议案》（以下简称《决议案》）中规定：“中国的苏维埃政府的正式名义应当是：中国工农兵代表会议（苏维埃）政府。”[①] 这个名称显示苏维埃政权是工农民主专政性质的政权。《决议案》对苏维埃政权的领导阶级、组织机构、形成方式以及任务与管理都作了相应的规定。主要有如下几条：其一，苏维埃政权的建立必须“保证产业工人的领导作用”。[②] 其二，苏维埃政权的组成必须通过选举产生。其三，苏维埃机关不能脱离群众，而必须和民众保持密切的联系。其四，苏维埃同时有立法及行政之权。其五，苏维埃的运作过程必须实行民主制度，加强民主管理，反对官僚主义和滥用职权。其六，在苏维埃政权中，“党是苏维埃思想上的领导者，应经过党团指导苏维埃”。[③] 同时，也要防止以党代替苏维埃或以

① 苏维埃政权组织问题决议案，人民网，http：//cpc. people. com. cn/GB/64162/64168/64558/4428425. html. 中国共产党历次全国代表大会数据库，1928.

② 《中共中央文件选集（1928）》，中共中央党校出版社 1989 年版，第 403 页。

③ 《中共中央文件选集（1928）》，中共中央党校出版社 1989 年版，第 408 页。

苏维埃代替党的倾向。总之，决议案对建立苏维埃政权提出的种种原则，对根据地苏维埃的建设都有一定的积极指导意义。

1931 年 11 月通过的《中华苏维埃共和国宪法大纲》中明确规定了中国苏维埃政权是工人和农民民主专政的国家。[①] 以工农民主专政为政权性质的中华苏维埃共和国的成立，标志着一个新兴政权的崛起，也昭示着中国共产党努力尝试成立一个不同于以往任何一种国家政权的新型国家。

（四）苏维埃政权的主要特征

工农民主专政的政权主要有以下几个特点。

1. 中国共产党是苏维埃政权的领导者。标语“建立共产党领导下的苏维埃政府”表明了苏维埃政权的领导者是中国共产党。中华苏维埃共和国自成立之日起，就始终处于中国共产党的领导之下，这是中华苏维埃政权最主要的特点之一。中国共产党对苏维埃政权的绝对领导，早在 1927 年中国苏维埃运动开始即已确立。党的六大《苏维埃政权组织问题决议案》中，第 17 条“苏维埃和党的关系”中明确规定“党随时随地都应作苏维埃思想上的领导者”，“苏维埃政权之正确的组织是要以党底坚固的指导为条件的”。[②] 毛泽东作为中华苏维埃共和国临时中央政府的主要组织者和领导者，一直把党的领导看成是红色政权得以存在和发展的首要条件。他多次谈到“中国苏维埃与工农红军在全中国民众的拥护下，由于中国共产党的正确的领导，已经成为不可战胜的力量”，“然而这些胜利的取得，决不是偶然的，他依靠了中国共产党政治路线的正确”。[③] 所以，1934 年 1 月《关于苏维埃建设的决议案》中特别强调：“为着巩固和加强无产阶级的领导，苏维埃首先

① 《中共中央文件选集（1931）》，中共中央党校出版社 1983 年版，第 464 页。

② 苏维埃政权组织问题决议案，人民网，http：//cpc.people.com.cn/GB/64162/64168/64558/4428425.html. 中国共产党历次全国代表大会数据库，1928.

③ 江西省档案馆、中共江西省委党校党史教研室编：《中央革命根据地史料选编》（下册），江西人民出版社 1983 年版，第 296—298 页。

必须坚决拥护无产阶级政党——共产党的领导。”①

2. 全部政权属于劳苦民众，劳苦民众真正成了国家的主人，剥削阶级及一切反革命分子被剥夺参政议政的权利。标语“工农兵代表会议政府，只准工农兵参加，豪绅资产阶级滚开”等表明了苏维埃政权是属于工农兵的政权，一切豪绅资产阶级被剥夺了参政议政的权利。苏维埃政权与过去压迫劳动人民的一切旧政权的根本区别在于，它完全代表了广大劳动人民的最根本利益。当时它所颁布的包括苏维埃宪法在内的许多文件，在尊重和维护人民权利、为人民服务等方面，都比较突出。苏维埃政权的主体是工农兵等广大劳动群众，劳动人民自己掌握政权，并参与管理国家事务，一切劳苦民众真正成了国家的主人。

对工农民主和剥削阶级及一切反革命分子实行专政，是工农民主专政的苏维埃政权不可偏废的两个方面。因此，为了确保苏维埃政权掌握在工农群众及其代表手中，必须对剥削阶级及一切反革命分子进行专政，用革命武力与革命法庭镇压一切反革命活动。② 由此可见，苏维埃政权是广大工农对剥削阶级及一切反革命分子进行专政的政权。

3. 工农兵代表大会制度是苏维埃政权体制的基础。标语“建立工农兵代表会议政府”等表明了工农兵代表大会制度是苏维埃政权体制的基础。中共中央临时政治局在1927年11月召开的扩大会议上，就把苏维埃政权的体制确定为“工农兵代表会议政权”。1928年6月，党的六大《苏维埃政权组织问题决议案》充分肯定了实行工农兵民主专政最好形式的制度——工农兵代表会议制度。党的六大以后，工农兵代表大会制度在南方各红色根据地普遍建立起来了。中华苏维埃共和国成立后，工农兵代表大会制度得到进一步加强。全国苏维埃代表大会不但有立法权和监督权，而且是国家最高权力机关。地方各级苏维

① 《建党以来重要文献选编（1921～1949）》，中央文献出版社2011年版，第181页。

② 耿家显：《共产国际与中国苏维埃政权建设》，中央党校博士研究生论文2008年。

埃代表大会也有权决定本区域内的一切重大问题，统一领导和管理本区域内各级苏维埃机关的工作。由此可见，工农兵代表大会制度是构成中华苏维埃共和国政治体制的基础。工农兵代表大会制度的深刻意义在于象征着人民对封建专政的否定，代表着社会的进步和发展。①

4. 把广大人民群众的根本利益放在首位是苏维埃政权的宗旨。标语“工农兵代表会议政府是为工农兵谋利益的政府”等表明了苏维埃政权的宗旨。全心全意为人民服务，既是中国共产党的根本宗旨，也是共产党领导下的苏维埃政权的宗旨。毛泽东强调，苏维埃国家的各个机关及其工作人员必须把广大人民群众的根本利益放在首位，只有这样，苏维埃政府才能得到最广大民众的拥护。从这个基本点出发，他认为苏维埃政府必须把工作做到解决一切群众的实际生活问题上来。② 1934 年 1 月在二苏大上，毛泽东郑重提出要“关心群众生活，注意工作方法”。③

正是在这种关心群众利益思想的指导下，苏区从中央到地方，都较好地体现了“工农兵政权为工农兵所有，为工农兵谋福利”的原则。苏维埃政府颁布了《土地法》，打土豪、分田地，开展土地革命；创办了劳动互助社和模范耕田队，实行互帮互助；创办了列宁小学，开展成人扫盲运动，提高群众文化水平；破除封建迷信，提高群众的民主权利意识等。凡是群众生活中需要解决的问题，苏维埃政府都想方设法解决，这使苏区的群众真正体会到了苏维埃政府是人民的政府，是为工农兵谋利益的政府。

5. 实行真正的民主制度，人民行使当家作主的权利，由人民选举产生代表自己利益的政府。标语“工农兵代表会议政府是工人农民兵士自己选举的政府”等表明了在苏维埃政权中人民行使当家作主的权

① 参见蒋伯英、郭若平：《中央苏区政权建设》，中央文献出版社 2009 年版。

② 参见中国井冈山干部学院、中央档案馆：《红色中华》第 8 卷，江西人民出版社 2016 年版。

③ 《毛泽东选集》第 1 卷，人民出版社 1991 年版，第 138 页。

利。中华苏维埃共和国各级政权不同于中国历史上任何一个政权的特征之一，是建立了人民广泛参与的国家政治民主制度，由人民选举产生代表自己利益的政府，从而鲜明地体现出苏维埃政权具有最广泛的群众性和人民性。选举制度是苏维埃政权民主制度的重要组成部分，苏维埃区域的选举运动，是苏维埃民主制度在实践上的表现。从 1931 年 11 月一苏大到 1934 年 1 月二苏大，在短短两年多内，中央苏区先后开展了三次规模宏大的民主选举。在选举中，苏区的人民群众都获得了较充分的民主权利。从选民的参加人数上看，一般都在 80%以上，有的地方甚至达到 90%以上。

正是有了广泛民众的参与，中央苏区各级政权才有了坚实的群众基础，获得了广大民众的支持，具有至高无上的权威。真正的民主制度，加上严格的监督机制与严厉的惩治贪污腐败，使苏区各级政府成为当时中国最廉洁、最民主的政府。尽管新生的苏维埃政权受到国民党的军事“围剿”与经济封锁，苏区人民生活极其困难，但是苏区广大人民群众对于苏维埃政权始终坚决支持，同生死，共命运，体现了国为民所依、民为国献身的感人气象。①

6. 苏维埃工作作风提倡深入实际、实事求是、调查研究。标语“撤换苏维埃里面的新官僚”等表明了苏维埃政权的工作作风是反对官僚主义。在苏维埃工作作风建设中，毛泽东一贯提倡调查研究，反对本本主义（主观主义）。调查研究是了解情况的基本方法，也是制定方针政策的基本前提。毛泽东在二苏大上曾将包括调查研究在内的工作方法，称之为“桥问题”，认为解决苏维埃工作中的问题，目的在于“过河”，而“过河”就必须有桥。针对苏维埃机关工作人员不了解如何开展乡苏和市苏工作的状况，毛泽东认为必须采用实际具体的调查研究的方法，去摸清情况，掌握实际材料，然后提出问题和解决问题。

---

① 参见蒋伯英、郭若平：《中央苏区政权建设》，中央文献出版社 2009 年版，第 171—172 页。

毛泽东自己是带头调查研究的典范，在创建井冈山革命根据地斗争中，他做了宁冈、永新两县调查，写下了《永新调查》和《宁冈调查》。在中央苏区时期，毛泽东又经常做调查研究，写下了《兴国调查》《寻乌调查》《长冈乡调查》《才溪乡调查》等，为土地革命的顺利进行提供了大量有实际意义的指导思想与政策，进一步推动了苏维埃的工作，引导广大党员干部少犯主观主义和官僚主义的错误。

由于苏区的党和工作人员以及广大红军指战员，牢记党和红军的宗旨，真心实意为群众谋利益，着力解决人民群众的生产生活困难，努力把苏维埃政府建成为人民服务的政府；加强民主政治建设，让广大劳苦民众当家作主，政治上有了话事权，把苏维埃政权建设成民主的政权；严惩贪污腐败，把苏维埃政权建设成廉洁政权；倡导节俭，把苏维埃政权建设成为精简节约的政权；加强法治建设，实现依法执政，把苏维埃政权建设成法治政权；深入开展土地革命，使农民获得土地，得到了最大的实惠。因此，长冈乡的苏区群众发自内心地称赞："共产党真正好，什么事情都替我们想到了。"[①] 苏区人民真正将苏维埃政府称为"埃"（自己的）政府了，这充分说明中国共产党将苏维埃政权建设成为人民的政权了。苏区人民清醒地认识到"只有苏维埃政权能够拯救中国于沦亡，使全中国民众得到彻底的解救"。[②] 所以，苏区群众就写出了"武装拥护苏维埃政府""保卫苏维埃根据地""巩固苏维埃根据地"等标语，发自内心地喊出了"苏维埃是世界上最进步的政权形式""中华苏维埃共和国万岁"等标语口号。

三、苏区时期红色政权建设的历史启示

重温苏区红色标语，回顾中国共产党这段红色政权建设的历史，总结当年政权建设的经验，对于今天在全面执政历史条件下担负着中

① 《毛泽东选集》第 1 卷，人民出版社 1991 年版，第 138 页。

② 中国井冈山干部学院、中央档案馆：《红色中华》第 8 卷，江西人民出版社 2016 年版，第 4639 页。

国特色社会主义伟大复兴重任的中国共产党，能够从中得到若干有益的启示。

（一）作为国家机器最为重要象征的国家政权，必须体现执政党的意志，坚持党对一切工作的领导

任何一个国家政权，无不代表着执政党及其群众基础的利益而行使国家机器的权力。时至今日，中华人民共和国成立已经70多年，仍然需要始终牢记自己的使命与奋斗目标，把工人阶级和全国各族人民的利益放在最重要的位置，实现立党为公，执政为民；必须始终“坚持党对一切工作的领导，党政军民学，东西南北中，党是领导一切的”①，努力“提高党把方向、谋大局、定政策、促改革的能力和定力，确保党始终总揽全局、协调各方”。② 必须坚持“一个中心、两个基本点”基本路线，团结带领全国各族人民为实现“两个一百年”奋斗目标和中华民族伟大复兴的中国梦而不懈奋斗。

（二）必须坚持和发扬民主，不断推进社会主义政治制度自我完善与发展

保证和支持人民当家作主是共产党人不懈的追求，当年中央苏区政权建设的一个重要特色就是进行民主政治建设，保障人民当家作主。为此，要继续坚持和完善人民代表大会制度，发展社会主义协商民主，健全民主制度，丰富民主形式，拓宽民主渠道，保证人民当家作主落实到国家政治生活和社会生活之中，不断推进社会主义政治制度自我完善与自我发展。

（三）必须廉洁从政，始终把反腐倡廉作为国家政权建设的一件大事来抓

中华苏维埃政府时期，针对党内的腐败现象，毛泽东提出必须

① 习近平：《决胜全面建成小康社会　夺取新时代中国特色社会主义伟大胜利——在中国共产党第十九次全国代表大会上的报告》，人民出版社2017年版，第20页。

② 习近平：《决胜全面建成小康社会　夺取新时代中国特色社会主义伟大胜利——在中国共产党第十九次全国代表大会上的报告》，人民出版社2017年版，第20—21页。

"同贪污浪费、官僚腐败作无情的斗争"，并且处理和处决了左祥云、谢步升等一批贪污腐化分子。在当前全面建设社会主义现代化强国伟大征途中，党仍然要经受"四大考验"，克服"四种危险"，反腐败斗争形势依然严峻复杂，必须贯彻"党要管党，全面从严治党"的方针，坚决抓住反腐败这个重要环节不放松，要坚持无禁区、全覆盖、零容忍，坚持重遏制、强高压、长震慑，加大整治群众身边腐败问题力度，强化不敢腐的震慑，扎牢不能腐的笼子，增强不想腐的自觉，确保党永葆先进性与纯洁性。

（四）必须厉行节约，减少执政成本，为构建节约型社会树立良好的榜样

毛泽东在中央苏区时期倡导节俭，有效增强了人民群众对党的认同感，提高了苏维埃政府在群众中的威望。在当前严厉执行中央"八项规定"的背景下，必须坚持以上率下，巩固拓展落实中央"八项规定"成果，继续整治"四风"问题，降低行政成本，打造节约型政府，为构建节约型社会树立良好的榜样。

（五）必须建立完备的法律体系，实现全面依法治国

中华苏维埃共和国在短短几年的时间里，便建立起比较完备的法律体系，真正做到了依法治国。在当前全面依法治国的背景下，我们加强政权建设就要依法治国，"必须把党的领导贯彻落实到依法治国全过程和各方面，坚定不移走中国特色社会主义法治道路，建设中国特色社会主义法治体系，建设社会主义法治国家，坚持依法治国、依法执政、依法行政共同推进，坚持法治国家、法治政府、法治社会一体建设，坚持依法治国和以德治国相结合，依法治国和依规治党有机统一"。[①]

（六）必须时刻关心人民群众生活，及时关注与解决民生问题

人民群众的拥护与支持是一个政权保持活力和稳固的力量源泉。

---

① 习近平：《决胜全面建成小康社会 夺取新时代中国特色社会主义伟大胜利——在中国共产党第十九次全国代表大会上的报告》，人民出版社 2017 年版，第 22 页。

在中央苏区，毛泽东坚持真心实意为群众谋利益的执政理念及执政实践，赢得了苏区最广大人民群众的衷心拥护与支持，保持了苏维埃政权的凝聚力、向心力和号召力。今天，党要实现政权的巩固和稳定，依然需要依靠人民群众的支持和拥护。我们必须在任何时候、任何情况下，“坚持以人民为中心的发展思想，不断促进人的全面发展、全体人民共同富裕”[①]，“坚持人民主体地位，坚持立党为公、执政为民，践行全心全意为人民服务的根本宗旨，把党的群众路线贯彻到治国理政全部活动之中，把人民对美好生活的向往作为奋斗目标”。[②] 时刻关心人民群众生活，及时关注与解决民生问题，实现好、维护好、发展好最广大人民的根本利益，始终做到权为民所用，情为民所系，利为民所谋。“不断促进社会公平正义，形成有效的社会治理、良好的社会秩序，使人民获得感、幸福感、安全感更加充实、更有保障、更可持续”。[③]

第四节

从红色标语看苏区时期的土地革命及其政策

从 1927 年 8 月至 1937 年 7 月，在中国共产党领导下的新民主主义革命，史称为土地革命战争时期，即第二次国内革命战争时期。这

① 习近平：《决胜全面建成小康社会　夺取新时代中国特色社会主义伟大胜利——在中国共产党第十九次全国代表大会上的报告》，人民出版社 2017 年版，第 19 页。

② 习近平：《决胜全面建成小康社会　夺取新时代中国特色社会主义伟大胜利——在中国共产党第十九次全国代表大会上的报告》，人民出版社 2017 年版，第 21 页。

③ 习近平：《决胜全面建成小康社会　夺取新时代中国特色社会主义伟大胜利——在中国共产党第十九次全国代表大会上的报告》，人民出版社 2017 年版，第 45 页。

个时期，是中国共产党开始独立地领导中国人民进行武装斗争，开展土地革命的时期。土地革命是中国革命的基本内容。

在土地革命战争时期，中国共产党领导中国人民进行打土豪、分田地，发动和武装农民，建立以农民为依托的革命根据地，因而革命取得了巨大的成功。土地革命是中国革命的中心任务。在苏区时期，中国共产党每到一地，就进行土地革命宣传，开展打土豪、分田地。因而，苏区时期，土地革命方面的红色标语宣传内容非常广泛，我们通过梳理这方面的红色标语文本内涵，来解读一下当年苏区时期的土地革命运动及其相关政策。

一、苏区时期宣传土地革命及其政策的标语内容

苏区时期宣传土地革命及其政策类的标语，不论是对现存文献资料的考察还是实地调研，这一类的标语都比较多，大致又可以分为以下几类。

（一）宣传为什么要进行土地革命类的标语

这方面的标语主要有“无产阶级只有分了（土地）才有饭吃有衣穿”“有田分穷人有饭吃”“要饭吃只有打土豪”“穷人没有饭吃到土豪家里去担谷”等。

通过这种方式宣传，揭示了贫雇农被人剥削的现状，激发广大劳苦大众进行土地革命的热情。

（二）宣传动员参加或进行土地革命类的标语

这方面的标语主要有“打土豪分田地”“实行土地革命”“实行土地革命万岁”“农民起来实行土地革命”“农友们工农们快快联合起来打土豪分田地”“彭拜（湃）同志说：土地革命是铲除封建势力唯一的法门”“深入土地革命万岁”“欢迎逃跑的群众回来打土豪分田地”“欢迎反水农民回家！农友们赶快回家来分田地”“红军只打土豪分田地”“来其（齐）心打土豪分田地”“工农红军亲□团结起来打土豪分田地”“欢迎桂东劳苦工农打土豪”“江西的工人农民暴动起来，分土豪劣绅

的田地”“欢迎水口劳苦工农自动起来打土豪分田地”“鄗县工农赶快起来瓜分土豪地主的土地”“同志们回家打土豪分田地”“农民暴动起来打土豪”“劳苦的工农群众团结起来，打土豪，分田地，筹款子，建立革命根据地”“不革命的不分田地”“反对土豪收租收利抢穷人的谷米”“没收土豪家里谷米油盐给贫苦工农”“彻底实行分配土地”“坚决执行土地革命，反对国民党，反对帝国主义，从土豪劣绅地主手中夺回土地”“要保障土地（革命）胜利只有参加红军工作”“消灭敌人保障分田胜利万岁”“靖卫团回家来把土豪打，把田地分”“武装保护分田胜利万岁万岁！”“打到吉安去彻底分配土地！”“农民起来打土豪分田地”等。

通过这种方式宣传，动员群众参加土地革命。

（三）宣传土地革命相关政策类标语

这方面的标语主要有“一切土地归农民”“瓜分地主田地”“彻底平均分配土地”“一切土地归苏维埃！”“拥护苏维埃分田给农民”“没收豪绅地产”“焚烧田契借约”“分土豪劣绅资本家的土地”“农民打土豪分田地，没收一切土地平均分配”“打倒土豪劣绅，将他的一切土地平均分给无产者，永不交租交息”“分田要抽多补少，抽肥补瘦，焚烧田契债约”“雇农是土地革命的中坚”“没收一切地主阶级的土地耕地归农民”“妇女有分得田地之权”“改善士兵生活发给士兵土地与工作”“欢迎白军士兵打土豪分田地”“欢迎白军士兵到红军中来实行土地革命”“士兵要分田地，由苏维埃请人耕种，供给士兵家属”“军阀打仗升官发财白军兄弟打仗白白送死红军打仗分得田地”“欢迎白军弟兄打土豪分田地”等，这些都是与没收与分配土地对象、分配土地原则、土地所有权等土地革命相关的政策类标语。

二、从红色标语看苏区土地革命及其政策

（一）土地革命是中国革命的基本内容

标语“无产阶级只有分了（土地）才有饭吃有衣穿”“有田分穷人

有饭吃”“要饭吃只有打土豪”“穷人没有饭吃到土豪家里去担谷”“实行土地革命”“实行土地革命万岁”“农民起来实行土地革命”等，表明了土地革命是中国革命的基本内容。

毛泽东在井冈山时期，经过调查研究，得出结论“边界土地状况：大体说来，土地的百分之六十以上在地主手里，百分之四十以下在农民手里”。[①] 由此可见，在旧社会的中国，占农村人口绝大多数的雇农、贫农、中农及其他人民，却只占有极少数的土地，终年辛勤劳作，缺衣少食，逃荒要饭，不得温饱。长期以来，农民受够了封建剥削的害，吃尽了无地和少地的苦。农民群众要翻身得解放，就要起来革命，推翻封建统治。而要彻底消灭封建主义，完成民主革命，就必须实行土地革命，变革封建土地占有制。

但在中国民主革命史上，只有中国共产党提出并实行了土地革命，真正实现了“耕者有其田”，任何其他政党都没有也不可能领导农民解决土地问题。毛泽东曾说过：“孙中山是中国最早的革命民主派，他代表民族资产阶级的革命派、城市小资产阶级和乡村农民，实行武装革命，提出了‘平均地权’和‘耕者有其田’的主张。但是可惜，在他掌握政权的时候并没有主动地实行过土地制度的改革。自国民党反人民集团掌握政权以后，便完全背叛了孙中山的主张。现在坚决地反对‘耕者有其田’的，正是这个反人民集团，因为他们是代表大地主、大银行家、大买办阶层的。”[②]

在中国，只有彻底解决农民的土地问题，才能激发广大农民参军参战、保卫红色政权、保卫革命根据地的革命热情，才能使革命战争获得源源不断的人力和物力的供给，红色政权才能立于不败之地。正如毛泽东后来指出的：“全党必须明白，土地制度的彻底改革，是现在阶段中国革命的一项基本任务。如果我们能够普遍地彻底地解决土地

① 《毛泽东选集》第1卷，人民出版社1991年版，第68—69页。
② 《毛泽东选集》第3卷，人民出版社1991年版，第1075页。

问题，我们就获得了足以战胜一切敌人的最基本的条件。”①

总之，实行土地革命、改变封建的生产关系，是完成反帝反封建的民主革命的基本内容，是巩固红色政权、发展农村革命根据地的一项伟大的政治斗争。

（二）苏区时期土地革命的进程

苏区时期，一句“打土豪、分田地”的标语口号，曾经打动了多少农民的心灵，激发了多少农民的革命热情。从井冈山革命根据地到中央苏区，共产党和红军发动根据地人民开展以打土豪、分田地为中心内容的土地革命运动，彻底改革封建土地所有制，实现“耕者有其田”。就像毛泽东后来说的“一九二七年至一九三六年，中国共产党实行了彻底改革土地制度的办法，实现了孙先生的‘耕者有其田’的主张”。②

土地革命的提出，缘于第一次大革命的失败。1927 年 8 月 7 日，中共中央在武汉召开紧急会议，确定了土地革命和武装反抗国民党反动派屠杀政策的总方针。中国共产党领导的史无前例的土地革命运动，是从井冈山根据地和海陆丰地区开始的，其后，在其他苏区陆续开展起来。

井冈山革命根据地的土地革命运动开展得比较好，是有步骤进行的。开始时，不是一下子铺开，而是开展打土豪活动，恢复和建立地方党的组织，建立工农民主政权和农民组织，同时进行社会调查，毛泽东写了《宁冈调查》和《永新调查》，初步分析和掌握了湘赣边区的土地占有状况和农村阶级关系，使土地革命运动的开展和土地政策的制订有事实的依据。随着基层政权的建立，通过打土豪、分浮财，农民的革命意识觉悟起来，土地革命运动逐步全面展开。1928 年 5 月 20 日召开的中国共产党湘赣边界第一次代表大会，提出了“深入割据地

---

① 《毛泽东选集》第 4 卷，人民出版社 1991 年版，第 1252 页。

② 《毛泽东选集》第 3 卷，人民出版社 1991 年版，第 1075 页。

区的土地革命”的政策，成立了湘赣边界工农兵政府，设立了土地部，边界县、区、乡政府各级都成立了土地委员会，具体负责领导土地革命运动。从军队中抽调了大批干部，深入到根据地各县发动群众调查研究，掌握政策，指导分田。

为了指导土地革命工作，毛泽东亲自到永新塘边村，一边作调查研究，一边指导分田运动。毛泽东根据调查掌握的情况，亲手制订了“分田临时纲领十七条”，为后来《井冈山土地法》的颁布提供了非常重要的实践基础。

经过 6 个月的群众土地斗争，湘赣边界各县的土地基本分配完成。正如毛泽东在 1928 年 11 月 25 日写给中共中央的报告中指出：“在红色区域，土地大部分分配了，小部在分配中。”[①] 随着土地革命的深入，大大解放了农村生产力，不仅极大地激发了广大贫苦农民的斗争积极性，也有效地支援了革命战争，加快了根据地的发展。湖南省委巡视员杜修经在 1928 年 6 月 15 日《向中共湖南省委的报告》中曾说：“民众在打土豪后相信毛司令，在分田地后相信党相信苏维埃。”[②]

1928 年 10 月 4 日，中国共产党湘赣边界第二次代表大会召开，在毛泽东的指导下，根据湘赣边界一年来土地革命的实际情况，制定了《井冈山土地法》。这是土地革命战争时期中国共产党制定的第一部比较完备、比较成熟的土地法。

中央苏区土地革命的前期斗争，主要是赣南、闽西的打土豪、分田地运动。1929 年 4 月中旬，红四军从长汀回师赣南，来到兴国发动群众广泛开展打土豪、分田地，建立红色政权。毛泽东在充分调查研究的基础上，在兴国潋江书院文昌宫起草了《兴国土地法》，并予以颁布。随后回师瑞金、于都，随即以 45 天的时间分兵发动群众，开展政治宣传，发动群众打土豪、分土地，发展地方武装，建立红色政权。

① 《毛泽东选集》第 1 卷，人民出版社 1991 年版，第 62 页。
② 余伯流、陈钢：《井冈山革命根据地全史》，江西人民出版社 1998 年版，第 222—223 页。

到1930年1月，先后在赣南14个县建立了红色政权。闽西地方党组织在红四军二次入闽后，在红军的帮助下，在闽西各县深入发动群众打土豪、分土地，建立红色政权，形成了6县连成一片“工农武装割据”的红色区域。1929年7月，在毛泽东的指导下，召开了中共闽西第一次代表大会，总结了永定溪南土地斗争的经验，制定了闽西党的土地政纲（即《土地问题决议案》）。此后，闽西特委领导广大贫苦农民，掀起了“分田分地真忙”的土地革命热潮，在很短的时间内，有60多万人得到了土地。毛泽东曾称赞说：“闽西土地解决办法最好。”①

1930年2月，毛泽东在江西省吉安县陂头村主持召开了“二七”会议。这次会议确定了赣西党扩大苏维埃区域、深入土地革命、扩大地方武装的三大任务，并着重研究了赣西南的土地革命问题，制定了《二七土地法》。会后，根据毛泽东“一要分二要快”的指示，赣西南各地迅速掀起了轰轰烈烈的大分田运动。至1930年7月底，整个赣南苏区都分了土地，约有80万贫苦农民得到了土地。

毛泽东在领导赣南、闽西土地革命斗争的实践中，已于1931年春基本上形成了一整套关于土地革命的路线、方针、政策。可是，1931年1月王明上台以后，无视毛泽东所领导的苏区土地斗争的经验和理论，完全不从中国的实际情况出发，照搬当时苏联消灭富农经济的做法，提出了“地主不分田，富农分坏田”和消灭富农经济的“左”倾土地政策。1931年11月，“全苏一大”在瑞金召开，王明“左”倾错误推行者将中央起草的《中华苏维埃共和国土地法》在大会上通过。于是，王明的“左”倾土地政策便以法律的形式正式推出。《中华苏维埃共和国土地法》颁布后，苏区开始了“重新分配土地”和“查田运动”。

（三）苏区时期土地革命政策

标语“一切土地归苏维埃”“拥护苏维埃分田给农民”“全省区中

---

① 余伯流：《中央苏区经济建设》，中央文献出版社2009年版，第6页。

的国有土地的一部分作为（苏维埃）政府及农民垦耕之用，分给工农的……其经济上的使用”“一切土地归农民”“瓜分地主田地”“彻底平均分配土地”“没收一切地主阶级的土地耕地归农民”“改善士兵生活发给士兵土地与工作”“欢迎白军士兵打土豪分田地”“士兵要分田地，由苏维埃请人耕种，供给士兵家属”“分田要抽多补少，抽肥补瘦，焚烧田契债约”等，这些都是宣传没收与分配土地对象、分配土地原则、土地所有权等土地革命相关政策。

1928 年 12 月制订的《井冈山土地法》对于没收及分配土地的对象、土地分配的标准和方法、土地税收征收办法等作出了明确规定，为中国共产党土地革命路线的形成和新民主主义土地法的制订做出了开创性的贡献。然而，它毕竟是特定历史条件下的产物，不可避免地存在一些历史局限性。后面制订的《兴国土地法》、“二七”会议后制订的《赣西南苏维埃政府土地法》、南阳会议后的《苏维埃土地法》等土地政策，都随着实践经验的丰富和思想认识的提高而不断得到改进。

从以上可以看出，中国共产党对于土地革命政策也经历了一个从不成熟到成熟，从不完善到完善的演变过程。主要表现在以下四个方面。

1. 在土地没收对象的问题上，经历了从“没收一切土地进行分配”到“只没收地主阶级的土地进行分配”的变更。

1927 年 11 月，《中国共产党土地问题党纲草案》提出了“一切私有土地完全归组织成苏维埃国家的劳动平民所公有”[①] 的主张，这实际上是“没收一切土地归国有”的“左”倾错误主张，完全是受共产国际的影响所致，使土地政策的制定出现曲折。受中共中央土地政策的影响，1928 年 10 月份，毛泽东在湘赣边界拟订的《井冈山土地法》中规定“没收一切土地归苏维埃政府所有”。在 1928 年 11 月给中央的

① 《中共中央文件选集（1927）》，中共中央党校出版社 1983 年版，第 501 页。

报告中写道："边界对于土地是采取全部没收、彻底分配的政策。"[①] 其实，早在 1928 年 6 月至 7 月，党的六大通过的《土地问题决议案》中，对土地革命的路线、方针、政策都有论述，并作了原则性的正确决定，比如：改正了"没收一切土地"的错误政策，明确规定"没收一切地主阶级的土地、耕地归农"。[②] 只是党的六大的决议传达到井冈山时，已经到了 1929 年 1 月。

1929 年 1 月中旬，红四军从井冈山下山后，向赣南进军途中，发布《红军第四军司令部布告》，宣布"地主田地，农民收种，债不要还，租不要送"。[③] 这基本上便将没收土地的范围定位在地主阶级。还油印党的六大通过的决议案"500 余本，散发井冈山以来沿途的党部"，又于 3 月中旬"石印 1000 本，为闽西赣南扩大组织之用"。[④] 大力宣传党的六大通过的土地革命主张。但是由于当时军情紧迫，无暇顾及土地革命政策的调整和改变。到了 1929 年 4 月，红四军前委制定《兴国土地法》，将"没收一切土地"修正为"没收一切公共土地及地主阶级的土地"。[⑤] 毛泽东称其是一个原则的改正。从此以后制定的土地法都延续了这个土地没收原则。这体现了党的土地政策制定上的发展，从而明确了土地革命所打击的主要对象是地主阶级，是消灭封建土地所有制，使土地革命斗争的阶级阵线明朗化，表明中国共产党在领导农民开展土地斗争认识上的一次飞跃。

2. 在土地分配标准问题上，经历了从主要"以劳动力为标准"分配土地，到主要"按人口平分土地"的变更。

《井冈山土地法》第四条规定"分配土地的数量标准，以人口为标

① 《毛泽东选集》第 1 卷，人民出版社 1991 年版，第 69 页。

② 《中共中央文件选集（1928）》，中共中央党校出版社 1989 年版，第 300 页。

③ 井冈山革命根据地党史资料征集编研协作小组、井冈山革命博物馆编：《中国共产党历史资料丛书——井冈山革命根据地》（上卷），中共党史出版社 1987 年版，第 214 页。

④ 井冈山革命根据地党史资料征集编研协作小组、井冈山革命博物馆编：《中国共产党历史资料丛书——井冈山革命根据地》（上卷），中共党史出版社 1987 年版，第 292 页。

⑤ 江西省档案馆、中共江西省委党校党史教研室编：《中央革命根据地史料选编》（下册），江西人民出版社 1983 年版，第 364 页。

准，男女老幼平均分配”。[①] 毛泽东在《井冈山的斗争》一文中指出“土地分配的标准，所有乡村中男女老幼，一律平分。现依中央办法，改以劳动力为标准，能劳动的比不能劳动的多分一倍”。[②] 按劳动力平分土地所带来的一个弊端是引起人口多而劳动力少的贫农雇农家族的不满，进而势必影响贫农雇农生产和革命的积极性。所以，为了争取广大群众，必须以平分为原则。1930 年 2 月，在江西省吉安县陂头村召开“二七”会议，会后颁布的《赣西南土地法》调整了土地分配的标准，果断地采取了“应依乡村人口数量，男女老幼平均分配”[③] 为主的新标准。1930 年中国革命军事委员会颁布了《苏维埃土地法》，第八条明确规定“为满足多数人的要求，并使农人迅速得到田地起见，应依乡村总合数目，男女老幼平均分配，不采以劳动力为标准的分配方法”。[④] 后经实践证明，这一分配标准确实是公正、合理和切合实际的。

3. 在土地分配原则问题上，经历了从“抽多补少”到“抽肥补瘦”原则的补充。

1929 年 7 月 27 日，中共闽西第一次代表大会通过的《土地问题决议案》，正式提出“分田时以抽多补少为原则”。但在实践中，富农却采取了一种投机手段，即将肥田留给自己，将瘦田分给别人，这势必造成土地数量相同而质量不同的现象，这样同样引起一些贫农的不满与反感。1930 年 5 月，毛泽东在寻乌调查中发现“实际的斗争就是在抽多补少里头。这种斗争是农民对地主富农的斗争，抽多的不愿抽肥，补少的不愿接瘦”，“群众中成为问题的，就是一个肥瘦分配的斗

---

① 《毛泽东文集》第 1 卷，人民出版社 1993 年版，第 49 页。

② 《毛泽东选集》第 1 卷，人民出版社 1991 年版，第 71 页。

③ 江西省档案馆、中共江西省委党校党史教研室编：《中央革命根据地史料选编》（下册），江西人民出版社 1983 年版，第 378 页。

④ 江西省档案馆、中共江西省委党校党史教研室编：《中央革命根据地史料选编》（下册），江西人民出版社 1983 年版，第 416 页。

争，这是土地斗争的中心，也既是富农与贫农的斗争”。[①] 毛泽东后来曾回忆说：“我作寻乌调查，才弄清了富农和地主的问题，得出解决富农问题的办法，不仅要抽多补少，而且要抽肥补瘦。”[②] 因此，1930 年 6 月，在福建省南阳会议上，通过了《富农问题决议案》，提出“应该于‘抽多补少’之外还加上‘抽肥补瘦’一个原则”。[③] 抽肥补瘦与抽多补少相结合，保证了土地量与质的大体均衡。1931 年 5 月，江西省苏维埃政府根据毛泽东的指示，发布了一个“关于土地问题”的布告，这个布告就贯彻执行了毛泽东土地分配的原则，即规定“土地分配应该以乡为单位，按人口平均分配土地，在原耕地基础上，抽多补少，抽肥补瘦”。这样就从根本上解决了农民土地分配时肥瘦不均的问题。

4. 在土地所有权问题上，经历了“土地所有权归农民代表会议（苏维埃）”到“一切土地归农民”，从禁止土地买卖向允许土地买卖的转变。

受共产国际指示和中共中央自八七会议以来“土地国有”方针的影响，《井冈山土地法》第一条规定“没收一切土地归苏维埃政府所有”，第二条规定“一切土地，经苏维埃政府没收并分配后，禁止买卖”。[④] 这种政策规定一直延续到 1930 年中国革命军事委员会颁布的《苏维埃土地法》，规定农民对土地没有所有权，只有使用权，而且禁止买卖土地。这种政策规定，也是一种过急过“左”的表现，超越了民主革命的阶段，不符合中国当时的国情，不适合当时社会生产力的发展水平。在民主革命时期，实行土地国有的条件尚不具备，土地私有观念深厚的农民也难以接受，势必影响到农民生产和革命的积极性。这一土地政策在苏区部分地区实行的时候，遭到了一些农民的反对，有些地方还出现了怠耕、撂耕现象。这种现象引起了党中央的注意，

---

① 《毛泽东文集》第 1 卷，人民出版社 1993 年版，第 234、236 页。

② 《毛泽东文集》第 2 卷，人民出版社 1993 年版，第 379 页。

③ 江西省档案馆、中共江西省委党校党史教研室编：《中央革命根据地史料选编》（下册），江西人民出版社 1983 年版，第 410 页。

④ 《毛泽东文集》第 1 卷，人民出版社 1993 年版，第 49 页。

1930年9月24日召开的党的六届三中全会指出："在目前革命阶段中，尚未到整个取消私有制时，不禁止土地买卖和在苏维埃法律内的租佃制度。"[①] 根据这个精神，1930年9月全国苏维埃大会修订了《暂行土地法》，将其中"组织集体农场"和"禁止一切土地的买卖、租佃、典押等"有关条文删去。这便使土地所有权由国有转变为农民私有，由原来禁止土地买卖转变为允许土地买卖。1931年2月8日，中共苏区中央局发出《土地问题与反富农策略》的通告，明确提出了土地所有权归农民私有问题。

1931年2月27日，毛泽东在总结实践经验的基础上，根据《土地问题与反富农策略》通告的精神，以中央革命军事委员会总政治部主任名义，给江西省苏维埃政府写了一封题为《民权革命中的土地私有制度》的信，信中批评了原来在实际工作中的一些"左"倾错误政策，要求各地明确规定农民对土地的所有权。[②]

"一切土地归农民""允许土地买卖"，这种土地政策极大提高了广大农民生产的积极性，大大解放了农村长期以来被束缚的生产力。正如毛泽东1934年1月在《我们的经济政策》中所指出的那样："红色区域在建立的头一二年，农业生产往往是下降的，但是经过分配土地后确定了地权，加以我们提倡生产，农民群众的劳动热情增长了，生产便有恢复的形势了。现在有些地方不但恢复了而且超过了革命前的生产量。有些地方不但恢复了在革命起义过程中荒废了的土地，而且开发了新的土地。"[③]

（四）苏区时期土地革命路线

标语"没收一切地主阶级的土地耕地归农民""一切土地归农民""雇农是土地革命的中坚"等，表明了我党在土地革命过程中，对于贫农、雇农、地主等社会各阶层的态度。正是本着这样的思路，经过从

---

① 《第一、二次国内革命战争时期土地斗争史料选编》，人民出版社1981年版，第493页。
② 樊爱霞、冯翠兰：《毛泽东与中央苏区的土地革命》，《党史文汇》2001年第12期。
③ 《毛泽东选集》第1卷，人民出版社1991年版，第131页。

井冈山到中央苏区3年多土地革命的实践，1930年底到1931年初，各个革命根据地在总结土地革命的实践的基础上，逐步形成了一条正确的土地革命路线，这就是“依靠贫农雇农，联合中农，限制富农，保护中小工商业者，消灭地主阶级，变封建半封建的土地所有制为农民的土地所有制；以及在原耕的基础上，以乡为单位，按人口平分土地，抽多补少，抽肥补瘦的分田原则”。[①] 这是中国共产党在民主革命时期一条适合中国国情的马克思列宁主义的土地革命路线。

占农村人口百分之七十的贫农雇农，是农村中最艰苦者，受地主的剥削压迫最甚，他们极易接受革命的宣传，是打倒封建势力的急先锋。将没收的土地分给无地或少地的贫农雇农，顺应了贫农雇农的革命要求。因此，中国共产党对于贫农雇农是持“依靠”的态度。

占农村人口百分之二十的中农，是农民中生活条件较好的阶层，这样的经济地位，决定了他们对革命取中立的态度，但是绝不反对革命。为壮大革命队伍，必须对中农采取“联合”态度。

富农由于其自身的家庭经济状况比较良好，其对于革命的态度始终是消极的。对于这个阶层的土地该采取何种政策，是个难题。若打击过重，则失去他们对革命的支持；若不没收他们的土地，则土地革命不会彻底，贫雇农也不满意。正是基于这种考虑，中国共产党对富农持“限制”态度。

中小工商业者在经济地位上可以划分为中产阶级或者是小资产阶级，他们虽然也有一定的剥削成分，但主要是以自食其力为主。由于他们在政治上、经济上也受到封建主义和帝国主义内外双重的压迫与剥削，因而具有一定的革命性。因此，中国共产党对于中小工商业者始终持“保护”态度。

地主阶级，特别是大地主阶级和大买办阶级，是当时中国的剥削阶级，他们代表腐朽的封建主义，由于保护其利益的需要，他们始终

---

① 余伯流：《中央苏区经济建设》，中央文献出版社2009年版，第7页。

站在帝国主义一边，与帝国主义勾结在一起，共同来压迫剥削农民、中产阶级和小资产阶级，地主阶级是极端的反革命派。因此，剥夺地主阶级的土地分配给农民，就是消灭地主这个阶级。但是，又必须给地主生活出路，所以当年的土地政策对地主“得酌量分与土地”。① 这些政策体现了中国共产党对于“地主阶级”这个“阶级”始终持“消灭”的态度。毛泽东始终认为土地革命是消灭“地主”这个阶级，而不是消灭地主的肉体，因而对地主本人则必须给以生活上和经济上的出路，不致使苏区内的一些地主上山为匪或走上绝路，从而有利于红色政权的巩固和苏区的建设，这是一种将消灭剥削阶级和改造剥削者相结合的思想，是非常正确的。

土地革命路线指导了苏区的土地革命，激发了广大农民的生产积极性，苏区粮食生产大丰收，推动了根据地农业生产的发展和人民生活水平的提高，极大地调动了广大农民的革命积极性，为红军战争奠定了坚实的群众基础，也为以后党领导的土地革命提供了宝贵的经验教训。

第五节

从红色标语看苏区时期中国共产党的民生观

“民生”，顾名思义，就是人民的生计与生活，就是要解决民众的生老病死、衣食住行等最基本的生存需要问题。孔子曰：“大道之行也，天下为公，选贤与能，讲信修睦。故人不独亲其亲，不独子其子，

① 江西省档案馆、中共江西省委党校党史教研室编：《中央革命根据地史料选编》（下册），江西人民出版社 1983 年版，第 369 页。

使老有所终，壮有所用，幼有所长，矜寡孤独废疾者皆有所养。”[①] 表达了古代人民对大同社会的理想追求。孟子提出“民为贵，社稷次之，君为轻”，西汉时期，贾谊则提出“闻之于政也，民无不为本也”，“夫民者，万世之本也，不可欺”，进一步阐述了民本思想。唐柳宗元提出“吏为民役”的主张，使古代民本思想发展到一个新的阶段。从上述论述过程，我们可以看到从“民为贵”“民为本”到“吏为民役”的民生思想发展脉络，这充分表明我国在古时就非常重视民生问题，并且将其作为治国之道、安邦之策。因此，关注老百姓的生存需求，是执政者解决民生问题的首要目标。

中国共产党成立之后，继承了我国传统的以民为本思想，运用马克思主义唯物史观的基本原理，将其应用于党领导的中国革命和建设事业中。从井冈山到中央苏区时期，中国共产党把改善民生问题作为其执政的基本理念，首创了“真心实意为群众谋利益”的民生理念，为中国共产党执政为民宗旨的确立提供了理论的源泉，作出了实践的榜样，提供了原创经验。

苏区时期，有大量的红色标语宣传中国共产党的民生思想，这些红色标语发挥了良好的宣传效果。苏区群众正是从这些红色标语和中国共产党的执政实践中，了解到中国共产党是全心全意为人民服务的党，是为劳苦工农大众谋利益的党，从而真心地拥护中国共产党，热诚地投身革命事业，全力地支持根据地的各项建设。然而，由于研究趣向的差异，我们发现以红色标语文本作为载体，研究苏区中国共产党的民生思想及其实践的文章非常少见。为此，本书试图从苏区时期的红色标语文本内涵来解读苏区时期中国共产党的民生观。而通过梳理苏区时期中国共产党的民生观，可以进一步感悟中国共产党的初心和使命，还可以为当前中国共产党解决一系列新的民生问题，提供历史的经验以资借鉴。

---

① （西汉）戴圣：《礼记・礼运》，中州古籍出版社 2016 年版，第 7 页。

一、苏区时期宣传中国共产党民生观类标语的主要内容

通过对苏区时期的革命旧址进行田野调查和查阅历史文献资料，我们收集了大量的苏区时期的红军标语，其中宣传中国共产党民生观类的标语比较多，我们挑其精要列举如下。

（一）关于土地革命类的标语

这方面的标语主要有“农民打土豪分田地”“没收土豪田地分配农民”“实行土地革命，推翻封建剥削，是中国民权革命的主要内容”“土地革命，就是没收地主阶级的田地，分给贫苦农民，永不交租”“只有实行土地革命农民得了田地，农村的经济才能发展”“只有实行土地革命农民增加了生产力和购买力，城市的工商才能发展”“只有农民暴动起来夺取地主阶级的田地才能实行土地革命”“焚毁田契借约”“不完租不完税不完粮不完土豪的债”等。

（二）关于组织经济建设类标语

这方面的标语主要有“发展苏区经济，改善工农生活”“扩大苏区的经济建设”“培养工农自己的经济和各种技术人才”“加速春耕运动”“纪念五卅努力增加生产”“努力春耕为增加二成生产而斗争”“实行春耕竞赛消灭耕田”“首先耕好红军的公田和红军家属的田”“切实替红军家属代耕”“武装保护春耕”“红军加紧查田运动”“苏维埃要注意水利，以防旱灾，开办生产合作社，提高工农业生产事业”“开办消费合作社，工农才有便宜的东西用”“开办生产合作社，使农村生产发达”“开办生产合作社，提高生产事业”“穷人可以集股做生意，没有机具种田，苏维埃帮助你”“开办信用合作社，实行低利借贷”“开发苏区财源，发展对外贸易”“欢迎商人大批送货来赤区贩卖”“苏维埃政府注意水利以防旱灾”等。

（三）关于发展教育事业类标语

“实行无产阶级教育”“各区、各乡成立列宁小学校”“普及农村教育，发展无产阶级文化水平”“发展农村教育改善农民生活”“加紧识

字读报，提高工农的文化水平”“建立农村学村，农民不要钱有书读”“建立农村学校，不要钱有书读”“设立贫民学校，招收贫苦青年工农免费读书”“建立工人夜学工人免费读书”“设立工农夜校免费读书，反对军阀压迫革命”“青年工农要有受教育的机会”“男女平权，女子要读书识字”“反对腐败和反动的党化教育”等。

还有《识字歌》：“放开喉咙唱山歌，唱熟歌儿能识字，认识文字真正好，能读会写也会算，唱歌要唱识字歌……”（以下还有 3 句无法辨别）。

（四）关于开展免费医疗及卫生防疫运动类标语

这方面的标语主要有“建立公共看病所，贫人看病不要钱”“设立公共看病所，贫民看病不要钱”“工人有病老板发给医药费”“苍蝇是传染病的□，扑灭苍蝇等于消灭敌人，我们每一个同志应该热烈的扑灭他，成为□□的日常工作”“每天洗澡、身体愈好！勤洗澡、伤快好！□□卫生要讲到，健康身体，□敌围剿”等。

（五）关于促进妇女解放类标语

这方面的标语主要有“男女平等，自由结婚”“实行男女平等，实行自由结婚”“实行男女平等，打破包办婚姻”“反对老公打老婆”“男女平权，实行共产主义”“妇女在政治上经济上文化教育上与男子一律平等”“反对把妇女视为烧茶煮饭浆洗补连的错误观点”“打倒包办婚姻”“打破包办婚姻”“反对买卖婚姻包办婚姻”“共产主义不是公婊主义是主张男女婚姻绝对自由”“要平等，要自由”“铲除封建余孽，打倒婚姻包办制度实行一夫一妻制”“禁止童养媳”“废止童养媳”“反对虐待童养媳”“禁止虐待童养媳”“反对翁姑虐待媳妇”“女工工作与男工同等的须得同等工资”“劳动妇女派代表参加苏维埃议事办事”“劳动妇女有参加工农兵政府组织之权”“妇女实行参加苏维埃政府”等。

（六）关于社会风俗变革类标语

这方面的标语主要有“反对封建迷信”“打破一切宗教迷信和封建礼教”“废除压迫妇女的旧礼教”“根本打破旧礼教……”“打破一切老

迷信，打破一切包□□□□者杀”“实行禁烟禁赌！杀倒土豪劣绅”“春耕到了，多点穷人需要的粮食，不点一窝害穷人吃的鸦片”“加紧戒烟运动”等。

（七）关于建立社会保障体系类标语

这方面的标语主要有“实行八小时工作制”“工人每日做工不能多过八点钟”“工人增加工钱”“工人组织工会”“农民组织农民协会”“保护女工童工”“实行劳动保护法”“实行劳动法令”“实行社会保险，取消苛捐杂税”“救济失业工人”“举办失业救济及疾病伤亡社会保险等”“取消包工制”“设立娱乐会，使大家得些快乐”“穷苦工农联合起来建立贫农团建立雇农工会”“实行青工六小时，童工四小时工作制”“青工、与成工童工同酬（编者按：应是青工、童工与成工同工同酬！）”“废除旧的学徒制，学徒学艺最多二年，学徒不出傅金”“反对老板、师傅、土头打骂虐待青年工人”“青工不做夜工”“老板不得打骂工人”“青年工农不做夜工及有害身体的工作”“学徒学期不得过二年，要有相当工钱”等。

二、红色标语折射出苏区时期中国共产党的民生观

苏区时期，党和红军通过红色标语来宣传中国共产党的纲领、路线和方针政策，其中不乏体察民情、关注社会民生的内容。因此，我们通过梳理标语文本内涵，从这些反映民生类标语背后，可以看出中国共产党在苏区时期的民生观，可以进一步感悟中国共产党的初心和使命。

（一）首创“真心实意为群众谋利益”的民生理念

“共产党是真正为工农谋利益的政党”，这句标语被广泛地刷写在宣传在苏区，表明中国共产党的宗旨是“全心全意为人民服务”。

1929 年 4 月，毛泽东率红四军主力下井冈山后，到了兴国。在兴国县举办土地革命干部训练班时，他谆谆告诫党员干部，每个共产党员要像和尚天天叨念“阿弥陀佛”一样，时刻叨念争取群众。[①] 在中

---

① 石仲泉：《毛泽东与兴国和长冈乡调查》，《党史文苑》2014 年第 1 期。

央苏区时期，毛泽东首次提出了“真心实意为群众谋利益”的民生理念。他说：“要得到群众的拥护吗?”“就得和群众在一起，就得去发动群众的积极性，就得关心群众的痛痒，就得真心实意地为群众谋利益，解决群众的生产和生活的问题，盐的问题，米的问题，房子的问题，衣的问题，生小孩子的问题，解决群众的一切问题。”[①] 在这里，毛泽东提出只有“真心实意为群众谋利益”“解决群众的一切问题”，广大群众才会真正拥护我们，支持革命。毛泽东提出要解决那些关系重大、群众反映强烈的突出问题，尤其是群众最关心、最直接、最现实的利益问题，如土地、劳动、柴米油盐、教育、就业、社会保障、医疗卫生、住房、安全等“一切这些群众生活上的问题，都应该把它提到自己的议事日程上”。[②]

毛泽东还在大会上批评了汀州市政府的官僚主义，说他们只管扩大红军和动员运输队，对于群众生活问题一点不理。由于完全不理群众生活，因此群众就不高兴了，“扩大红军、动员运输队呢，因此也就极少成绩”。[③] 毛泽东号召大家来学习江西的长冈乡和福建的才溪乡两个模范乡，说他们为什么扩大红军多得很，公债也推销得很多，其他工作也取得了很大的成绩，是什么原因呢？是因为他们关心群众生活。毛泽东称赞这样的乡政府，是真正模范的乡政府。号召大家“要学习长冈乡、才溪乡，反对汀州市那样的官僚主义的领导者!”[④]

毛泽东不仅号召广大党员干部要密切联系群众、关心群众生活，而且身体力行、率先垂范。他在瑞金沙洲坝了解到当地群众缺水吃，亲自带领军民挖“红井”，切实帮助群众解决了饮水困难。毛泽东还带领工作人员和红军战士，和群众一起修了“红军桥”。在毛泽东等人的倡导下，密切联系群众成为中央苏区的主旋律。因此，苏区群众感动

① 《毛泽东选集》第1卷，人民出版社1991年版，第138页。
② 《毛泽东选集》第1卷，人民出版社1991年版，第138页。
③ 《毛泽东选集》第1卷，人民出版社1991年版，第137页。
④ 《毛泽东选集》第1卷，人民出版社1991年版，第137—138页。

地说："共产党真正好，什么事情都替我们想到了。"[1] "红军共产党什么都想到了""政府工作人员真正顾乐（"顾乐"是指"爱惜"的意思）我们"[2] 这些由衷的话，是苏区群众真正发自内心的肺腑之言，反映了"共产党是真正为工农谋利益的政党"，是"真心实意为群众谋利益"的。

（二）打土豪、分田地，实现耕者有其田

井冈山及中央苏区时期，一句"打土豪、分田地"的标语，激起了多少农民的心，调动了多少农民参加革命、支援革命的热情。中国自古以来就是农业国，农民人口占总人口的绝大多数，土地作为农民最重要的生产资料，是农民维持生计的根本保障，土地与民生息息相关，土地问题是最大的民生问题。但是，近代中国农村土地占有不均是不争的事实，大量的土地高度集中在少数地主手中，而占人口绝大多数的农民只占有极少数土地，他们必须向地主、富农租种土地，劳动所得大量被地主剥削了，广大农民过着饥寒交迫的生活。

毛泽东深刻认识到中国革命的中心问题是农民问题，农民问题的核心是土地问题。因此，毛泽东从上井冈山创建革命根据地开始，就十分注意解决农民的土地问题，发动并领导进行土地革命。毛泽东于1927年10月率领秋收起义部队来到井冈山，就提出"打土豪，分田地"，开展土地革命，实行耕者有其田。在实践的基础上，毛泽东总结了井冈山土地革命的经验，起草了《井冈山土地法》，并于1928年12月正式颁布实施。这是中国共产党历史上第一部土地法，为以后中国共产党制定与实施土地法奠定了重要的理论与实践基础。井冈山的农民分得了梦寐以求的土地，一个个喜笑颜开，当时有一首歌谣"土地回老家，合理又合法。分了田和地，穷人笑哈哈。跟着毛委员，工农坐天下"。[3] 这首歌谣便是当时农民分得土地后，对党和红军态度的真

① 《毛泽东选集》第1卷，人民出版社1991年版，第138页。
② 《毛泽东文集》第1卷，人民出版社1993年版，第310页。
③ 本书编写组编：《井冈山革命根据地的经济斗争》，江西人民出版社1978年版，第25页。

实写照。时任湖南省委特派员杜修经在调研井冈山革命根据地之后，向中共湖南省委的报告中写道：湘赣边界“民众在打土豪后相信毛司令，在分田地后相信党相信苏维埃。”[①] 正因为广大的井冈山人民得了实惠，获得了千百年来梦寐以求的土地，因此，他们真心实意地拥护共产党和红军，积极投身于革命事业。毛泽东由此在井冈山创建了第一个农村革命根据地，开辟了中国革命走向胜利的新路——井冈山道路。

中央苏区时期，又颁布了一系列土地法，如1929年的《兴国土地法》、1930年的《二七土地法》、1930年的《苏维埃土地法》、1931年的《中华苏维埃共和国土地法》等相关法律。其中1931年的《中华苏维埃共和国土地法》是第一部以国家政权形式颁布的土地法。在土地法的指导下，苏区开展了轰轰烈烈的土地革命，彻底摧毁了农村封建土地所有制，极大地激发了农民的生产热情，调动了农民革命的激情，农村生产力得到极大的提高，农民生活也得到明显的改善。

对于土地革命带来的生产力提高，以及给农民带来的好处，毛泽东在1934年1月召开的中华苏维埃第二次全国代表大会的报告中，进行了总结：“现在农民的生活比较国民党时代是至少改良了一倍。农民的大多数，过去一年中有许多时候吃不饱饭，困难的时候有些竟要吃树皮，吃糠秕，现在则一般不但没有饥饿的事，而且生活一年比一年丰足了。过去大多数农民每年很少吃肉的时候，现在吃肉的时候多起来了。过去大多数农民衣服着得很烂，现在一般改良，有些好了一倍，有些竟好了两倍。”[②] 毛泽东于1933年11月在《才溪乡调查》中写道：“米：暴动前，贫农雇农平均每年只有三个月吃米饭，其余九个月均是吃杂粮，青黄不接时要吃‘羊蹄子’[③]，更有吃糠的。现在，有了六个

---

① 井冈山革命根据地党史资料征集编研协作小组、井冈山革命博物馆编：《中国共产党历史资料丛书——井冈山革命根据地》（上卷），中共党史出版社1987年版，第165页。

② 江西省档案馆、中共江西省委党校党史教研室编：《中央革命根据地史料选编》（下册），江西人民出版社1983年版，第321—322页。

③ 羊蹄子，一种野草根茎。

月的米饭吃，配合六个月的杂粮，本年就够了。……以每餐说，暴动前不能吃饱，现在能吃饱了。并且自己吃外，还可卖给红军，完土地税，买公债票与兑换油盐。总之，吃饭改善了百分之一百（三个月与六个月米饭之比）。”[①] 由此可见，土地革命真正实现了“耕者有其田”，大大提高了农村生产力。

（三）积极发展经济，改善人民生活

“发展苏区经济，改善工农生活”“扩大苏区的经济建设”等红色标语表明了苏区时期中国共产党以经济建设作为改善民生的重要手段和根本途径，抓住了事物的根本。事实上，如果经济不发展，生产力水平不能提高，解决民生问题就成了无源之水、无本之木。

近代以来，由于受封建主义和帝国主义的残酷剥削和压迫，中国经济凋敝、百业萧条。广大农村农业生产力水平低下，传统的手工业大量濒于破产，地方政府苛捐杂税多如牛毛，百姓负担沉重，生活极其艰辛困苦。改善民生需要物质支撑，因此，中国共产党非常重视经济工作，为此组织了大规模的经济建设。1933 年 8 月，毛泽东在中央革命根据地南部十七县经济建设大会就严肃地提出必须注意经济工作，他说：“革命战争的激烈发展，要求我们动员群众，立即开展经济战线上的运动，进行各项必要和可能的经济建设事业。”[②] 1934 年 1 月，毛泽东在中华苏维埃第二次全国代表大会上作报告指出：“我们经济建设的中心是发展农业生产，发展工业生产，发展对外贸易和发展合作社。”[③]

中央苏区时期，把经济建设放到非常重要的位置，大力发展生产，繁荣经济，以保障革命战争及改善百姓生活。

首先，把农业生产作为经济建设的中心任务，采取多种措施促进农业生产。

其次，大力发展工业经济。各级苏维埃政府投资兴办了一批工厂

---

① 《毛泽东文集》第 1 卷，人民出版社 1993 年版，第 335—336 页。
② 《毛泽东选集》第 1 卷，人民出版社 1991 年版，第 119 页。
③ 《毛泽东选集》第 1 卷，人民出版社 1991 年版，第 130—131 页。

企业，自己织布、自己制药、自己制糖、熬制硝盐等，鼓励大力发展手工业，成立多种手工业生产合作社，生产百姓日常急需品。

最后，积极开展对外商业贸易。设立了对外贸易局，沟通赤白贸易。从白区进口苏区紧缺的食盐、西药、布匹、煤油等，出口苏区多余的粮食、钨砂、木材、樟脑等，有组织地进出口产品。成立了粮食调剂局，调剂余缺。中央政府还专门设立了中华商业股份有限公司，“计划把苏区生产品大批运出销售，换取工农劳苦群众日常需要的油、盐、布等日用消费品进来，以更进一步改善工农大众的生活”。①

通过大力发展经济，人民群众的生活得到了明显的改善。1930 年 10 月 7 日，时任赣西南特委刘士奇在给中央的综合报告中汇报了苏维埃区域的好现象，第一点就是关于经济方面的情况，他指出农民“经济上得着了解放，地主当权时代，农民受各种捐税、重租重利的剥削，无不叫苦连天，苏维埃政权建立了，不还租，不还债，不完粮，不纳捐税，工人增加了工资，农民分得了土地，好像解下了一种枷锁，个个都喜形于色，然虽被反动派的经济封锁，但人民日常所需的柴米油盐酱醋茶，除盐比较困难外，其余都能自给，盐亦买到，不过贵昂点，尤其是吃了便宜谷米，苏区两元钱可买一担，白色区要二十元一担，这样与未革命的区域比较，即相差很远了”。②

毛泽东于 1933 年 11 月在《长冈乡调查》中写道，群众生活“油有多余”“吃肉，贫农增一倍，工人增二倍”“鸡鸭多数自己吃，过去则多数卖出”“生活好起来，柴火少出卖”“衣增一倍”“雇农的生活改良了”等。③ 在《才溪乡调查》中写道，“肉增加百分之一百”“衣增加了百分之二百。”④ 由于大力发展经济，苏区人民的生活水平，在共产党的领导下，发生了翻天覆地的变化。

---

① 《繁荣开展的苏维埃经济》，《红色中华》1933 年第 128 期。

② 江西省档案馆、中共江西省委党校党史教研室编：《中央革命根据地史料选编》（上册），江西人民出版社 1983 年版，第 354 页。

③ 《毛泽东文集》第 1 卷，人民出版社 1993 年版，第 295—296 页。

④ 《毛泽东文集》第 1 卷，人民出版社 1993 年版，第 336 页。

（四）积极发展文化教育事业，提高工农文化水平

“各区、各乡成立列宁小学校”“普及农村教育”“发展农村教育改善农民生活”“建立农村学校，不要钱有书读”等红色标语表明了苏区时期中国共产党特别关注和重视人民群众的教育问题。改善民生不仅要求物质生活的殷实，更要求精神世界的丰富。文化教育事业事关人民群众的全面发展、精神信仰，是民生之魂。

土地革命以前，由于经济的凋敝，加上“国民党反动派施行愚民政策，将工农群众排除于教育之外，学校大部分停办，学生大部分失学。因此在国民党统治之下，造成了人民的愚昧无知，全国文盲数目占全人口百分之八十以上”。[①] 而赣南、闽西由于文化教育更加落后，交通信息更加闭塞，因此，土地革命之前的赣南、闽西文盲率竟然高达90％。[②]

中央苏区时期，苏维埃政府积极发展群众教育事业，不断提升人民群众的文化素质。

首先，苏区大力兴办义务教育。苏区各乡村都已经办起了列宁小学，对苏区所有的儿童都实行免费的义务教育，真正实现了学有所教。

其次，广泛开展扫盲教育。举办各种夜校、识字班、读报团、俱乐部和墙报等，提高群众的文化素质水平。广泛开展扫盲教育，努力扫除青壮年文盲。扫盲识字运动规模浩大，青壮年中的文盲人数大大减少。

再次，倡导多种形式办学。兴办各种学校，加强各类专业技术人才和后备干部的培养。

最后，举办各种文化娱乐活动，丰富苏区军民的文化生活。

可以说，在短时间内，苏区的文教事业取得了巨大的进步。1930年10月7日，时任赣西南特委刘士奇在给中央的综合报告中写道：“民国日报论文谓共产党可恶，其教育群众的方法可学，不识字的农民，他们都能使之讲得很多道理。……即此时期，较之白色区域资产

---

① 江西省档案馆、中共江西省委党校党史教研室编：《中央革命根据地史料选编》（下册），江西人民出版社1983年版，第329页。

② 余伯流、凌步机：《中央苏区史》，江西人民出版社1993年版，第9页。

阶级的学校和一般所谓提倡义务教育平民教育的先生们喊了十几年没有半点影响，真是相差十万八千里。”[①] 美国记者埃德加·斯诺在其《西行漫记》中盛赞苏区教育“有了很大的进展。在一些县里，红军在三、四年中扫除文盲所取得的成绩，比中国农村任何其他地方几个世纪中所取得的成绩还要大。”[②] 在中华苏维埃第二次全国代表大会上，毛泽东高兴地宣布：“苏区群众文化运动的迅速发展，我们看报纸的发行也可以知道。中央苏区现在已有大小报纸三十四种，其中如《红色中华》，从三千份增至四万份，《青年实话》发行二万八千份，《斗争》二万七千一百份，《红星》一万七千三百份，证明群众的文化水平是迅速的提高了。”[③] 随着苏区文化教育事业的发展，群众文化素质迅速提高，群众的精神风貌发生了很大变化，对革命充满了激情，对美好生活充满了强烈向往。正如毛泽东在中华苏维埃第二次全国代表大会上的报告中对此作的生动描述：“谁要是跑到我们苏区来看一看，那他就立刻看见这是一个自由的光明新天地。”[④]

（五）积极发展医疗卫生事业，保障人民健康

“建立公共看病所，贫人看病不要钱”“苍蝇是传染病的□，扑灭苍蝇等于消灭敌人，我们每一个同志应该热烈的扑灭他，成为□□的日常工作”“每天洗澡、身体愈好”等红色标语反映了苏区时期中国共产党关注和重视群众身体健康问题。

由于文化落后、交通闭塞等，在土地革命以前，赣南、闽西等广大农村很不注意卫生，群众卫生科学知识十分缺乏，加上一些封建旧俗恶习，以及频繁战争，导致农村经常发生瘟疫、疟疾等各种烈性传

① 江西省档案馆、中共江西省委党校党史教研室编：《中央革命根据地史料选编》（上册），江西人民出版社 1983 年版，第 355—356 页。

② 〔美〕埃德加·斯诺著，董乐山译：《西行漫记》，生活·读书·新知三联书店 1979 年版，第 159 页。

③ 江西省档案馆、中共江西省委党校党史教研室编：《中央革命根据地史料选编》（下册），江西人民出版社 1983 年版，第 330 页。

④ 江西省档案馆、中共江西省委党校党史教研室编：《中央革命根据地史料选编》（下册），江西人民出版社 1983 年版，第 329 页。

染病，严重危害人民生命健康。毛泽东在《长冈乡调查》中说："疾病是苏区中一大仇敌，因为它减弱我们的革命力量"，提出了"发动广大群众的卫生运动，减少疾病以至消灭疾病，是每个乡苏维埃的责任。"① 因此，中国共产党在苏区局部执政之后，积极发展医疗卫生事业，向广大人民群众提供良好公共卫生和基本医疗服务，保证人民群众病有所医，以保障人民健康。

一是制定相关卫生保障法规条例。《中华苏维埃劳动法》规定：对一切雇佣劳动者"实行免费的医药帮助——不论是普通病或因工作致病，遇险受伤，职业病等，都支付药费，其家属也同样享受免费的医药帮助。"② 还发布了《苏维埃区域暂行防疫条例》《中央苏区卫生运动纲要》等法规，首先从法律上切实预防和解决人民群众一切疾病问题，保障人民群众身体健康。

二是创办红军医院和工农医院，培养红军医务人员，为军民免费看病治疗。

三是设立各级卫生管理机构，专门组织医疗卫生事业。

四是普及卫生防疫知识。加强宣传教育，创办各种刊物，以普及卫生防疫知识。还通过张贴标语、上卫生常识课、演卫生话剧、办卫生墙报等多种形式，广泛宣传医疗卫生知识，使苏区广大人民群众提高了卫生素养，改变了一些生活中的不健康习惯。

五是开展卫生防疫运动，发动全民进行群防群治。1932 年 1 月，项英在《红色中华》报上发表《大家起来做防疫的卫生运动》一文，提出了防疫卫生运动具体的办法，号召"各级政府和各红军应当领导群众去做防疫的卫生运动!"③ 1933 年 3 月，颁布了《卫生运动纲要》，号召"领导全体群众一齐起来，向着污秽和疾病，向着对于污秽和疾

① 《毛泽东文集》第 1 卷，人民出版社 1993 年版，第 310 页。

② 江西省档案馆、中共江西省委党校党史教研室编：《中央革命根据地史料选编》（下册），江西人民出版社 1983 年版，第 143 页。

③ 《大家起来做防疫的卫生运动》，《红色中华》1932 年第 5 期。

病的顽固守旧邋遢的思想习惯，做顽强的坚决的斗争”。[①] 这些措施，保障了苏区军民的身体健康，提高了广大群众的身体素质，苏区的卫生面貌大为改善，“苏区的发病率大幅度下降，有些地区甚至减少了百分之九十；红军部队中的痢疾、疟疾、下腿溃疡等发病率也大幅下降，疥疮基本消灭，其他各种疾病也随之减少”。[②] “赣东北苏区推行卫生运动建设仅一年，1932 年的疾病即比 1931 年减少了百分之九十”。[③]

（六）追求男女平等，实现妇女解放

“男女平等，自由结婚”“打倒包办婚姻”“禁止童养媳”“劳动妇女有参加工农兵政府组织之权”等红色标语是宣传妇女解放的，反映了苏区时期中国共产党追求男女平等、实现妇女解放的政治主张。

妇女解放是社会解放的尺度，没有妇女解放，便没有社会解放。在土地革命以前，在封建思想的影响下，女性地位低下，她们不但要受皇权、族权和神权的压迫，而且还要受到夫权的压迫，在这些压迫下，她们学会了逆来顺受，没有政治经济地位，没有人身自由。中国共产党对于完全没有任何权利、处于社会最底层的广大农村妇女给予了极大的关注，提出“在农妇中之宣传与暴动工作，应直接提出关于农妇本身利益的具体要求，如承继权、土地权、反对多妻制、反对年龄过小之出嫁（童养媳）、反对强迫出嫁、离婚权、反对买卖妇女、保护女雇农的劳动”。[④]

男女平等是妇女解放的首要内容，因此，苏区政府首先从政治上解放妇女，立法保障男女平等和妇女参政议政的权利。《苏维埃宪法》规定：“男女一律平等，妇女与男子有同等的选举权与被选举权。”经济上苏区妇女和男子一样，分得了土地，成为土地的主人。婚姻方面获得了婚姻自主的权利，倡导“婚姻自由”“反对包办买卖婚姻”“反对童养媳”“实行一夫一妻”制。文化教育方面也享受了平等的权利，

---

① 余伯流、凌步机：《中央苏区史》，江西人民出版社 1993 年版，第 859 页。

② 钟继润、刘善玖：《中央苏区医学科普工作初探》，《赣南医学院学报》2009 年第 5 期。

③ 邓铁涛：《中国医学通史》（近代史卷），人民卫生出版社 2000 年版，第 555 页。

④ 《中共中央文件选集（1928）》，中共中央党校出版社 1983 年版，第 269 页。

苏区重视组织妇女学习文化知识，扫除文盲。广大妇女学习热情高涨，效果显著。毛泽东在中华苏维埃第二次全国代表大会上作报告时称赞说："妇女群众要求教育的热情，实为从来所未见。"[①]

总之，苏区的妇女已经取得了完全自由与解放。正如当时中共中央刊物《红旗》所指出："几千年从未见天日的劳苦妇女们，从九十九层地狱里翻身起来了"，"他们的热情像火山一样爆发出来，成为生产支前与革命战争中一支不可缺少的生力军。"[②]

（七）破除封建迷信，革除旧风陋习

"打破一切宗教迷信和封建礼教""实行禁烟禁赌"等红色标语是宣传移风易俗的，表明了苏区时期中国共产党破除封建迷信，革除旧风陋习的决心。

封建迷信、"黄、赌、毒"和旧风俗是土地革命以前的中国特别是广大农村的公害，是封建社会留下的毒瘤。苏区革命前的社会封建迷信十分猖獗，社会风俗十分落后，"黄（嫖娼）、赌（赌博）、毒（吸食鸦片）"十分盛行。落后的社会风俗对苏区造成了很大的不良影响，严重影响了社会的发展，危害群众的身心健康，败坏社会道德风气。针对苏区以前社会落后的特点，中国共产党采取了许多有力措施来加强苏区的社会风俗变革。

一是破除封建迷信。红军专门设有宣传队，以丰富多彩的文艺形式说明神之不可信，鬼、巫之无用。在实施教育过程中宣传破除迷信，在各级苏维埃政府的教育宣传和积极推动下，苏区社会形成了强大的反迷信舆论。中央苏区时期的中共中央和苏维埃中央政府的机关报《红色中华》中写道，多数群众，都知道迷信是封建残余的恶习，欺骗、剥削工农的东西，一致起来反对和铲除这种恶习。

二是铲除黄赌毒。制定出台了一系列针对黄赌毒的法规条令，采

---

① 江西省档案馆、中共江西省委党校党史教研室编：《中央革命根据地史料选编》（下册），江西人民出版社 1983 年版，第 330 页。

② 邱松庆：《略论土地革命时期福建苏区的妇女运动》，《福建党史月刊》1988 年第 5 期。

取了多种多样的宣传教育手段，甚至少年儿童也被组织起来查禁黄赌毒，“瑞金县儿童团自备竹刀下农田，见烟苗就劈铲”，“兴国县永丰区儿童团查烟赌打菩萨很厉害，完全不讲人情，‘真正公事公办’”。①

三是革除旧风陋习。对传统的包办婚姻、媒妁制度、早婚、重婚、聘金聘礼制、童养媳制和寡妇守节制等婚姻陋俗采取严厉取缔的措施；禁止缠足、束胸、穿耳等损伤身体的习俗，革新传统服饰、发式；还有将一些传统陋俗一并禁止，如在以前各种场合的“丰盛酒席普遍地被禁止”；春节时期“禁新春贴瑞签”“禁放鞭炮……放鞭炮的罚洋一元二角”，“拜年陋俗，议决禁止”，“南丰县农民暴动区域彻底破除迷信，也不要爆竹了”；在婚丧事情上，不但废除了“聘礼送肉”，还“禁送奠仪”。② 1932 年 8 月 1 日，湘赣省苏维埃第二次代表大会通过的《文化教育问题》规定：“反对做寿做酒送礼纳聘做丧事等封建习俗。”③

破除封建迷信、铲除黄赌毒、革除旧风陋习等使农村社会面貌焕然一新，苏区境内烟赌肃清、娼妓绝迹、风气清新，标志着共产党领导下的苏区发生了深刻的社会变革。毛泽东于 1930 年 10 月在《兴国调查》中写道：革命后，贫农取得的利益总共列举了 12 条，其中第七条是“死了人不要用钱了，埋了就是。”第九条是“应酬废弃，迷信破除，两项的费用也不要了。”第十条是“没有烟赌，同时也没有盗贼，夜不闭户，也不会失掉东西。”④ 这就是移风易俗之后苏区的新风尚。

（八）加强劳动立法，重视社会保障

“实行八小时工作制”“工人组织工会”“农民组织农民协会”“保护女工童工”“实行劳动保护法”“实行社会保险”“举办失业救济及疾

---

① 中共中央文献研究室、中国井冈山干部学院编：《毛泽东中央革命根据地斗争时期调查文集》，中央文献出版社 2010 年版，第 188 页。

② 《毛泽东选集》第 1 卷，人民出版社 1991 年版，第 35—38 页。

③ 徐文杰：《土地革命时期中国共产党与苏区传统风俗变迁》，《文史月刊》2007 年第 12 期。

④ 中共中央文献研究室、中国井冈山干部学院编：《毛泽东中央革命根据地斗争时期调查文集》，中央文献出版社 2010 年版，第 165 页。

病伤亡社会保险”“反对老板、师傅、土头打骂虐待青年工人”“青年工农不做夜工及有害身体的工作”等红色标语是宣传劳动保护与社会保障的，表明中国共产党从苏区时期局部执政开始就重视社会保障，力求保障人民群众的劳动权益和基本生活需求。

中央苏区政府为保护劳动者权益先后制定了《劳动保护法》《中华苏维埃共和国劳动法》，规定了“八小时工作制，最低工资标准，要求雇主与职工签订劳动合同；规定了劳动保护条款，并要求特别保护女工青工童工；规定了工会组织条款，以保护工人合法权益；创立社会保险制度，优恤品种有免费的医药帮助、暂时失却工作能力者的津贴、失业津贴、残废及老弱的优恤金、婴儿的补助金、丧葬津贴费和工人家属贫困补助金；还规定了解决劳资纠纷及违犯劳动法的处理办法等。”[①] 优抚为战争而牺牲或伤残的红军战士及其家属，1931 年 11 月颁布了《中国工农红军优待条例》，“对红军及家属的生产生活等问题做出了一系列的优待规定。对于伤残的红军战士，中央革命军事委员会特设立抚恤委员会组织，专门负责调查统计及慰恤一切，凡伤或牺牲与残废的战士与其家属定可得到苏维埃政权的特别优待”等，[②] 充分体现了中央苏区时期各级党组织和苏维埃政府对社会保障的重视与落实。

由于苏区时期中国共产党对民生问题的重视，并采取了一系列有效措施去落实，较好地解决了苏区广大人民群众的实际生产与生活问题，凸显了党对苏区人民群众的人文关怀，密切了党群关系，进一步增强了苏区人民的向心力、凝聚力，也增强了党和红军的创造力与战斗力。

三、苏区时期民生建设的现实启示

井冈山和中央苏区时期，在敌人疯狂进攻“围剿”之下，加之根据地本身战略缓冲空间狭小、土地贫瘠、物资不足，根据地陷入了极端困

① 江西省档案馆、中共江西省委党校党史教研室编：《中央革命根据地史料选编》（下册），江西人民出版社 1983 年版，第 133—143 页。

② 《中央革命军事委员会抚恤委员会的成立》，《红色中华》1932 年第 7 期。

难的境况。但是，中国共产党和红军领导苏区广大人民群众，自力更生、艰苦奋斗，克服重重困难，大力发展经济，关注民生，改善民生，苏区的各项民生社会事业并未驻足不前，反而比之前取得更大发展，老百姓得到了更多的实惠，这确实是当时中国社会的一大成就。中国共产党在苏区时期民生实践的历史经验，对于当前进入新时代的中国共产党如何解决民生问题，仍然具有重大的现实意义，给我们以许多深刻的启迪。

（一）民生是立党治国之本，必须始终坚持“全心全意为人民服务”的宗旨，真心实意为群众谋利益

关注民生、执政为民，才能赢得民心，夯实执政之基。苏区时期，中国共产党和红军始终把全心全意为人民服务作为党和红军的唯一宗旨，真心实意为群众谋利益，因而得到了广大人民群众的真心拥护，革命才最终取得成功。历史经验证明：一个政党，一个政权，其前途命运最终取决于人心向背。我们党的最大政治优势是密切联系群众，党执政后的最大危险是容易脱离群众。作风问题，核心是党和人民群众的关系问题，必须始终保持党同人民群众的血肉联系。今天，我们仍旧需要“不忘初心、牢记使命”，要加强对党员干部的理想信念教育和宗旨教育，增强各级党员干部的宗旨观念，自觉关注民生、改善民生。要坚持以人民为中心，始终做到立党为公、执政为民，自觉践行全心全意为人民服务的根本宗旨，做到权为民所用、情为民所系、利为民所谋，把人民对美好生活的向往作为我们的奋斗目标。只有这样，才能形成一股凝聚人心的强大“磁力”，构建联系和团结人民的牢固“纽带”，把党的事业一步步顺利推向前进。

（二）民生要以物质为基础，必须始终坚持以经济建设为中心，以发展经济作为解决民生问题的根本途径

围绕军事斗争与改善民生的需要，苏区时期大力开展与组织了经济建设运动，以发展苏区经济，可谓抓住了解决民生问题的根本与关键。事实上，如果经济不发展，生产力水平不能提高，物产不极大的丰富，不能给群众以看得见的实惠，那么，解决民生问题就成了无源

之水、无本之木，就成了空喊口号。毛泽东曾经说过："一切空话都是无用的，必须给人民以看得见的物质福利。"[①] 这说明发展是解决民生问题的基础和关键。只有发展经济，搞好生产，创造出充裕的物质财富，才能使人民的各种利益诉求得到满足。因此，当前，必须牢牢地坚持以经济建设为中心不动摇，大力发展社会生产力，首先把社会财富这块"蛋糕"做大，然后再把"蛋糕"分好。通过又好又快的发展，为保障民生提供更多的财力支撑，最终实现民生问题的根本解决。

（三）民生无小事，解决民生问题必须以群众最迫切的需要和最关切的利益诉求为出发点

孙中山先生曾言："民生就是人民的生活，社会的生存，国民的生计，群众的生命。"[②] 在不同的时期，民生建设都必须以群众最迫切的需要和最关切的利益诉求为出发点，才能得到群众的拥护与支持。井冈山时期，毛泽东一句"打土豪，分田地"，满足了千百年来农民最大的需求——土地，得了实惠的井冈山人民最早喊出了"共产党万岁"的口号。中央苏区时期，毛泽东在第五次反"围剿"最困难、最关键时期，仍然告诫广大干部要关心群众生活，强调从土地、劳动问题、柴米油盐醋问题、生老病死问题到小孩上学问题等一切问题，都要关心、要讨论、要实行、要检查。唯有如此，才能得到广大群众的真心实意的爱戴，革命才能够最终取得胜利。

在新的历史时期，仍然要求党和人民政府要坚持以人民为中心，当前特别是要解决好就业、看病、教育、住房、社会保障、社会管理等人民群众最关心、最直接、最现实的利益问题，按照党的十九大报告的要求："在幼有所育、学有所教、劳有所得、病有所医、老有所养、住有所居、弱有所扶上不断取得新进展，深入开展脱贫攻坚，保

① 《毛泽东文集》第 2 卷，人民出版社 1993 年版，第 467 页。
② 《孙中山选集》，人民出版社 1981 年版，第 765 页。

证全体人民在共建共享发展中有更多获得感，不断促进人的全面发展、全体人民共同富裕。”①

（四）民生建设必须坚持科学发展，对民生问题的解决更要注重统筹兼顾，扎实推进

民生建设是一个复杂的体系，从民生建设涉及的群体来看，包括工人、农民、知识分子以及其他的人民大众，因社会地位、职业身份等的差别，导致对民生的需求是不一致的。同时，从对象的需求来看，它包括物质和精神两个方面的内容。仅有物质保障是远远不够的，必须配套必要的精神生活保障，才能更好地保障人民生活质量。苏区时期，由于特殊的历史条件，党和政府民生工作的重点只能放在改善农民的经济生活方面，保证基本的生存需求。但也做到了统筹兼顾，通过土地革命满足了农民的民生需求，通过工商业措施满足了工人对提高工资待遇的需求及商人对自由经营的需求，通过免费教育满足了儿童对教育的需求，通过免费医疗及卫生事业的发展满足了群众的健康需求，通过社会扶助、社会救助等方式满足了弱势群体的生活需求，通过繁荣文化事业和开展丰富多彩的文艺活动满足了知识分子的精神需求，等等。当前，人民群众对美好生活的向往更加强烈，当然，“人民美好生活需要日益广泛，不仅对物质文化生活提出了更高要求，而且在民主、法治、公平、正义、安全、环境等方面的要求日益增长”。② 这些都要求我们要注重统筹兼顾，解决好各个方面的矛盾，才能做到协调发展、可持续发展。

（五）解决民生问题要加强法制建设，将民生建设纳入规范化、制度化和程序化的轨道

无数经验与事实证明，“制度问题更带有根本性、全局性、稳定性

---

① 习近平：《决胜全面建成小康社会　夺取新时代中国特色社会主义伟大胜利——在中国共产党第十九次全国代表大会上的报告》，人民出版社 2017 年版，第 23 页。

② 习近平：《决胜全面建成小康社会　夺取新时代中国特色社会主义伟大胜利——在中国共产党第十九次全国代表大会上的报告》，人民出版社 2017 年版，第 11 页。

和长期性”。[①] 只有让法律制度更有刚性、更完善，民生问题才会得到应有的保障。苏区时期解决民生问题的一条最重要的经验就是重视加强相关法律制度建设，形成一整套完备的法律制度体系，如毛泽东在井冈山时期，就制定了《井冈山土地法》《遂川县工农政府临时政纲》；在中央苏区时期，制定了《中华苏维埃共和国宪法草案》《中华苏维埃共和国劳动法》《中华苏维埃共和国婚姻条例》《中华苏维埃共和国土地法》《工会组织法》等，这些法律制度从根本上保障了民生建设的健康发展。

当前我国正处在一个重要的发展战略机遇期，这同时也是一个矛盾凸显期。要确保民生问题的有效解决，保障人民群众的根本利益，必须加快法律制度建设。新时期，我们要加快建设社会主义法治国家，完善中国特色社会主义法治体系，尤其是要完善民生领域的法律制度，如与百姓生活息息相关的教育制度、基本医疗保险制度和大病保险制度、养老保险制度、社会管理制度、分配制度、住房保障制度、失业工伤保险制度、最低生活保障制度等社会保障制度，逐步建立健全为民办实事的长效机制，只有这样，民生问题才会得到应有的法制保障。

（六）民生取决于基本国情与国力，改善民生必须坚持既尽力而为又量力而行的原则

俗话说：“到什么山唱什么歌”，在什么发展阶段干什么事。民生问题的解决，与一定的环境和条件相联系，随着时代的变化而变化。苏区时期，由于农民没有土地、耕牛、农具等基本的生产资料，所以党和政府没有提出过高的民生许诺，只能首先从解决群众最基本的生存资料入手，打土豪、分田地，实现耕者有其田，并兴修水利，开垦荒地，提高农业生产力。在经济上主要解决群众的衣食住行问题、小孩上学问题、看病问题。在政治上解决人民群众当家作主问题。这就是实事求是，既尽力而为又量力而行。所以，改善民生是一个持续推进、不断提高的渐进过程。虽然经过中国共产党 70 多年的建设和改革开放以来 40 多年的

① 《邓小平年谱（1975—1997）》（上），中央文献出版社 2004 年版，第 663 页。

奋斗，我国综合国力有了很大的增强，人民生活水平有了很大的提高，但民众对美好生活的向往也越来越高，这与我们的国情国力形成矛盾。我们必须认识到，我国虽然进入了新时代，但是，“两个没有变”仍是基本国情，即“我国仍处于并将长期处于社会主义初级阶段的基本国情没有变，我国是世界最大发展中国家的国际地位没有变”。[①] 所以，必须坚持在发展中保障和改善民生。党的十九大报告提出：“保障和改善民生要抓住人民最关心最直接最现实的利益问题，既尽力而为，又量力而行，一件事情接着一件事情办，一年接着一年干。”[②] 因此，党和政府既要有高度的政治责任感和坚定的决心，下大力气解决好群众关注的各种紧迫民生问题，同时又要看到民生问题的复杂性、艰巨性、持续性，坚持从实际出发，切实采取各种有效措施，不断“完善公共服务体系，保障群众基本生活，不断满足人民日益增长的美好生活需要，不断促进社会公平正义，形成有效的社会治理、良好的社会秩序，使人民获得感、幸福感、安全感更加充实、更有保障、更可持续。”[③]

第六节

从红色标语看苏区时期中国共产党的工商政策

为了促进根据地的发展和红军力量的不断壮大，中国共产党领导

① 习近平：《决胜全面建成小康社会　夺取新时代中国特色社会主义伟大胜利——在中国共产党第十九次全国代表大会上的报告》，人民出版社 2017 年版，第 12 页。

② 习近平：《决胜全面建成小康社会　夺取新时代中国特色社会主义伟大胜利——在中国共产党第十九次全国代表大会上的报告》，人民出版社 2017 年版，第 45 页。

③ 习近平：《决胜全面建成小康社会　夺取新时代中国特色社会主义伟大胜利——在中国共产党第十九次全国代表大会上的报告》，人民出版社 2017 年版，第 45 页。

下的工农兵苏维埃政府，取消苛捐杂税，实事求是地制定了一系列保护工商业，鼓励中、小商人自由买卖的政策。同时，开辟红色墟场，设立公卖处，鼓励和扩大贸易，沟通了赤白区之间的物质交流，打破了敌人的经济封锁；提倡和奖励私人经济，兴办合作社等，为繁荣根据地经济、克服根据地军民的生活困难起了积极的作用。苏区时期，有关工商政策方面的红色标语宣传也非常广泛，我们通过梳理这方面红色标语文本的内涵，来解读一下当年苏区时期的工商政策是怎样的，以及这些措施是如何活跃了革命根据地的经济。

一、苏区时期宣传工商政策标语的主要内容

苏区时期宣传工商政策类的标语，不论是对现存文献资料的考察还是实地调研，这一类的标语都比较多，大致又可以分为以下四类。

（一）取消苛捐杂税的标语

这方面的标语主要有“取消一切苛捐杂税”“商人取消苛捐杂税”“国民党抽收苛捐杂税是剥削商人的，共产党取消苛捐杂税是有利于商人的”“共产党主张不还租不还债不完税”“反对豪绅地主回来收租逼债”“反对国民党收粮抽收苛捐杂税”“保护群众税收”“取消一切政府军阀地方的捐税，实行统一的累进税”等。

（二）保护中小工商业和小资产阶级利益的标语

这方面的标语主要有“实行民权革命，不妨碍小资产阶级的利益”“实行保护小商人贸易”“农工商学兵联合起来，打倒高抬谷价的奸商”“保护小商人做买卖”“保护小商人和小贩贸易自由”“城市商人只要赞助革命就不没收他们的财产并保护他们营业自由”“公买公卖”“保护商店”“商人要使商人（业）发展，只有赞助土地革命增加农民生产力和购买力”“小商人有派代表参加苏维埃政府之权”等。

（三）大力开展合作社运动的标语

这方面的标语主要有“开办生产合作社，提高生产事业”“各县、各区、各乡成立青年合作社，加紧开荒，多打粮食”“开办消费合作

社，工农才有便宜的东西用”“开办生产合作社，使农村生产发达”“开办信用合作社，实行低利借贷”“建立并扩大粮食合作社，首先充实红军出粮食，调剂粮食不足的苏区，预备来补款”等。

（四）揭露国民党及帝国主义压迫中国工商业，提出针对帝国主义在华资本进行没收政策的标语

这方面的标语主要有“国民党投降帝国主义，洋货滔滔进来使中国工商业永远不能发展”“国民党新军阀混战使中国工商业永远不能发展”“商人要使商业发展只有打倒帝国主义断绝洋货的来源”“推翻帝国主义的统治，没收外国的资本的企业和银行”等。

二、从红色标语看苏区时期的工商政策

红色标语里面有大量的关于共产党领导的苏区工商政策的宣传，那么，苏区时期为什么要提出保护和发展工商业？有什么样的工商政策？当年苏区时期又是如何保护和发展工商业的？有何重要意义？等等，这里作一解读，以便读者对苏区时期的工商政策的建设与发展有一个清晰的了解。

（一）苏区时期提出保护和发展工商业政策的历史背景

从井冈山革命根据地到中央苏区，红军面临着艰苦的革命斗争环境，特别是经济环境，可以用“内忧外困”四个字来形容当时的经济环境，我们来看看当时苏区经济困难重重的原因。

1. 根据地还是“杵臼时代”的小农经济。在土地革命战争时期，中国的农村在经济上保留着比较多的自然经济和封建地主经济制度，历史上自给自足的小农经济十分发达，这种传统从古代一直延续到土地革命前夕。一些史料记载充分说明了这一点，例如毛泽东在《井冈山的斗争》一文中写道：“边界的经济，是农业经济，有些地方还停留在杵臼时代。”[①] 又如杨克敏（即杨开慧的弟弟杨开明）在1929年2月

① 《毛泽东选集》第1卷，人民出版社1991年版，第74页。

写给中央的综合报告中说湘赣边界苏区“有些地方还是杵臼时代”，“笼统的说，边界的经济比其他地方都要落后些，人民多务农，商人及读书的占极少数”。[①] 农村这种不依赖城市的自给自足的小农经济严重束缚了经济发展，决定了革命根据地经济建设的极端艰巨性。特别是革命根据地主要建立在远离大中城市的一些偏远山区，或是数省交界的农村地区，这些地区更是经济不发达，完全是小农经济占据主导地位。

2. 地主豪绅阶级对农民的横征暴敛。农村经济落后的原因，除了前面所说自食其力的小农经济落后状况外，更为严重的是地主豪绅阶级的横征暴敛，使农民陷入更加苦难的深渊。封建地主阶级依仗手中的权势，占据着农村绝大部分的土地，对绝大多数农民进行残酷的压迫和剥削，进而严重制约了农村经济的发展。此外，农民还要向反动政府缴纳多如牛毛的苛捐杂税，并受投机商人的中间剥削。由于各种反动势力对农民进行残酷的压迫与剥削，使得旧社会广大贫苦农民处于水深火热之中，贫富两极分化不断扩大，这样就必然导致农村经济长期处于落后状态，生产力发展水平长期停滞不前。

3. 保障非常时期的战争供给。苏区时期，根据地的斗争完全是军事的斗争，“怎样对付敌人，怎样作战，成了日常生活的中心问题”。[②] 保障非常时期的战争供给是一个十分重要的问题。毛泽东曾经说过：“战争不但是军事的和政治的竞赛，还是经济的竞赛。”[③] 要开展武装斗争，就必须保障红军的给养。没有一定的物质条件来保障战争供给，革命战争就不能取得胜利。红军所需要的武器弹药，主要是靠红军战士在战场上从敌人手里夺取。但是光有武器还不行，还要解决吃饭、穿衣、医疗等问题，就得获得粮食、棉布、医药和经费。而要获得足

① 井冈山革命根据地党史资料征集编研协作小组、井冈山革命博物馆编：《中国共产党历史资料丛书——井冈山革命根据地》（上卷），中共党史出版社 1987 年版，第 248—249 页。

② 《毛泽东选集》第 1 卷，人民出版社 1991 年版，第 63 页。

③ 《毛泽东选集》第 3 卷，人民出版社 1991 年版，第 1024 页。

够的粮食、棉花、棉布、医药和经费等，就要开展经济战线上的斗争，保护和发展工商业，大力建设经济。因此，保障战争给养，是摆在根据地共产党和红军面前的又一项重大任务。

4. 打破国民党反动派对根据地的严密经济封锁。国民党反动派在对苏区发动军事“进剿”“会剿”“围剿”的同时，还实行严密的经济封锁，妄图把根据地军民困死、冻死、饿死，从经济上扼杀新生的红色政权，扑灭革命火种。特别是在中央苏区时期，国民党加紧了对苏区的经济封锁，蒋介石曾经下达手谕：“务必严密封锁港口码头和河道水口，断绝与共区一切经济往来，使敌人无粒米勺水之救济，无蚍蜉蚊蚁之通报，则共区经济衰竭，难乎为继，共祸将不战自灭。”[①] 并规定了特别严格的法令，凡查获商人私运违禁品进入苏区者，以“通匪”论罪，均处以极刑。这导致当时苏区与白区间的贸易几乎完全停止，苏区急需的棉花、食盐、煤油、布匹、西药、火柴这些日常生活用品运不进来，而苏区生产富余的谷米、木材、茶叶、茶油、烟叶、土纸、钨砂等又无法销售出去，根据地军民的生活经常处于极端困难之中，苏区经济一度非常严峻。毛泽东早在井冈山时期就曾经指出“一年以来，边界政权割据的地区，因为敌人的严密封锁，食盐、布匹、药材等日用必需品，无时不在十分缺乏和十分昂贵之中，因此引起工农小资产阶级群众和红军士兵群众的生活的不安，有时真是到了极度。”“边界党如不能对经济问题有一个适当的办法，在敌人势力的稳定还有一个比较长的期间的条件下，割据将要遇到很大的困难。这个经济问题的相当的解决，实在值得每个党员注意”。[②] 中央苏区时期，在第五次反“围剿”之前，1933 年 2 月 26 日，中华苏维埃共和国临时中央政府发布了《为打破敌人对苏区的经济封锁告群众书》，指出“帝国主义国民党军阀不但用了五六十万白军向我中央苏区大举进攻，到处烧

---

① 凌步机、舒龙：《血铸赤国——中华苏维埃共和国记事》，江苏人民出版社 1998 年版，第 276 页。

② 《毛泽东选集》第 1 卷，人民出版社 1991 年版，第 53 页。

杀抢掠，使我们边区民众鸡犬不宁，而且在经济上封锁我们，使我们苏区的土产，竹木烟纸夏布粮食等不得出口，使我们的日用品食盐药材布匹洋油等不得进口，想这样来使我们经济破产，使我们苦死病死，来推翻我们工农群众以鲜血换来的苏维埃政权”。[①] 中央政府号召苏区的工农劳苦民众立即行动起来，大力发展生产与经济，打破国民党军阀的封锁，争取反“围剿”斗争的胜利。毛泽东在1934年1月召开的第二次全国工农兵代表大会上作报告《我们的经济政策》，也指出“因为敌人的封锁，使得我们的货物出口发生困难。红色区域的许多手工业生产是衰落了，烟、纸等项是其最著者”。[②] 毛泽东等党和苏维埃政府领导人敏锐地觉察到，如果不能及时保护和发展工商业，则根据地是很难生存和发展的。毛泽东把解决根据地的经济问题看作是“实在值得每个党员注意”的问题，是关系到工农武装割据能否长期存在的重要问题。

5. 抵制“左”倾错误路线与政策。苏区时期，在对私营经济的认识与政策上，中国共产党经历了三次“左”倾错误路线，主要表现在两个方面：一是政治上对私营工商业者错误定位。如瞿秋白认为：“中国的小资产阶级——店东、小厂主等以及所谓中小商人，在现时已不是革命的力量，而是革命的障碍。”[③] 李立三则认为：“资产阶级已是反动联盟的一部分，因此民主革命的彻底胜利与推翻资产阶级的统治不可分离。”[④] 到王明“左”倾错误路线在中央占统治地位时，则全面排斥民族资产阶级及私营中小工商业者，把民族资产阶级视作“最危险的敌人之一”。因此，无论是资产阶级还是私营中小工商业者，在政治上遭到全面排斥。二是“左”倾错误政策对私营经济的严重危害。瞿秋白“左”倾盲动主义盛行时期，大肆推行“烧杀”与没收政策。

---

① 《中华苏维埃共和国临时中央政府为打破敌人对苏区的经济封锁告群众书》（1933年2月26日），《江西社会科学》1981年第1期。

② 《毛泽东选集》第1卷，人民出版社1991年版，第132页。

③ 《建党以来重要文献选编（1921～1949）》第7册，中央文献出版社2011年版，第256页。

④ 许毅：《中央革命根据地财政经济史长编》，人民出版社1982年版，第67—68页。

到1930年6—9月，立三路线再次推行没收政策。“左”倾错误思想路线，给苏区私营经济造成严重打击，给苏区经济建设造成了极大破坏。毛泽东大力批评和抵制当时中央提出的一系列“左”倾错误政策，提出了不少有利于私营经济和中小工商业发展的正确主张，坚持保护工商业、保护贸易自由等正确政策。

（二）苏区时期的主要工商政策

鉴于苏区时期的严重经济困难，苏区时期共产党和苏维埃政府主要采取的是保护和发展工商业的政策。如前所述，我们从苏区时期的一些红色标语，可以看出苏区时期的工商保护及鼓励私营经济的政策。主要体现在以下几个方面。

1. 主张取消苛捐杂税，保护中小工商业和小资产阶级利益。早在井冈山时期，毛泽东就宣布了工农革命军的“六项注意”，其中一项注意就是要“买卖公平”。老红军谭冠三回忆：1928年1月，打下遂川县城后，毛泽东就提出“一个红枣也不能动”的保护工商业政策。毛泽东当时指出“我们反对封建剥削，只能没收地主的财产，保护工商业利益，如地主兼商人，就只能没收封建剥削的部分，商业部分连一个红枣也不能动”。[①]

毛泽东和边界党在创建根据地、建立红色政权的同时，进行了改造遂川县草林圩场、开辟宁冈县大陇红色圩场等一系列工作。红色圩场的改造和开辟，沟通了根据地内外的商品流通，互通了商品有无。还通过设立公卖处，兴办公营商店、药店，组织合作社，创办和发展了多种商业形式，活跃了经济，改善了军民的生活条件，支援了革命战争，巩固了红色政权，而且还起到了密切城乡联系、加强工农联盟的作用。毛泽东在《井冈山的斗争》一文中欣喜地写道：“在遂川特别收到了好的效果，县城和市镇的商人不畏避我们了，颇有说红军的好

---

① 井冈山革命根据地党史资料征集编研协作小组、井冈山革命博物馆编：《中国共产党历史资料丛书——井冈山革命根据地》（下卷），中共党史出版社1987年版，第500页。

话的。草林圩上逢圩（日中为市，三天一次），到圩两万人，为从来所未有。这件事，证明我们的政策是正确的了。”[①] 由于严格执行保护中小工商业的政策，既有力地促进和繁荣了苏区的经济发展，也得到了中小商人对红军的信赖和对红色政权的拥护，事实证明毛泽东在井冈山时期的工商政策是正确的。

1929 年 1 月，红四军主力自井冈山下山之后，在向赣南闽西进军途中，以军长朱德、党代表毛泽东的名义，沿途发布《红军第四军司令部布告》，其中明确提出“城市商人，积铢累寸，只要服从，馀皆不论”“累进税法，最为适用；苛税苛捐，扫除干净”。[②] 同年 7 月，毛泽东亲自指导中共闽西一大通过《政治决议案》，规定对商业资产阶级和小资产阶级的政策是“对大小商店应取一般的保护政策（即不没收），对城乡小商人绝对不要没收商店、焚烧账簿，和废除账目”。[③] 1930 年 3 月，闽西第一次工农兵代表大会颁布了一个《商人条例》，共计有 12 条，对商人及其贸易提出了一些保护规定，比如第一条：“商人遵照政府决议案及一切法令，照章缴纳所得税者，政府予以保护，不准任何人侵害”；第二条：“商人自由贸易，政府不予限制其价格”；第三条：“商家往来账目，政府不予取消，维持商家账簿”；第四条：“各地船只货物来往，如非违反苏维埃禁例物品者，输入与输出，政府一律予以保护”[④]；等等。1930 年 10 月，江西省苏维埃政府成立，在其颁布的《宣布本府成立及政纲》布告中，规定：“除军阀官僚及反革命分子所经营的商店、工厂一律没收外，凡是确遵苏维埃政府一切法令的私人资本，准许其自由经营商业。”[⑤] 1931 年 1 月，闽西苏维埃政府颁布了

---

① 《毛泽东选集》第 1 卷，人民出版社 1991 年版，第 78 页。

② 《毛泽东文集》第 1 卷，人民出版社 1993 年版，第 52 页。

③ 江西省档案馆、中共江西省委党校党史教研室编：《中央革命根据地史料选编》（中册），江西人民出版社 1983 年版，第 125 页。

④ 《商人条例——闽西第一次工农兵代表大会通告》（1930 年 3 月 25 日）。

⑤ 《江西省苏维埃政府布告——宣布本府成立及政纲》（1930 年 10 月 7 日）。

《关于保护外来商人》的第八号布告。[①] 1931 年 8 月，时任闽西苏维埃政府主席张鼎丞，针对杭武第六区随意没收商人货物的“严重错误”，签署发布了《允许商人自由贸易问题》的第九十三号通知，指出：“苏维埃政府是允许商人在苏区内营业自由的。但是下级政府多有不了解我们这种经济政策，以致对于商人随意拘捕，对于商品随意没收。这一影响，不但给敌人以造谣破坏的机会，而且各地商人势必都不敢到苏区内营业，油盐布匹都没有买，是不待敌人来封锁我们，而我们先自己封锁自己，这就是叫做‘自杀政策’。”[②] 严厉告诫各地苏维埃政府不要实行自我封锁的“自杀政策”。1931 年 12 月，中华工农兵苏维埃第一次全国代表大会通过的《经济政策》，其中单列一项“商业方面”的政策，所列举的三条都是关于保护商业的，第一条指出“苏维埃应保证商业自由，不应干涉商品市场关系”。第二条指出“与非苏维埃区域的贸易，还绝不能实行对外‘贸易垄断’”。第三条指出“苏维埃政府必须竭力帮助消费合作社的组织和发展。”[③] 1932 年 9 月，中央政府财政部发出第六号训令，着意强调保护贸易自由，要求各地“在目前经济封锁日益厉害的时候，财政部要经常注意鼓励合作社和当地商人设法贩运日用必需品，以维持苏区的社会经济”。[④] 上述党和苏维埃政府的工商政策以及毛泽东的正确主张，都清楚地表明：土地革命时期，党和苏维埃政府在创建苏区的整个历史进程中，对私营工商业和中小企业主是一贯实行保护政策的。正是这一正确政策的实施，才保障了苏区工商业的发展和苏区的日益巩固。

2. 鼓励私人投资，提倡发展私营经济。为了巩固和发展苏维埃境内的经济，1932 年 1 月，刚刚成立不久的中华苏维埃共和国临时中央

---

① 《关于保护外来商人——闽西苏维埃政府布告第八号》(1931 年 1 月 16 日)。

② 《允许商人自由贸易问题——闽西苏维埃政府通知第九十三号》(1931 年 8 月 31 日)。

③ 江西省档案馆、中共江西省委党校党史教研室编：《中央革命根据地史料选编》(下册)，江西人民出版社 1983 年版，第 563—564 页。

④ 《目前各级财政部的中心工作——财政人民委员部训令财字第六号》(1932 年 9 月 13 日)，《红色中华》1932 年第 33 期。

人民政府就颁布了《关于工商业投资暂行条例的决议》，规定了“允许私人资本在中华苏维埃共和国境内自由投资经营工商业”，“私人投资所经营之工商业苏维埃政府在法律上许可其营业的自由”。[①] 为了发展苏区的社会经济，充实苏区的经济实力，苏维埃政府除鼓励私人投资外，还允许私人租赁。1932 年 8 月颁布了《关于矿产开采权出租办法》《关于店房没收和租借条例》等文告，公诸于苏区工商界“招商投标”[②]，在苏区私营工商界引起较大反响。

1933 年 12 月，江西省苏维埃政府在《经济建设决议案》中，也提出过相应的措施：“应发动群众创立各种公司承办各种生产事业，在博生设立纸业股份有限公司，在兴国设立樟脑有限股份公司，这些公司应吸收私人投资。”[③] 1934 年 1 月，毛泽东在中华苏维埃第二次全国代表大会上的报告中谈到苏维埃的经济政策时，指出“现在我们的国民经济，是由国营事业、合作社事业和私人事业这三方面组成的。”“苏维埃对于私人经济，只要不出于政府法律范围之外，不但不加阻止，而且是加以提倡和奖励的。因为目前私人经济的发展，是国家的利益和人民的利益所需要的。私人经济，不待说，现时是占着绝对的优势，并且在相当长的期间内也必然还是优势。”“所以，尽可能地发展国营经济和大规模地发展合作社经济，应该是与奖励私人经济发展，同时并进的。”[④] 与此同时，中华苏维埃第二次全国代表大会通过的《关于苏维埃经济建设的决议》也明确规定：“一切苏维埃的商业机关必须尽量利用私人资本与合作社资本，同他们发生多方面的关系。苏维埃政府除以关税政策来调剂各种商品的输出入外，保证商业的自由，并鼓励各种群众的与私人的商业机关的积极性，去寻找新的商业关系

① 江西省档案馆、中共江西省委党校党史教研室编：《中央革命根据地史料选编》（下册），江西人民出版社 1983 年版，第 572 页。

② 余伯流：《中央苏区经济建设》，中央文献出版社 2009 年版，第 130 页。

③ 江西省档案馆、中共江西省委党校党史教研室编：《中央革命根据地史料选编》（下册），江西人民出版社 1983 年版，第 616 页。

④ 《毛泽东选集》第 1 卷，人民出版社 1991 年版，第 133—134 页。

与开辟通商道路。”①

这些政策的制定和条例的颁布，是有益于苏区工商业经济发展的，苏区的社会经济出现活跃和发展的苗头。

三、苏区时期实施保护工商业政策的历史启示

当年苏区时期积极实施保护工商业的政策，提倡和鼓励私营经济，保护小资产阶级的利益，这是毛泽东等老一辈无产阶级革命家早期领导经济建设的成功探索，对于我们坚持和发展社会主义市场经济体制仍然有一定的启示作用。

（一）正确认识国情是科学制定国策的基础和前提

“一切从实际出发，理论联系实际，实事求是，在实践中检验真理和发展真理。”这是毛泽东从实践中总结出来的党的思想路线。当年苏区时期，毛泽东不拘泥于共产国际的条条框框，根据中国自己的国情，通过大量的调查研究，认识到中国广大的农村除了以农民为主外，大量的小资产阶级仍然是以中小商人为主，商品流通、货物贸易等物资交换仍然需要他们。如果将一切小资产阶级打倒与消灭，那无异于是实行自我封锁的“自杀政策”。基于此，苏区时期毛泽东等党和苏维埃政府领导人殚精竭虑地保护中小工商业和小资产阶级利益，大力发展经济，以支援革命战争，改善人民生活。今天，正确认识国情，仍然是科学制定国策的基础，是实现中华民族伟大复兴中国梦的首要前提。

（二）经济工作是一切工作的基础，是革命和建设取得胜利的保障

根据马克思主义基本原理，衣食住行等基本活动是人类一切生产活动的基础，因此，人类第一个历史活动就是生产满足吃喝住穿这些需要的材料。在苏区时期，虽然当时的中心工作是政治工作和军事工作，但是，经济工作则是这些工作的基础。毛泽东曾经批评一些人的错误观点，这些人错误地“认为革命战争已经忙不了，哪里还有闲工

① 《中共中央文件选集（1934—1935）》，中共中央党校出版社1989年版，第79页。

夫去做经济建设工作”。但是，“他们不知道如果取消了经济建设，这就不是服从战争，而是削弱战争”。[①] 毛泽东把经济建设的问题上升到革命根据地根本物质保障的问题来看待。正是因为早期共产党人，英明地认识到经济建设的重要性，因此，大力提倡和发展各种经济形式，在苏区掀起了轰轰烈烈的大规模的经济建设热潮，领导广大的群众与红军，不但屡次击溃了敌人的“围剿”，而且取得了经济建设的巨大成就。在今天建设中国特色社会主义伟大事业的过程中，我们仍然要坚定不移地以经济建设为中心，坚持“一个中心、两个基本点”基本路线不动摇。

（三）坚持“以国营经济为主，其他经济成分为辅”的多元经济结构，实行正确的经济政策，社会主义市场经济才能焕发强大的生机活力

苏区时期，实行“三位一体”的多元经济结构，“国民经济，是由国营事业、合作社事业和私人事业这三方面组成的”。[②] 对这三方面的经济成分，毛泽东领导苏维埃政府采取了不同的政策，总的方针是“尽可能地发展国营经济和大规模地发展合作社经济，应该是与奖励私人经济发展，同时并进的”。[③] 由于采取了正确的经济发展政策，搞活了苏区经济。

在新的历史时期，这种“以国营经济为主，其他经济成分为辅”的多元经济结构仍然具有重要借鉴意义。正如党的十九大报告所指出的：“必须坚持和完善我国社会主义基本经济制度和分配制度，毫不动摇巩固和发展公有制经济，毫不动摇鼓励、支持、引导非公有制经济发展，使市场在资源配置中起决定性作用。”[④] 在我国改革开放进入关键阶段的今天，只有进一步深化改革开放，实行正确的经济政策，依

① 《毛泽东选集》第1卷，人民出版社1991年版，第119—120页。

② 《毛泽东选集》第1卷，人民出版社1991年版，第133页。

③ 《毛泽东选集》第1卷，人民出版社1991年版，第134页。

④ 习近平：《决胜全面建成小康社会 夺取新时代中国特色社会主义伟大胜利——在中国共产党第十九次全国代表大会上的报告》，人民出版社2017年版，第21页。

法保护各种所有制经济健康发展，才能进一步增强我国经济活力，实现国民经济又好又快发展。

（四）经济是凝聚民心强有力的黏合剂

红军初上井冈山的时候，由于敌人严密的经济与军事封锁，加上刚开始的时候没有注意发展经济问题，以及对小资产阶级的政策处理失当等原因，根据地经济受到影响，不仅部队生活艰苦，人民群众的生活也受到严重的影响，以至于引起中间阶级不满。1928 年，毛泽东在给党中央的报告中写道："日常生活压迫，影响中间阶级反水：红区白区对抗，成为两个敌国。因为敌人的严密封锁和我们对小资产阶级的处理失当这两个原因，两区几乎完全断绝贸易。""因为这种经济压迫，不但中等阶级忍不住，工人、贫农和红军亦恐将有耐不住之时。"① 后来，党和边界政府设法进行了补救，逐步恢复了边界的经济力，获得了农民及其他阶层群众的拥护，开展了轰轰烈烈的土地革命。到了中央苏区时期，毛泽东针对有些同志认为"革命战争已经忙不了，哪里还有闲工夫去做经济建设工作"的错误思想，于 1933 年 8 月，在召开的中央革命根据地南部十七县经济建设大会上发出号召《必须注意经济工作》，指出"盐很贵，有时买不到。谷子秋冬便宜，春夏又贵得厉害。这些情形，立即影响到工农的生活，使工农生活不能改良"。强调："只有开展经济战线方面的工作，发展红色区域的经济，才能使革命战争得到相当的物质基础……也才能使我们的广大群众都得到生活上的相当的满足，而更加高兴地去当红军，去做各项革命工作。"② 正因为共产党和苏维埃政府关心经济发展，关注民生，因此，得到了苏区广大群众的热烈拥护。毛泽东认为"这些就是我们的巩固的阵地"。当前，我们仍然要树立以人民为中心的发展理念，以经济建设为中心，大力发展和解放生产力，大力发展和搞活经济，不断满足人民日益增长的美好生活的需要。

① 《毛泽东选集》第 1 卷，人民出版社 1991 年版，第 70 页。
② 《毛泽东选集》第 1 卷，人民出版社 1991 年版，第 119—120 页。

第七节

从红色标语看苏区时期中国共产党的对敌统战政策

1937年10月25日，毛泽东在同英国记者贝特兰的谈话中说明了我军政治工作的三大原则，即“官兵一致、军民一致、瓦解敌军和宽待俘虏的原则”。[①] 我军政治工作的三大原则，是毛泽东从创建我军之初就提出的一贯的思想，特别是瓦解敌军和宽待俘虏工作，从苏区时期就已经开始了。苏区时期，由于敌强我弱，中国共产党和红军非常重视对敌军的统战工作，做了大量的工作，而统战宣传工作是其中一项重要的工作。在当时的历史背景下，对敌军统战宣传工作又主要以标语宣传这种通俗易懂、简便易行的方式来进行，产生了显著的效果。我们通过标语文本内容，来梳理一下苏区时期对敌统战开展宣传工作的历史背景及主要内容，从宣传标语的文本内涵来解读苏区时期中国共产党对敌统战的一些政策与策略，以及产生的巨大影响与成效。

一、苏区时期开展对敌统战宣传工作的背景

苏区时期，红军之所以抛弃旧军队长期以来打骂俘虏、虐待俘虏的恶习，宣传红军与白军的区别，宣传红军优待俘虏的统战政策，主要有以下五个方面的原因。

（一）由红军的性质所决定

共产党从一成立红军开始，就规定了“红军是一个执行革命的政

① 《毛泽东选集》第2卷，人民出版社1991年版，第379页。

治任务的武装集团”。红军是为劳苦工农谋利益的先锋队，其性质完全不同于旧军队。因此，红军除了打仗、筹款之外，还必须做好宣传群众、组织群众、武装群众的工作，其中包括要做好对敌统战宣传工作。

（二）为了打破敌人的污蔑宣传

以蒋介石为首的国民党自从叛变革命后，就一直污蔑宣传共产党和红军是“共产共妻”，是“共匪”，而且见人就杀；欺骗老百姓和国民党军队的官兵，说如果被红军抓住了就要“剥皮抽筋”“挖眼睛，割耳朵，点天灯”。就这样，共产党和红军被妖魔化了。国民党的这种污蔑与欺骗宣传，造成国民党军队的官兵对共产党和红军产生畏惧心理，惧怕被红军抓到，生不如死。因此，他们就会在战场上拼死抵抗，绝不敢投降，这样反而不利于红军。因此，必须打破国民党反动派对共产党和红军的污蔑和对群众的欺骗。

（三）为了扩大红军的政治影响

自从共产党领导了南昌起义、秋收起义、广州起义等起义之后，中国工农革命军逐渐壮大。根据中央的指示，1928 年 6 月，工农革命军统一改称“红军”。出于对旧军队的惧怕与对红军的不了解，红军每到一处，老百姓往往是十室九空。1929 年 9 月，时任红四军政治部主任的陈毅，在给中央写的报告中无奈地写道：“群众毫不懂红军是什么东西，甚至许多把红军当作土匪打。”[①] 因此，如何向敌军士兵进行广泛的宣传，宣扬红军的性质和宗旨，扩大红军的政治影响，让敌军士兵了解红军是为劳苦工农谋利益的先锋队，从而阵前倒戈参加红军，就成了共产党和红军的首要宣传任务。

（四）为了瓦解敌军的队伍

毛泽东曾经指出：“要使革命在农村和城市都得到胜利，不破坏敌人用以向人民作斗争的主要的工具，即敌人的军队，也是不可能的。

① 井冈山革命根据地党史资料征集编研协作小组、井冈山革命博物馆编：《中国共产党历史资料丛书——井冈山革命根据地》（上卷），中共党史出版社 1987 年版，第 369 页。

因此，除了战争中消灭敌军以外，瓦解敌军的工作也就成为重要的工作。”[①] “我们的胜利不但是依靠我军的作战，而且依靠敌军的瓦解。”[②] 因此，在中国革命战争中，红军除了坚决消灭敌军的有生力量外，还必须在政治上瓦解敌军。

（五）为了扩大红军的兵源

在苏区时期，由于战事频繁，红军战士减员非常严重。特别是在井冈山时期，打土豪、分田地后，虽然有一定的农民参加红军，但是，由于农民的小农意识非常强烈，家乡观念非常浓厚，只愿意守着自己的一亩三分地，不愿意离乡背井。加上根据地初创时期，红军队伍非常弱小，有些农民对革命的前途仍然信心不足。因而，有些农民宁愿参加地方赤卫队和暴动队也不愿参加正规红军。因此，有作战经验的敌军俘虏兵仍然是苏区时期红军兵员的重要补充。所以，必须加大对敌军的统战宣传工作，以吸收更多的敌军俘虏兵加入红军队伍。

二、苏区时期中国共产党宣传对敌统战政策类标语的主要内容

苏区时期，有大量的对敌军统战宣传方面的标语，这可以从现在苏区大量遗存的标语看出来。总体来说，对敌军统战宣传方面的标语大致可以分为以下六类。

（一）揭露国民党反动派罪行的标语

在根据地的红色标语当中，揭露国民党反动派罪行有代表性的标语有：《国民党十大罪恶》：“（1）勾结帝国主义，出卖民族利益。（2）背叛中国革命，屠杀革命群众。（3）帮助资产阶级，禁止工人开会。（4）保护土豪劣绅，加重税息利率。（5）克扣士兵军饷，以饱军阀私囊。（6）强行党化教育，束缚青年思想。（7）抽收苛捐杂税，剥削工农小商。（8）取缔民间团体，剥削言论自由。（9）滥发公债纸票，

---

① 《毛泽东选集》第2卷，人民出版社1991年版，第636页。

② 《毛泽东选集》第2卷，人民出版社1991年版，第379页。

骗取民间现金。(10)制造军阀混战，酿成全国大乱。”

还有“(打倒)背叛民权革命的国民逆党”“打倒英美帝国主义的走狗蒋介石”“打倒屠杀工农的国民党”“国民革命军是屠杀工农的军队”“打倒国民匪党”“要打倒帝国主义首先要打倒他的走狗国民党”“反对国民党的党化教育”“消灭欺骗工农的国民党”“打倒卖国卖民族的利益国民党”“中国国民党是土豪劣绅的党”“国民党(政府)是土豪劣绅的政府”“国民党是屠杀工农的刽子手”“国民党是帝国主义瓜分中国的清道夫”“请看国民党的三民主义：民族主义，投降日法英美；民权主义，不准民众开会；民生主义，加捐加税加息”“蒋介石是帝国主义豪绅地主的走狗，打倒走狗蒋介石”“打倒抽收苛捐杂税的国民党”等。

(二)宣传白军士兵与红军是一家人的标语

这方面的标语有很多：“挨户团士兵兄弟们！你们家里难道不是穷人吗？……”“白军士兵是工农出身不要拿枪来打工农！穷人不打穷人!”“白军弟兄都是工农出身”“士兵不打士兵，穷人不打穷人”“白军士兵是工农出身不要替军阀杀工农”“白军弟兄都是工农”“不分姓氏只分贫富，白军士兵都是工农不要拿枪打工农”“白军士兵是工农出身不开枪打工农”“穷鬼不要打穷鬼只杀土豪劣绅”“白军弟兄你们要晓得，不要乱烧乱杀，烧的是工农的屋子，杀的是工农，是为何苦啊!”“红军不杀白军士兵，士兵不打士兵”“白军士兵不打红军，不打中国人”等。

(三)宣传红军官兵平等的标语

这方面的标语主要有“红军中官兵伕薪饷吃穿一样，白军里将校尉起居饮食不同”“白军官长打士兵，红军官长不打士兵”“白军士兵替军阀找出路红军士兵替自己找出路”“各位同志我们从前是三军的兵，现在我们反水带枪到红军，□□□衣有穿，谈平等，自由多”“白军是军阀的军队，红军是工农的军队”“士兵组织士兵协会”等。

（四）宣传国民党军队官兵不平等的标语

这方面的标语主要有“蒋介石与张学良快要打大仗了，可怜的白军士兵又要替军阀当炮灰”“白军士兵们呀！鲁胖子在家里抱着小老婆，你们替他送死”“白军士兵不要上前线打仗，不要替军阀当炮灰”“白军弟兄，你们都是受压迫的工农出身，不要替军阀杀工农”“欢迎白军士兵下级官长打土豪”“白军组织士兵会，要向官长算清公饷”“白军士兵要解除一切痛苦，只有杀死压迫你们的官长，自己举出官长成立红军”“只杀挨户团主任不杀挨户团士兵和下级官长”“只打保安队的队长，不打保安队的士兵；只打挨户团的团长，不打挨户团的士兵”“白军兄弟要想谋解放，枪口应对准反动长官”“白军士兵要想得到真正的解放，就要起来杀死压迫你们的反动官长，与红军联合一致打倒帝国主义和卖国的国民党”等。

（五）宣传优待敌方俘虏兵的标语

这方面的标语主要有“医治白军伤病兵，优待白军俘掳（虏）”“医治白军伤兵”“优待白军伤兵”“优待白军俘虏兵，医治白军伤病兵”“医治敌方伤兵”等。

（六）宣传鼓动投诚起义的标语

这方面的标语主要有“欢迎（白军兄弟）拖枪过来赏洋三十元”“欢迎白军士兵拖枪投诚红军”“欢迎白军（白军士兵）打土豪分田地”“欢迎白军士兵的反水过来当红军”“欢迎白军士兵来当红军”“欢迎敌方士兵下山拖枪到红军里来”“欢迎敌方士兵拖枪来投红军”“欢迎敌方士兵反水投红军！拖枪来红军者赏大洋二十元”“反白军，投红军，就是士兵唯一的出路”“白军士兵们，官长压迫你们筑堡垒时，你们杀死堡垒里的反动官长，把堡垒烧掉，大家一起背起枪到红军中来”“白军士兵们乘着放哨或当采买的机会拖枪到红军中来”“白军士兵你们不是想回家吗？那就赶快拖枪到红军来发给路费”“欢迎刀团匪兄弟拖枪过来当红军”等。

还有以歌谣形式出现的策反标语：

“被裁官兵自叹：拼命打北京，成功就裁兵。空费了——弟兄苦心！三块洋钱叫滚蛋，悔不该——太真心！早知有如今，何不到红军!？打土豪，共把田分，父母妻子有饭吃，都享着——太平春”等。

上述对敌统战宣传标语，针对性、感染性极强，语言朴实、语气生动，富有感情色彩，深入浅出。通过摆事实、讲道理，打动了人心，平易近人；通过讲政策、指出路，拉近了心理距离，通俗易懂，朗朗上口，简单易记，使人一看之下，便印象深刻，不易忘记。

三、从红色标语看苏区时期对敌统战政策与策略

从上述宣传标语中可以看出苏区时期中国共产党对敌统战的一些政策与策略。

（一）揭露国民党反动派，动摇白军士兵对国民党的幻想

“（打倒）背叛民权革命的国民逆党”“打倒英美帝国主义的走狗蒋介石”“打倒屠杀工农的国民党”等标语就是揭露与打倒国民党反动派的。

在土地革命战争时期，作为国军的士兵还对国民党抱有幻想。因此，要想打破这种幻想，就必须向国民党军队内的中下层官兵做好宣传工作，揭露国民党的反动、落后、卖国与腐朽性质，以提高其思想认识，使国民党军队内的中下层官兵主动脱离国民党队伍，投奔共产党和红军队伍。

（二）宣传白军士兵与红军是一家人，唤醒白军士兵的阶级意识

“白军士兵是工农出身，不要拿枪来打工农！穷人不打穷人”“士兵不打士兵。穷人不打穷人”“白军弟兄你们要晓得，不要乱烧乱杀，烧的是工农的屋子，杀的是工农，是为何苦啊”等标语是宣传白军士兵与工农红军本就是一家人。

通过宣传白军士兵与红军是一家人，唤醒了白军士兵的阶级觉悟与阶级意识，认识到自己也是穷苦工农出身，没有必要替土豪劣绅和国民党军阀卖命、当炮灰。因此，才有了许多国民党士兵阵前倒戈、

反戈一击。

（三）宣传红军官兵平等，吸引白军士兵向往红军队伍的民主生活

"红军中官兵伕薪饷吃穿一样，白军里将校尉起居饮食不同""士兵组织士兵协会""白军官长打士兵，红军官长不打士兵"等标语是宣传红军中官兵平等、白军里等级森严的。

在国民党反动军队里，没有民主制度和民主作风，存在着尖锐的阶级矛盾，官兵对立是普遍的现象，官兵待遇不平等，军官的薪饷比士兵多得多，军官习惯于"三金五皮"（戴的是金边眼镜、金戒指，镶的是金牙，穿的是皮衣、皮带、皮靴、皮手套，手上挥的是皮鞭），吃的是小灶，军阀主义作风非常严重。因此，在国民党军队里，"将校尉起居饮食不同"。而工农红军经过三湾改编后，在军队内部实行了民主制度，扫除了旧军队残留的一些不良作风，建立了新型的官兵关系，从而实现了"红军中官兵伕薪饷吃穿一样"。这种新型的官兵平等关系与民主氛围，对国民党的中下层官兵有很大的吸引力。所以，红军通过加大对白军士兵关于红军中民主主义的宣传力度，吸引了许多白军士兵向往红军队伍的民主生活，从而投奔红军队伍。

（四）宣传国民党军队官兵不平等，使其内部分化瓦解

"白军士兵的枪要向压迫你们的官长瞄准""军阀打仗进官发财，白军弟兄打仗白白送死，红军打仗分田分地""白军兄弟要想谋解放，枪口应对准反动长官"等标语是宣传分化瓦解国民党军队官兵关系的。

这些标语使国民党军队的中下层士兵明白了在"白军打仗送死是士兵，升官发财是官长"，国民党"军阀混战争地盘，士兵送死当炮灰"，从而明白了要"为谁扛枪，为谁打仗"，这些标语极大地起到了使其内部分化瓦解的积极作用。

（五）优待敌方俘虏兵，增进敌方士兵对红军的感情

"医治白军伤病兵""优待白军俘掳（虏）"等标语是宣传优待敌军

俘虏兵的。

优待俘虏的政策，最早起源于井冈山革命根据地。1928 年 2 月 18 日，工农革命军攻克宁冈新城时，俘虏敌军近 400 人。战斗结束后，工农革命军中出现了打骂俘虏的现象。鉴于这种情况，毛泽东于次日在茅坪的攀龙书院门口召开的军民大会上，第一次宣布了工农革命军优待俘虏的政策：不打骂俘虏，受伤者给予治疗，愿留的收编入伍，要走的发给路费。[①] 1928 年 11 月，毛泽东在给中央写的报告中也提到过优待俘虏政策"医治敌方伤兵，效力也很大"。[②] 到 1929 年 12 月，《古田会议决议》进一步完善了党的优待俘虏政策，认为："优待敌方俘虏兵，是对敌军宣传的极有效方法""医治敌方伤兵，亦是对敌军宣传的极有效方法。"[③] 红军尊重俘虏兵的人格，愿留者欢迎，不愿留者则释放并发路费回家，实现来去自由，对敌方伤病兵进行治疗和平等对待。这些优待敌方俘虏兵的政策，打破了国民党所谓"共匪见人就杀"的谎言，增进了敌方士兵对红军的感情。

（六）宣传鼓动投诚起义，让更多的白军士兵加入红军队伍

"欢迎（白军兄弟）拖枪过来赏洋三十元""欢迎白军士兵拖枪投诚红军"等标语是宣传鼓动投诚的。

这些宣传鼓动投诚的标语，犹如刺向敌人的匕首和投枪，极大地动摇了敌人的军心，使大批国民党军队倒戈，奔向红军队伍。

四、对敌统战类标语宣传政策产生的巨大影响与成效

红色标语背后体现的是苏区时期党和红军正确的对敌统战政策，由于强大的标语宣传攻势，加上正确地执行了优待俘虏的统战政策。因此，在当时产生了巨大的影响与成效，具体表现在以下三个方面。

---

① 《毛泽东年谱（1893—1949）》（上卷），中央文献出版社 2013 年版，第 232 页。
② 《毛泽东选集》第 2 卷，人民出版社 1991 年版，第 67 页。
③ 《毛泽东文集》第 1 卷，人民出版社 1993 年版，第 102 页。

（一）正本清源，打破了国民党反动派对共产党、红军的污蔑和对群众的欺骗宣传

为了在战场上做到“不战而屈人之兵”，工农红军在乡村的墙上到处刷写优待白军俘虏的标语，进行了广泛的宣传，正本清源，“这样就把敌人所谓‘共匪见人就杀’的欺骗，立即打破”。[①]

又如1931年12月22日宁都起义之后的国民党原第二十六路军，针对国民党对士兵的欺骗宣传，发布了一封《二十六路军革命士兵委员会敬告全国士兵兄弟书》，文中写道，他们是北方的军队，被蒋介石调到江西来“剿匪”，当时国民党的宣传员向他们宣传：红军是“共匪”，“杀人放火”“共产共妻”，非常可怕。结果到了苏区，他们就很奇怪，红军既然很坏，为什么苏区所有的群众却帮助他们呢？他们百思不得其解。在苏区又看到很多红军贴的“穷人不杀穷人”“士兵不打士兵”的标语，后来不禁怀疑起来。后来通过俘虏兄弟来信，才知道共产党领导下的红军和苏维埃与国民党所宣传的完全相反，他们感觉上当受骗了。最后，他们发出了强烈的怒吼：“我们不要再作国民党的‘杀人机器’，我们再也不当豪绅地主资本家军阀官僚的走狗和奴隶了，起来！赶快起来！”[②] 因此，1931年12月14日，国民党原第二十六路军，在赵博生、董振堂等人的领导下，在江西宁都举行起义，毅然而然地投奔红军，被编为“中国工农红军第五军团”，大大扩充了中央苏区的军事实力，也沉重打击了国民党反动政府。

鲜明的对照使国民党士兵懂得，红军并不像国民党所宣传的那样十恶不赦，而是工农阶级的武装。因此，经过红军的宣传及他们的亲眼所见，打破了国民党反动派的谎言，打破了对共产党、红军的污蔑和对群众的欺骗。

---

① 《毛泽东选集》第1卷，人民出版社1991年版，第67页。

② 江西省档案馆、中共江西省委党校党史教研室编：《中央革命根据地史料选编》（中册），江西人民出版社1983年版，第591—592页。

（二）攻心为上，彻底动摇了国民党军队的军心

红军遍地开花式的统战宣传标语，始终如一地厉行优待俘虏的策略，产生了巨大的政治威力，对国民党军队的战斗意志形成很大的冲击力。所有参加“剿匪”的官兵都知道红军言出必行，执行政策坚定，脑子里悄然地产生了不必与红军拼死苦战的念头。

中央苏区时期，担任第一次“围剿”中国民党军新编第五师（后二十八师）师长的公秉藩回忆提道：“苏区标语很多，用白粉写得很清楚。如‘穷人不打穷人’、‘缴枪不打人’‘优待白军俘虏’‘欢迎白军士兵投降’‘拖枪来归者赏洋十元’‘杀死白军官长来归者重赏’。”①看到这么多的统战宣传标语，国民党军官很是害怕，他们特别害怕“穷人不打穷人”这个口号，他们很担心，如果国民党的士兵一旦觉悟、枪口反转过来，那可不得了。

至于那些被放回的俘虏，以自己在红军中的亲眼所见，回去之后大力宣传红军优待俘虏的政策。宁都暴动的主要领导人之一袁血卒在《宁都暴动纪实》中总结起义的原因有七条，其中一条便是：“红军优待俘虏的政策也是深得人心的。从中释放回来的俘虏经常讲他们被俘后受到红军欢迎、欢送的情况，军官有时也偷偷地向他们打听情况。”② 被释放的俘虏从内心感觉到红军与白军是两个不同世界的军队，红军是真正为劳苦大众谋利益的队伍，因而极力说红军的好话。

红军优待俘虏的政策威力，以不可抑制之势显示在对敌军的分化瓦解上。经常有一些俘虏要求留下来加入红军。他们意识到红军的生活虽然比白军更艰苦，但官兵平等，精神上非常愉快，比在白军里强多了。精神上的解放，思想的觉悟，使这些俘虏到了红军队伍就像来到一个新的世界。毛泽东在给中央的报告中写道：“红军像一个大火

---

① 中共江西省委党史资料征集委员会、中共江西省委党史研究室编：《江西党史资料》第17辑：《中央苏区第一次反“围剿”》，1990年12月，第228、230页。

② 陈毅、肖华等：《回忆中央苏区》，江西人民出版社1981年版，第237页。

炉，俘虏兵过来马上就熔化了。”“同样一个兵，昨天在敌军不勇敢，今天在红军很勇敢。”[①]

（三）化敌为友，使国民党俘虏兵或起义部队成为红军主要的兵员补充

苏区统战标语的宣传及当时党和红军正确统战政策的结果，便是使许多敌军在战场上向红军投诚。大批出身于劳动人民而被反动统治阶级驱使的士兵，在被俘后一经我军的教育，很快就加入了人民军队的行列，调转枪口去打击共同的敌人——国民党反动派。井冈山时期就有一个叫曹福海的俘虏兵，三次被俘，三次被放，后来弃暗投明，投身革命队伍，但不幸在赣州大余战斗中壮烈牺牲。[②]

在红军强大的标语宣传和优待俘虏兵政策的攻势下，一个更大的影响便是化敌为友，使国民党俘虏兵或敌兵成为苏区时期红军主要的兵员补充来源。井冈山时期，毛泽东强调红军的来源“以敌军俘虏为多，设无此项补充，则兵员大成问题”。[③] 1929 年 2 月 25 日，曾任井冈山时期湘赣边界特委书记的杨开明（又名杨克敏）在给中央的一份综合报告中指出，红军情形有一点是“成分非常复杂，有原来的老兵（因历次的斗争，死亡甚多，现仍有 1/3），平浏岳的农民，湘南的农民，国民革命军中俘虏过来的兵士（这种兵士差不多现在要占半数），当地的农民”。但是，因为战争的残酷，指战员损失太多，“补充的都是一些俘虏兵”。[④] 从杨开明的报告中可以看出，当时国民党军中俘虏过来的士兵不在少数，俘虏兵成了红军队伍重要的补充来源。因而，改造俘虏也就成为当时红军一项重要的经常性工作。

当时除了零散的国民党士兵外，还有整连整营的国军倒戈投诚。

---

① 《毛泽东选集》第 1 卷，人民出版社 1991 年版，第 65 页。

② 井冈山革命根据地党史资料征集编研协作小组、井冈山革命博物馆编：《中国共产党历史资料丛书——井冈山革命根据地》（上卷），中共党史出版社 1987 年版，第 185—190 页。

③ 《毛泽东选集》第 1 卷，人民出版社 1991 年版，第 81、63 页。

④ 井冈山革命根据地党史资料征集编研协作小组、井冈山革命博物馆编：《中国共产党历史资料丛书——井冈山革命根据地》（上卷），中共党史出版社 1987 年版，第 261 页。

1928年10月中旬，国民党军队第八军三师毕占云营，在桂东举义，编为红四军特务营。至11月下旬，国民党军队第三军七师张威营，于驻地袁州冲出营垒投向红军，由地下党接应到莲花，上井冈山后编为红四军独立营。1929年11月，罗炳辉在江西吉安领导靖卫大队士兵起义，部队改编为江西红军独立第五团。

在当时国民党军队占绝对优势，红军还很弱小的情势下，接连有成建制的国民党军队从营垒中杀出来，义无反顾地投奔红军，这是多么震撼人心同时令人深思的壮举！这表明红军的政治宣传工作影响已经深入人心，也是我军统战政策的胜利结果。

历史证明，苏区时期红军的对敌统战标语宣传工作，起到了正面战场上枪炮不可替代的作用，成为红军克敌制胜的重要法宝。

第五章

苏区红色标语宣传的当代价值探析

红色标语宣传在革命战争年代起到了宣传群众、动员群众、武装群众和瓦解敌军意志的关键作用。红色标语以精辟简练的语言反映了中国共产党不同时期的工作重心，是一部浓缩的党史。这些标语不仅是了解和研究共产党和红军历史的珍贵资料，而且对了解苏区时期的政治政策、思想工作、文化宣传、社会动员、经济工作和红军行动的轨迹等方面都有重要的意义。这些历经几十年保存下来的革命历史文物，是我国一笔宝贵的革命历史和民族优秀文化遗产，是进行革命传统教育的生动教材。

以当代的视角来看，苏区时期的红色标语宣传依然具有一定的现实价值。在新时代，面对多元价值观念的激烈碰撞和复杂多变的国际国内环境，深入学习、整理和研究红色标语及其宣传工作，深入研究其背后的政策和策略、精神文化内涵、社会管理方式以及设计理念等，对于优化党的政策选择，提升党的政策和策略水平；加强党的执政能力建设，密切党群干群关系；加强社会主义主流意识形态引导，实现马克思主义的中国化、大众化、时代化，培育和践行社会主义核心价值观；搞好社会主义精神文明建设，大力推进社会主义文化大发展、大繁荣，坚定文化自信；充分发挥思想政治工作的功能作用，做好群众动员工作；利用红色标语资源，搞好干部教育培训；促进红色旅游开发，推动区域经济协调发展等现实问题上，红色标语所蕴涵的宝贵历史经验，仍然值得我们当今学习和借鉴。

苏区红色标语宣传的当代价值是全方位、多方面的，有些在第四章“苏区红色标语内涵解读”中有所体现，为了全方位研究苏区红色标语宣传的当代价值，本章主要从以下七个方面进行集中和全面探析。

第一节 执政资源利用价值

在土地革命战争时期，红色标语为宣示共产党和红军的性质和宗旨、宣传共产党和红军的政策和策略主张等起了非常重要的作用，为夺取中国革命胜利作出过重大贡献。在当前，苏区红色标语所蕴含的内容及其宣传工作中的许多历史经验仍然可以为中国共产党提供执政资源利用价值。

所谓"执政资源，是指政党执政所必需的各种积极因素、能量及资源。政党具有、掌握了足够的能量与资源才能够执掌好政权和巩固好政权。执政资源主要包括历史资源、政治资源、经济资源和意识形态资源等"。

执政党在执政过程中必须采取相应的措施，努力挖掘自己的执政资源，对执政资源加以充分利用，并发挥其应有的作用。中国共产党是通过领导中国人民进行社会革命成功而建立政权的，因而从执政之日起就有丰富的执政资源，特别是执政政治资源与执政历史资源。在社会主义建设与改革开放过程中，中国共产党通过良好的执政政绩又为自己增加了许多执政经济资源。在马克思主义理论的指引下，在社会主义革命文化建设与先进文化建设过程中，取得了文化大发展与大繁荣，又为自己增加了许多执政意识形态资源。在新的历史条件下，党要防止执政资源流失，就必须继续不断巩固和扩大党执政所需要的各种资源，完善和发展中国特色社会主义制度，推进国家治理体系和治理能力现代化建设，巩固党的执政地位。

结合本文实际，我们拟从执政历史资源、资政借鉴资源、执政意识形态资源三个方面展开，论述红色标语执政资源利用价值。

一、红色标语及其宣传工作的发展进程构成了中国共产党执政的重要历史资源

所谓“执政历史资源是指执政党在以往历史进程中所起作用的成效累积。执政党所拥有的历史资源越丰厚，政治动员力量则越强大”。

作为执政党，要重视开发执政合法性资源。开发执政合法性资源的过程，就是唤醒群众支持与拥护的过程。中国共产党执政地位是在革命战争中，通过关心群众生活、真心实意为群众谋利益，并在革命战争中一切依靠群众、密切联系群众而取得的，是得到广大人民群众真心拥护和支持的结果。而红色标语及其宣传工作的发展历程见证了中国共产党发展壮大的形成过程，见证了广大人民群众的支持与拥护过程，也见证了中国共产党执政合法性的形成过程。总之，红色标语及其宣传工作的发展过程构成了中国共产党执政的重要历史资源。

在创建苏区的早期，由于缺乏对中国共产党和红军的了解，加上国民党反动派对共产党和红军的污蔑和对群众的欺骗，广大人民群众对于共产党与红军开始时是唯恐避之不及的。红军每到一地，群众冷冷清清，经过宣传，群众才慢慢了解并接受了党的主张，拥护党的纲领。随着时间的推移，在打土豪、分田地之后，进一步得到了广大群众的大力支持与真心拥护。在群众的支持下，1931 年 11 月，中华苏维埃共和国临时中央政府在江西瑞金成立。在当时的中国政坛上，实际上已经存在着两个性质截然不同的政权，一种是共产党领导下的工农兵苏维埃政权，一种是国民党执政的军阀专政政权。苏维埃政权是代表最广大人民根本利益的，是为了更好地保护和实现苏区人民乃至全国人民当家作主的政权。国民党政权是代表封建地主、军阀、买办资产阶级和帝国主义利益的，是剥削压榨人民的反动机器，两者有着鲜明的区别。中华苏维埃共和国虽然当时是局部的政权，但是因为代表了人民的利益，反映了人民的诉求，所以得到了人民的支持，最后

于1949年10月夺取了全国政权，成立了新中国。这种执政的合法性的取得，完全是人民支持的结果。作为这个历史过程中遗存的苏区红色标语，就切实见证了那个时代中国共产党赢得人民支持的结果。从“打土豪、分田地”，切实满足人民群众的根本利益，一切为了人民，一切依靠人民，到“共产党是为无产阶级谋利益的党”，“红军是为无产阶级谋利益的军队”，保护苏区广大群众的生命财产与胜利果实；从“发展农村教育改善农民生活，加紧识字读报，提高工农的文化水平”，大力开展文化教育活动，到“根本打破旧礼教”“实行男女平等，打破包办婚姻”，大力提倡新风尚；从“实行保护小商人贸易”“取消一切苛捐杂税”，保护中小工商业，到“扩大苏区的经济建设”“发展苏区经济，改善生活”，提出要大力发展繁荣经济，这些都客观地再现了中国共产党局部执政时期的政策与策略。“正是在这些正确政策、策略的领导下，团结了最广大的人民群众，凝聚了全社会合力，促使了执政的历史生成，也就客观形成了执政的合法性。”①

苏区的红色标语，作为对苏区那段血与火的历史的真实反映，真实地见证了中国共产党执政的历史形成过程，虽然反映的是中国共产党局部执政时期一个小小的侧面，展现的却是中国共产党艰苦奋斗的优良传统，宣告了中国共产党成为执政党是历史发展与人民选择的必然结果，昭示了“没有共产党就没有新中国”的历史逻辑与发展规律。

在新时代，我们可以充分利用苏区时期的红色标语这种宝贵的历史资源，通过展览、展示、选编、论著书籍等各种方式方法呈现在广大群众的面前，以增强广大群众特别是新的社会阶层对中国共产党的政治认同，让广大群众通过这个侧面来了解中国共产党在波澜壮阔的革命历史进程中，领导全中国人民进行社会革命、推动中国进步发展中所起到的历史性作用。

---

① 杨宇光：《中央苏区红色标语的历史考察与当代价值研究》，南昌大学硕士学位论文2010年。

二、红色标语所蕴含的政策是中国共产党加强执政能力建设的重要借鉴资源

红色标语对提升党的政策水平有借鉴作用。所谓“政策”，就是无产阶级及其政党为实现一定历史时期的革命任务而制定的行动准则、规范；所谓“策略”，就是“根据客观形势的发展变化而制定的相应的行动方针、斗争方式和手段”。政策和策略是党的生命。1948 年 3 月，在中共中央离开陕甘宁边区的前夕，毛泽东在为中共中央写的对党内的通报中强调指出：“政策和策略是党的生命，各级领导同志务必充分注意，万万不可粗心大意。”① 一个政党、一个国家，制定和实行什么样的政策，关系着它的兴衰存亡。

中国共产党历来重视政策的研究、制定和实施。多年以来，中国共产党之所以能够由小到大、由弱变强，在革命和建设事业中不断前进，关键在于党能够从中国的革命和建设实际出发，根据不同时期和不同阶段的客观形势、重点任务和变化了的条件，制定相应的正确的政策和策略，并通过各级党的组织，认真地加以贯彻落实。

这些遗存于苏区的珍贵的红色标语文化资源，同时又是我党加强执政能力建设的重要资政资源，是亟待开发的宝贵政治财富。在革命战争时期，红色标语为宣传党的政策和策略主张、揭示党和人民军队的性质起到了非常重要的作用，为夺取中国革命胜利作出过重大贡献。时至今日，通过对红色标语内涵政策与策略的解读，仍可以感悟到革命战争年代那些正确的政策与策略所蕴涵的积极意义和时代价值。正因为如此，所以，本书专门列出一章《苏区红色标语内涵解读》，对一些经典的红色标语内涵进行分类解读，阐述标语背后所折射出来的东西，特别是标语背后所体现出来的苏区政策、重大意义及现实启示。可以这样说，当年的苏区人民，正是通过这些广泛流传的红军标语，

① 《毛泽东选集》第 4 卷，人民出版社 1991 年版，第 1298 页。

来认识和了解共产党和共产党领导下的红军的性质、宗旨与任务，进而使长期深受封建思想浸淫而愚昧、落后的部分乡村民众逐渐觉醒，加入到革命队伍中来，成为反帝、反封建的主力军。通过对红色标语内涵所展示的中国共产党的性质、宗旨与任务的梳理，我们可以看到，中国共产党对自身性质、宗旨与任务的认识是一个不断发展变化的过程，其任何一个细节的变化都与当时的历史背景、党的理论水平和实践经验密切相关，回顾这段曲折发展的历史，我们从中可以得出许多宝贵的历史经验和启示。通过对红色标语内涵所展示的红军的性质、宗旨与任务的梳理，我们从苏区红军加强自身队伍建设的宝贵经验中，可以得出许多对于人民解放军建设深刻的启示，得出必须要从各方面加强军队党的建设，确保“军魂”不变、“军心”不变、“军纪”不变、“军风”不变。

又如撰写发表了《从红色标语看苏区的红色政权建设及其现实启示》，随着工农兵苏维埃政权的建立和发展，革命根据地广大劳苦大众充满了当家作主人的喜悦。“建立工农兵苏维埃政府”“工农民主专政”“一切权利归农会”“保卫苏维埃政权”等，这些发自他们内心的呼声成为红色标语的重要内容。梳理这些红色标语，可以折射出苏区时期红色政权建设的历史背景、主要历程、主要特点，并从中得到一些有益的历史启示。

还有撰写了《从红色标语看苏区时期的土地革命及其政策》《从红色标语看苏区时期中国共产党的民生观》《从红色标语看苏区时期中国共产党的工商政策》《从红色标语看苏区时期中国共产党的对敌统战政策》等。从井冈山到中央苏区，之所以能够开创中国革命的新道路，建设新的革命根据地，得到广大群众的真心支持与拥护，无不是因为中国共产党人提出和践行了一系列正确的政策与策略，包括政治、经济、社会、文化、宣传、民生和统战等各个方面、各个领域。而这些政策与策略大多数可以从红色标语的宣传内涵中反映出来，红色标语所蕴含的政策与策略是当前中国共产党加强执政能力建设的重要借鉴资源，我们可以分析这些政策的历史背景、历史经验、历史作用，从而得出许多对当前执政有益的现实启示。

然而，在中国革命的实践过程中，特别是在早期幼年时期，中国共产党所制定的政策也不总是成熟和正确的，也有这样那样的偏差，综观中国共产党的历史，突出的以“左”的政策为多。这些不很成熟、不很正确的政策主张，在红色标语当中同样得以体现。

基于此，要发挥红色标语对于党的资政借鉴作用，启示我们首先要做深入细致的调查研究，充分发扬民主，多方听取不同的意见。古人说得好：“兼听则明，偏听则暗。”领导干部必须按照民主集中制的原则，制定正确的方针政策。倘若政策和策略不正确，将会对革命和建设造成很大的破坏性。革命过程当中如此，社会主义建设和改革开放时期亦是如此。无论什么时候，政策和策略的正确，都是十分紧要的。

三、红色标语是中国共产党执政意识形态资源的重要组成部分

意识形态工作是一项极端重要的工作，意识形态的建设与安全保障关乎着国家的安全与民族的兴衰。意识形态资源建设是意识形态工作中的一个基础性工程，为意识形态工作提供理论来源与支撑。意识形态资源即理论资源，是指“一定社会历史条件下存在的，反映一定社会集团（在阶级社会就是阶级）经济政治利益，且能够为其所开发利用以维护自身统治合理性的各种系统化、理论化的思想观念”。[①] 所谓“执政意识形态资源主要是指党在精神文化上的能量及其资源。执政党通过对自己意识形态的宣传和灌输，使社会公众形成与之相适应的思想文化，巩固自己的执政地位”。[②]

① 李万银：《意识形态资源理论构建的合理性依据》，《求索》2011 年第 6 期。

② 《党的建设辞典》辞条之党的执政资源，人民网一理论频道，http：//theory.people.com.cn/GB/49150/49151/10402731.html.

当年苏区的标语宣传以自己的独特方式构建了马克思主义中国化的灿烂文化序列，装扮着马克思主义中国化的绚烂文化色彩，展示着马克思主义中国化的优秀文化品格，昂扬着马克思主义中国化的博大文化精神，吸引和指引着广大人民群众跟着中国共产党和红军向着社会主义共同理想和共产主义远大理想奋勇前进。

从苏区标语的宣传历史中，我们可以看到，强化马克思主义的宣传，凸显马克思主义的理论话语，是中国共产党意识形态建设的主要内容。红色标语的文化反映的是马克思主义中国化的文化，体现了中国共产党对于共产主义事业的坚定信念和执着追求；集中反映了中国共产党早期的政治思想、价值取向、执政理念，体现了中国共产党为中国人民谋幸福、为中华民族谋复兴的初心和使命。因而，深入挖掘苏区标语的思想政治资源，一方面可以传承它的精神内涵，充实中国共产党的意识形态理论资源，增强政治凝聚力；另一方面可以梳理马克思主义基本理论与中国革命实际相结合的历史，清晰地描绘和把握马克思主义中国化的伟大进程，以及进一步理解和把握马克思主义中国化的发展阶段与理论成果，[①] 即毛泽东思想和中国特色社会主义理论体系，特别是深入理解和把握当代的、21 世纪的马克思主义中国化伟大成果——习近平新时代中国特色社会主义思想。

当前，我国处在社会深刻转型期，各种利益不断分化，人们的生活方式和思想观念多元化，社会思潮也多样化。各种社会矛盾不断冲突，意识形态工作的形势与挑战异常严峻，特别是网络意识形态安全更为突出。习近平总书记在 2013 年 8 月全国宣传思想工作会议上指出："经济建设是党的中心工作，意识形态工作是党的一项极端重要的工作。"[②] 要着力巩固马克思主义在意识形态领域的指导地位，着力巩固全党全国人民团结奋斗的共同思想基础。要牢固掌握意识形态话语

---

① 闵楠：《标语：四川红军的思想宣传方式研究》，电子科技大学硕士论文 2016 年。

② 《习近平谈治国理政》，外文出版社 2014 年版，第 153 页。

权，让马克思主义在社会思潮中占主导地位，让马克思主义、中国特色社会主义核心价值观成为民众的行动指南。

而传承红色文化，通过一定的方式使红色标语“文化”化，即挖掘红军标语这种红色文化中的内涵，通过各种形式展现出来，“就能够为当前的意识形态工作提供一定的内容支撑，还能够为意识形态工作的开展提供一定的经验借鉴，更能够从意识形态高度证明马克思主义思想的科学性与真理性，从而进一步夯实马克思主义思想理论在中国的指导地位，牢固确立中国特色社会主义理论体系在意识形态领域的主导地位”,① 增强“四个意识”，坚定“四个自信”，做到“两个维护”，为意识形态工作的不断发展做出更大的贡献，为实现第二个百年奋斗目标和中华民族伟大复兴的中国梦奠定最为坚实的思想理论基础。

第二节 政治动员经验价值

一、政治动员的概念

所谓政治动员，“是阶级、政党或政治集团及其代表人物为实现某项预期政治目标而进行的政治宣传、鼓动等行动，是政治斗争的重要手段。政治动员的目的在于启发和教育本阶级群众或本组织成员提高政治觉悟，明确奋斗目标，组织浩浩荡荡的队伍以实现其政治任务”。在一般意义来讲，“政治动员”和“社会动员”“群众动员”同义。

① 杨宇光：《中央苏区红色标语的历史考察与当代价值研究》，南昌大学硕士学位论文 2010 年。

恩格斯曾经指出："在这许多次大震荡中，每一次都经过了阶级斗争的搏战，每一次都把斗争内容简明地以政治标语的形式写在旗帜上。"[①] 这指的是政治标语用简洁语言表达政治含义。1932 年 11 月，中华苏维埃共和国临时中央政府机关报《红色中华》中明确指出"政治动员"就是要"动员群众在政治上了解目前斗争——粉碎敌人大举进攻的意义，这一战争与他本身的关系，然后使他在这个斗争中认识自己该做些什么工作，尽些什么责任？"[②]

苏区的政治动员就是为实现中国共产党的政治目标服务的，即毛泽东于 1934 年 1 月指出的："我们现在的中心任务是动员广大群众参加革命战争，以革命战争打倒帝国主义和国民党，把革命发展到全国去，把帝国主义赶出中国去。"[③]

二、苏区时期党和红军领导者对政治动员的重视

早在土地革命战争时期，毛泽东就反复强调政治动员的重要性。他在总结反"围剿"斗争的经验时，特别强调指出："政治动员是反'围剿'斗争中第一个重要问题……除开军事秘密外，政治动员是必须公开的，而且力求普及于每一个可能拥护革命利益的人员。"[④] 在抗日战争期间，毛泽东在《论持久战》一文中指出："如此伟大的民族革命战争，没有普遍和深入的政治动员是不能胜利的。""这个政治上动员军民的问题，实在太重要了。我们之所以不惜反反复复地说到这一点，实在是没有这一点就没有胜利。"毛泽东说："什么是政治动员呢？首先是把战争的政治目的告诉军队和人民。必须使每个士兵每个人民都明白为什么要打仗，打仗和他们有什么关系。"[⑤]

由此可见，政治动员在很大程度上就是文化和宣传方面的较量。

---

① 《马克思恩格斯全集》第 7 卷，人民出版社 1959 年版，第 400 页。
② 关海庭：《中国共产党的政治动员述论》，《中共党史资料》2009 年第 6 期。
③ 《毛泽东选集》第 1 卷，人民出版社 1991 年版，第 136 页。
④ 《毛泽东选集》第 1 卷，人民出版社 1991 年版，第 202 页。
⑤ 《毛泽东选集》第 2 卷，人民出版社 1991 年版，第 480 页。

因此，革命战争既是一场文化的思想的战争与斗争，也是一场政治动员力量的比拼。

苏区时期非常重视政治动员工作，在党的领导下，发挥红军强有力的政治宣传工作优势，采用召开各种会议、进行群众性演讲、散发政治传单、张贴红军标语布告、创刊办报、与群众谈话谈心、优待敌军俘虏等多种形式进行宣传和动员工作。其中，红色标语是苏区时期宣传群众、动员群众、组织群众、武装群众的强大思想武器。如 1930 年 11 月，红一方面军前敌委员会发布了《宣传动员令》，提出了十二个“对白军宣传口号”，认为“每一个抵得红军一军”，提议“个个都拿起笔来写那十二个口号”，并且要求将《宣传动员令》“传布到每个乡政府每个工会，每个士兵会去”。“这是为了革命胜利，为了工农兵大家的利益，人人都要动手写，尚有反对不要写的，他就是帮助反革命，大家就不答应他，这就叫做宣传动员令，大家都赶快的干起来呵！”① 1931 年 2 月，江西省赤色总工会也发布了《宣传动员令》，指出：“敌人说，红军固然厉害，红军的标语更厉害，这一教训，我们要记着。”“同志们要注意用一个标语，抵得一支红军啊！”②

在苏区时期，标语口号遍布红色区域，正是这种经常性的社会动员，调动了苏区广大人民群众革命的积极性，坚定了他们对革命前途必胜的信心。因此，苏区时期，标语宣传是动员人民群众的强大思想武器。

三、苏区时期用标语宣传进行政治动员的主要表现

在苏区，每一项重大的政治运动或是军事行动之前，一定是社会动员工作走在最前面，特别是标语宣传起着“先行军”的作用，主要

---

① 江西省文化厅革命文化史料征集工作委员会、福建省文化厅革命文化史料征集工作委员会编：《中央苏区革命文化史料汇编》，江西人民出版社 1994 年版，第 32—33 页。

② 江西省文化厅革命文化史料征集工作委员会、福建省文化厅革命文化史料征集工作委员会编：《中央苏区革命文化史料汇编》，江西人民出版社 1994 年版，第 98—99 页。

表现在以下四个方面。

（一）思想动员

思想动员工作主要是通过发布政治动员令、告示、张贴标语等，提出鲜明、生动的政治纲领或标语口号，进行普遍的思想政治动员。苏区时期思想政治动员主要内容包括以下五个方面。

1. 宣传马克思列宁主义、宣传共产主义。如标语“实行马克斯（思）主义！实行共产主义”“全世界无产阶级和被压迫民族联合起来”“阶级斗争”“努力革命，共产成功”“革命休谈封建话，青年须读列宁书”等。通过宣传马克思列宁主义、宣传共产主义，达到树立旗子、统一思想、描绘蓝图、追求共同理想的目的。

2. 宣传中国共产党和红军的性质、宗旨，以及路线、方针、政策和主张。如标语“共产党为穷人打土豪分田地”“共产党是替工农谋利益的政党”“共产党是为无产阶级吃饭穿衣住屋的党”“只有共产党才能救中国”“工农革命军是为无产阶级谋利益的”“红军是工农自己的军队”“红军绝对保护工农利益”“红军不拿工人、农民一针一线”“实行土地革命”“红军中官兵伕薪饷穿吃一样，白军里将校尉起居饮食不同”等。通过宣传中国共产党和红军的性质、宗旨，以及路线、方针、政策和主张，达到让人民群众拥护、支持、热爱中国共产党和红军的目的。

3. 宣传揭露国民党反动派的罪行。如标语“国民党十大罪恶”“反对国民党军阀”“打倒英美帝国主义的走狗蒋介石”“打倒军阀、官僚的国民党”“打倒土豪劣绅”“打倒背叛民权革命的国民逆党”“挨户团靖卫团专门抽工农小商小捐税”“打倒屠杀工农的国民党”等。通过揭露国民党政府的残酷剥削和压迫，对广大人民群众进行革命政治教育，号召广大人民群众团结起来反对、推翻国民党军阀政府的反动统治。

4. 培养阶级意识，提高广大人民群众的阶级觉悟。苏区时期，红军标语中有许多是宣讲阶级意识、强调阶级斗争的。如标语“白军士兵是工农出身，不要替军阀杀工农”“白军士兵弟兄不要帮豪绅清乡来压迫工农”等，[①] 强化了白军士兵是工农劳苦大众出身的意识，而工农劳苦大众是政治经济地位相似和同处社会底层这样一种身份。在现存的苏区标语中，我们发现有大量的培养阶级意识这方面的宣传标语，如“告白军士兵书”“白军士兵们：你们是工农出身，缴枪给自己的工农红军，是你们的光荣！不是羞辱”“白军士兵是工农出身不要拿枪打工农”“穷人不打穷人，士兵不打士兵”等。通过培养阶级意识，大大提高了广大群众的阶级觉悟，特别是启发了白军士兵的阶级觉悟。

5. 灌输民族意识，进行爱国主义教育。近代以来的中国，不仅阶级矛盾深重，而且民族矛盾也深重，苦难深重的中华民族内部受着封建主义的压迫，外部面临着帝国主义列强的侵略、瓜分和凌辱。因而在苏区社会动员中，民族主义、爱国主义、抗日救国等方面的内容就成为社会动员的主要内容。在苏维埃时期，书写反帝标语宣传活动开展得有声有色。“打倒帝国主义”“反对帝国主义瓜分中国”“拥护西北青年救国代表大会动员西北青年到抗日战线上来”“准备随时与帝国主义直接作战”“全国海陆空军总动员一致对日抗战”“帝国主义从中国滚出去”“驱逐日本及一切帝国主义出中国”等标语口号，无不体现着苏区动员过程中对爱国主义精神培育的重视。[②]

（二）组织动员

组织动员主要是进行群众组织动员工作，动员各行各业、各阶层团体同情、参加或支持革命。随着苏区的创建和扩大，动员广大工农群众按其职业、年龄、性别等分门别类地加入贫农团、赤卫队、工会、青年团、女工代表大会、农妇代表大会、少先队、儿童团、反帝反苏大同盟、互济会等群众性团体组织，在中国共产党的领导下，共同进行反帝反封建的斗争。如标语“打土豪分田地”“一切土地归农民”

① 江西省文化厅革命文化史料征集工作委员会、福建省文化厅革命文化史料征集工作委员会编：《中央苏区革命文化史料汇编》，江西人民出版社 1994 年版，第 99 页。

② 《江西工人运动史料选编》，江西人民出版社 1986 年版，第 441 页。

"无产阶级只有分了（土地）才有饭吃有衣穿""农民组织农民协会"等，动员广大农民参加革命；标语"工人组织工会""工人组织起来，增加工资，改良待遇"等，动员工人组织起来，参加革命；标语"劳动妇女必须参加（无产）阶级政权""劳动妇女解放万岁""实行男女平等，实行自由结婚""妇女在政治上、经济上、文化上与男子一律平等""反对打骂女子"等，宣传妇女解放，动员妇女起来革命；标语"实行民权革命，不妨碍小资产阶级的利益，实行保护小商人贸易""商人遵守苏维埃法律，均得到自由营业""取消一切苛捐杂税""取消高利贷""不交租不还债取消百货厘金"等，动员中小企业主、小商人支持革命。还有标语"组织群众赤色农会""少年先锋队是青年的武装组织""八岁以上十五岁以下儿童加入儿童团""十六岁以上的青年工农组织模范先锋队""穷苦工农联合起来建立贫农团建立雇农工会""劳苦青年支队参加少先师""穷人武装起来，组织游击队、赤卫军、少先队，保护分田地""赶快组织运输队、担架队，配合红军行动""组织民众义勇军"等，动员广大群众参加各种群团组织。

通过组织动员，建立了最广泛的统一战线，中国共产党和红军得到了各行各业、各阶层团体的同情、支持和帮助，中国共产党和红军由小到大，由弱变强，逐步成长壮大起来。

（三）军事动员

所谓军事动员是指"进行战争形势和目的教育，讲清敌我双方进行战争的原因，揭露敌人的反动本质和暴行，明确进行革命战争、正义战争的有利条件、不利条件和克服困难、战胜敌人的办法，号召人民和军队准备战争、参加战争、支援战争"。

苏区时期，有大量的进行战争动员的宣传标语，最多的是中央苏区五次反"围剿"的时候。如第五次反"围剿"，中华苏维埃共和国湘赣军区政治部于 1934 年 3 月发布《目前中心标语口号》，提出要"加紧战争动员，消灭进攻苏区的敌人"。还有当时苏区到处张贴的标语扩红动员令："扩大一百万铁的红军，工农踊跃加入红军！赤少队整批加入红军”“纪念‘五一’，加紧战争的动员，工农劳苦群众自动加入运输队，帮助红军送子弹，运粮食，担胜利品!”“纪念‘五一’大家自动报名当红军，扩大一百万铁的红军”[①] 等。还有制定优抚政策，开展拥军优属和拥政爱民活动的标语，如“纪念‘五一’，实行慰劳红军，组织耕田队，首先帮助红军家属耕田，挑水，种菜及一切劳动工作”“执行伤亡抚恤条例”“组织洗衣队、慰问队去慰问红军”“切实优待红军家属！分好田好地给红军家属”等。通过军事动员，成千上万的苏区民众积极参加革命战争，争相报名当红军，积极支援革命战争，帮助红军送子弹、运粮食、送棉衣，巩固发展革命根据地。在中央苏区反“围剿”斗争中，就曾经出现了“十万工农下吉安”“百万工农齐踊跃”的热烈场面。据统计，土地革命战争时期，中央苏区在扩红运动中，仅赣南苏区 13 个县（总人口约 241 万人）就有 33.1 万余人参加红军。[②] 最著名的是兴国县，当年兴国县有 23 万人，参加主力红军的有 5.5 万人，也就是说，当年兴国县每 4 个人中，就有 1 人去当红军。长冈乡 80%的青壮年参加了红军。在长征前的扩红运动中，兴国出现了许多“母送子，妻送郎，兄弟相争当红军”的感人情景。[③]

（四）经济动员

经济动员主要是充分调动国家经济能力，动员广大群众提高各种物资生产水平，扩大军品生产，保障战争的需要。

苏区标语中常见的经济动员标语有“劳动青年们，加紧春耕运动”“加紧春耕，不让赤区一寸土地放荒”“红军加紧查田运动”“全赤区男女老少把连起来抓紧春耕，点遍洋芋、苦荠、蔬菜，不让苏维埃寸土放荒”“苏维埃要注意水利，以防旱灾，开办生产合作社，提高工农业生产事业”“发展苏区经济”“开发苏区财源，发展对外贸易”等。

---

① 赣州市文化局、赣州市文物管理局编：《红色印迹——赣南苏区标语漫画选》，文物出版社 2006 年版，第 48—49 页。

② 余伯流、凌步机：《中央苏区史》，江西人民出版社 1993 年版，第 612 页。

③ 《万里长征路，里里兴国魂——江西兴国英名廊的历史解读》，兴国县政府网站，http：//xxgk. xingguo. gov. cn/bmgkxx/xgdj/gzdt/zwdt/201906/t20190617 _ 521493. htm.

还有第五次反“围剿”的时候，中华苏维埃共和国湘赣军区政治部于1934年3月发布《目前中心标语口号》，提出要“努力经济动员，充实革命战费，努力春耕，为增加二成生产而斗争，实行春耕竞赛消灭耕田！首先耕好红军的公田和红军家属的田！武装保护春耕！加紧节省运动一切给予战争！迅速完成推销二期革命公债！粉碎敌人经济封锁！”“纪念‘五一’，努力完成春耕运动，实现增加两成米谷，消灭四十万担荒田，种五万担棉花”，[①] 要求努力经济动员，以充实革命战费。

通过经济动员，发展苏区经济，加紧春耕，注意兴修水利，开发苏区财源，发展对外贸易，繁荣苏区经济，以保障革命战争的物资需要。

宣传标语里面反映群众动员的内容还有很多，限于篇幅，这里就不再一一列出了。

中央苏区时期，通过政治动员（社会动员、群众动员），增强了广大人民群众对中国共产党的政治认同感。广大苏区群众直呼中国共产党和红军为“本党、我军”，称共产党领导下的苏维埃政府为“‘埃’政府”（也即“我们的政府”）。红军长征胜利之后，毛泽东就曾自信地指出：“现在共产党说的话，比其他任何政党说的话，都易于为人民所接受。”[②] 这表明中国共产党通过政治动员及自身的模范带头作用，达到了让广大人民群众信服的效果。

四、苏区时期用标语宣传进行政治动员的经验启示

红色标语宣传所起到的政治动员经验，为新时代做好群众动员工作提供了一定的经验与启示价值。

---

① 赣州市文化局、赣州市文物管理局编：《红色印迹——赣南苏区标语漫画选》，文物出版社2006年版，第48—49页。

② 《毛泽东选集》第1卷，人民出版社1991年版，第185页。

（一）政治动员工作必须放在首要位置，经常提上议事日程

土地革命初期，由于对宣传动员工作的不重视，有些同志不知道“共产党是要左手拿宣传单，右手拿枪弹，才可以打倒敌人的”[①]，甚至于批评宣传工作是“耍嘴皮子”“瞎吆喝”“打野话”（本地方言，“乱说一通”的意思），没有什么用处。所以宣传动员工作开始时普遍受漠视，给军事斗争带来了极大不利，红军所到之处，群众冷冷清清。

随着革命斗争的深入，大家对群众动员工作重要性和紧迫性的认识不断深化，群众动员工作才提到重要议事日程。正因为苏区时期党和红军领导者高度重视红军宣传动员工作，将之提上了议事日程，经常讨论、督促、检查、发布了各种各样的宣传动员令，所以，苏区的宣传动员工作才成绩显著。[②]

这启示我们，群众动员与群众宣传工作什么时候都不能够松懈，必须放在工作的首要位置，经常提上议事日程。

（二）政治动员工作必须注意体现和符合民众利益诉求，增强广大群众的认同感

政治动员工作一定要符合群众的利益需求，提高和改善民生，使群众得到实惠，这样的政治动员才有效果。毛泽东曾经告诫苏区干部，必须使群众“都得到生活上的相当的满足，而更加高兴地去当红军，去做各项革命工作”。[③] 中央政府机关报《红色中华》也指出：“进一步改善工农群众的生活，可以更高度的激发他们的革命热情，铁一般巩固工农联盟。”[④]

因此，中央苏区时期，毛泽东非常重视经济建设和民生建设，

---

① 井冈山革命根据地党史资料征集编研协作小组、井冈山革命博物馆编：《中国共产党历史资料丛书——井冈山革命根据地》（上卷），中共党史出版社 1987 年版，第 192 页。

② 吴晓荣：《中共在苏区成功动员农民探析》，《农业考古》2010 年 12 月 15 日。

③ 《毛泽东选集》第 1 卷，人民出版社 1991 年版，第 120 页。

④ 《目前战争环境中的经济建设任务》，《红色中华》1933 年第 102 期。

通过发展经济，改善民生，切实提高群众的生产与生活条件，解决好老百姓的衣食住行问题，才能够动员广大群众参加和支持革命战争。①

苏区时期，面对国民党长期的军事“围剿”和经济封锁，中国共产党进行了艰苦的宣传动员工作，宣传标语里面大量体现的是改善民生、保障民生的内容。如“打土豪、分田地”，开展土地革命，进行必要和可能的经济建设，改善人民生活；“工农兵踊跃参加全苏大会”，动员群众积极参加政治活动，群众政治生活从无到有，大大提高了群众参政议政的热情；“实行劳动保护法”“举办失业救济及疾病伤亡社会保险”“切实优待红军家属”等，实施劳动保障、社会救济和优待红军家属，大力保障了群众的生产与生活；“发展农村教育改善农民生活，加紧识字读报，提高工农的文化水平”，大力发展文化教育体育事业，大大改善了群众精神生活；“设立公共看病所，贫民看病不要钱”“爱清洁，讲卫生”“实行卫生，强健身体”等，开展群众性的卫生防疫运动，有力保障了群众的健康等，使苏区群众在政治生活、物质生活和精神生活方面得到了全方位的改善。这些体现了共产党和苏维埃政府是真心实意地为群众谋利益的，从而汇集起广大群众的强大力量，为革命战争创造了群众条件。也正是因为共产党和苏维埃政府真心实意地为群众谋利益，所以，才得到了苏区人民群众真心实意的拥护。红色标语所宣传的内容，也正是因为体现和符合民众利益诉求，才增强了广大群众的认同感。

这启示我们，群众动员工作，决不是喊口号就能行得通的，必须与广大人民群众的切身利益联系起来，才能取得效果。苏区时期的红色标语宣传工作对当前深化党的“不忘初心、牢记使命”主题教育实践活动具有重大的现实指导意义。

---

① 刘一博：《中央苏区时期的民生建设与社会动员》，《南开学报（哲学社会科学版）》2017年第5期。

（三）做好政治动员工作必须注意区别对待的原则，从而达到政治动员的广泛性和针对性

政治动员的对象纷繁复杂，不同的利益诉求决定了他们对政治动员持有不同的态度，这就要求我们在政治动员中要注意区别对待的原则，不同的对象采取不同的动员内容和动员方式，只有这样，才能达到政治动员的广泛性和针对性。

在苏区时期的红军标语宣传中，红军就注意了这种区别对待。如对农民阶层提出“打土豪，分田地”；对工人阶层提出“实行八小时工作制，工人增加工钱，老板不得打骂工人，保护女工童工”；对商人阶层提出“保护小商人和小贩贸易自由”“取消一切苛捐杂税”；对妇女阶层提出“劳动妇女解放”“实行男女平等，实行自由结婚”“妇女在政治上、经济上、文化上与男子一律平等”，从而达到了政治动员的广泛性与针对性。

当前，各种新的社会阶层随着经济的发展不断出现，其社会利益诉求也呈现出多样化的特点。“这就要求我们在做政治动员工作时要认真研究每个社会阶层的特点，针对不同的社会阶层，提出不同的动员内容，唯有如此，才能最大限度、最大范围地整合各种社会力量，为实现中华民族伟大复兴的中国梦而不懈奋斗。”①

（四）动员主体的模范作用，可以极大地推动群众动员工作

共产党和红军领导干部通过自身的模范作用，塑造了全心全意为人民服务的形象，取得了广大人民群众的信任和支持，极大地推动了群众动员工作。

毛泽东领导秋收起义，带领工农红军上井冈山后，就为红军制定了“三大纪律、六项注意”，并逐步加以完善，形成著名的“三大纪律、八项注意”。② 红军真正是工农自己的武装队伍，红军队伍所到之

① 杨宇光：《中央苏区红色标语的历史考察与当代价值研究》，南昌大学硕士学位论文 2010 年。

② 余伯流、陈钢：《井冈山革命根据地全史》，江西人民出版社 1998 年版，第 115 页。

处，纪律严明，对老百姓做到了秋毫无犯，深受群众欢迎和喜爱。所以，共产党和红军做动员工作，群众就信。

中央苏区时期，党和红军领导人率先垂范，能够做到官兵一致，吃苦在前，享受在后，与红军士兵同甘共苦。所以，党和红军领导人做动员工作，基层干部和士兵就信。苏区至今仍传唱着颂扬苏区干部好作风的山歌："苏区干部好作风，自带干粮去办公，日着（穿）草鞋干革命，夜走山路打灯笼。"[①] 苏区干部成为人民群众学习的典型。正因为领导干部带头做标杆，处处起模范作用，所以极大地推动了群众动员工作。[②]

正是由于苏区时期领导干部率先垂范，坚持用各项严格措施来规范、约束党员干部特别是领导干部的行为，因此，党对群众的思想动员工作才卓有成效。

这启示我们，当前要做好政治动员工作，领导干部必须带好头，做好榜样示范作用，为干部群众树立好标杆。唯有如此，干部群众才会追随，政治动员才有应者云集的效应。

第三节

对推动马克思主义大众化的经验启示价值[③]

推动马克思主义大众化是当前党建工作的一个重要命题。马克思

① 余伯流、凌步机：《中央苏区史》，江西人民出版社1993年版，第928页。

② 吴晓荣：《中共在苏区成功动员农民探析》，《农业考古》2010年12月15日。

③ 本文作为课题阶段性研究成果，已经发表。参见颜清阳，罗庆宏：《苏区标语对马克思主义大众化的推动作用及当代启示》，《中国井冈山干部学院学报》2015年第8期。

主义大众化就是使马克思主义通俗易懂，易于为大众所理解、接受与掌握，从而成为推动社会发展的进步力量。

苏区标语宣传在推动马克思主义大众化过程中扮演了重要的角色。事实上，早在井冈山时期和中央苏区时期，党和红军就将标语作为传播马克思主义的重要媒介，这是我党将马克思主义大众化的最早探索和实践。苏区标语宣传，是马克思主义大众化的最早探索和有效实现形式，为建设和巩固革命根据地发挥了积极的作用。苏区标语宣传在马克思主义大众化过程中发挥了重要作用，积累了许多值得借鉴的经验。

一、红色标语是实现马克思主义大众化的有效形式

红色标语作为一种动员与宣传手段，是马克思主义实现大众化的现实选择。二者可以说是目的与手段的关系，马克思主义大众化是目的，标语宣传是手段，是为马克思主义大众化服务的。从苏区标语宣传内容的选择上、叙述的方式上来分析，可以看出，红色标语是实现马克思主义大众化的有效形式。

（一）从内容的选择上来看，苏区标语包含和渗透着马克思主义丰富的内涵

苏区时期，党和红军的宣传者非常注意将深奥的马克思主义理论寓于简单的标语口号之中，以宣传和启迪民众。今天我们所能看到的苏区标语尽管短小、简洁，寥寥数语，有些甚至只有几个字，但主旨鲜明，高度概括了马克思主义丰富的内涵。从内容上来看，它大致可以分为以下几个类型。

一是对“马克思主义”“共产主义”的宣传标语。代表性的标语主要有“实行马克斯（思）主义，实行共产主义”“列宁是共产党的创立者”“实行无产阶级领导民权革命”“世界革命成功万岁”“工农专政”“阶级斗争”“全世界无产阶级和被压迫民族联合起来”等。共产党通过这些标语，旗帜鲜明地向广大民众表明：中国共产党自成立之日起，便以马克思主义作为自己的行动指南，以共产主义作为自己的奋斗目标。

二是对共产党性质、宗旨与任务的宣传标语。代表性的标语主要有“共产党是领导无产阶级革命的党”“共产党是真正为工农谋利益的政党”“共产党是无产阶级的指导机关”“共产党是穷苦人的正（政）党”“共产党是世界无产阶级的革命党”等。通过这些标语，指出中国革命的领导核心是中国共产党，共产党是真正为工农谋利益的政党，从而使苏区人民真正认识了中国共产党，纷纷表示“拥护中国共产党”“执行共产党的政治主（张）”，高呼“中国共产党万岁”。

三是反对地主资本家压迫剥削工农的宣传标语。代表性的标语主要有“抽收苛捐杂税，剥削工农小商”“取消一切苛捐杂税”“打倒高抬谷价的奸商”“工人增加工资减少工作时间”“工人组织工会”等。这样的宣传标语，深刻揭露了阶级的压迫和剥削，让民众一读便懂，从而起来反抗地主资本家的剥削与压迫。

四是关于马克思主义中国化成果即毛泽东思想的宣传标语。苏区时期，毛泽东将马克思主义的普遍真理与中国革命的具体实际相结合，创造性地丰富和发展了马克思主义，逐步形成了毛泽东思想。他提出了“枪杆子里面出政权”“农村包围城市”“土地革命”“武装斗争”“党指挥枪”“思想上建党”“政治上建军”等一系列中国化的马克思主义理论。这方面代表性的标语主要有“打土豪分田地”“彻底平均分配土地”“实行土地革命、无产阶级只有分了（土地）才有饭吃有衣穿”“农友们工农们快快联合起来打土豪分田地”“欢迎逃跑的群众回来打土豪分田地”“拥护苏维埃分田给农民”“要饭吃只有打土豪”“工农暴动起来分配田地”“暴动农民夺取政权”“暴动实现农民协会专政”等。在这些标语的号召下，农民懂得了要想翻身得解放，就得紧跟共产党。从而纷纷起来“建立苏维埃政府、保卫苏维埃根据地、巩固苏维埃根据地”。

五是关于民生建设、社会保障的宣传标语。代表性的标语主要有“一切土地归农民”“实行民权革命，不妨碍小资产阶级的利益，实行保护小商人贸易”“保护小商人和小贩贸易自由”“保护小商人做买卖”

“实行劳动保护法”“保护群众税收”“打倒包办婚姻”“根本打破旧礼教”“要平等，要自由”“实行男女平等，实行自由结婚”“男女平权，女子要读书识字”“禁止虐待童养媳”“铲除封建余孽，打倒婚姻包办制度实行一夫一妻制”“打破一切老迷信！”“实行禁烟禁赌！”“反对老公打老婆”“建立农村学校，不要钱有书读”“设立公共看病所，贫民看病不要钱”等，这些标语涵盖和宣传了马克思主义关于民生建设、社会保障、人类解放等方面的思想与主张，表明了“以人为本”“自由平等”“全面发展”是共产党执政追求的重要目标。①

六是关于对敌统战政策的宣传标语。代表性的标语主要有“欢迎敌方士兵和革命官长，欢迎白军弟兄投诚红军”“欢迎白军士兵打土豪分田地”“欢迎白军士兵反水过来当红军”“白军弟兄都是工农出身”“穷人不打穷人”“不杀敌军的士兵”“只杀挨户团主任不杀挨户团士兵和下级官长”“白军士兵是工农出身不要替军阀杀工农”“白军弟兄暴动起来杀尽压迫你的官长”“军阀打仗升官发财白军兄弟打仗白白送死红军打仗分得田地”“医治白军伤病兵”“优待白军俘掳（虏）”等。这些标语体现了马克思主义的统战理论与思想。列宁认为：“必须利用敌人之间的一切矛盾，把握一切机会获得大量的同盟者，才能战胜强大的敌人。”② 毛泽东曾经指出：“要使革命在农村和城市都得到胜利，不破坏敌人用以向人民作斗争的工具，即敌人的军队，也是不可能的。”③ 因此，在政治上分化瓦解敌军就是一项非常重要的政治工作。这些对敌统战政策的标语宣传，起到了动摇敌军信念的作用，使得许多敌军士兵拖枪投诚，调转枪口。

除上述之外，还有大量的其他标语内容均涉及马克思主义、阶级斗争、战争动员等方面的灌输和宣传，每条标语都有鲜明而强烈的号召力和感染力。

---

① 张品良：《苏区马克思主义大众化传播的标语文本解读》，《东南传播》2010 年第 9 期。

② 《列宁全集》第 39 卷，人民出版社 1985 年版，第 50 页。

③ 《毛泽东选集》第 2 卷，人民出版社 1991 年版，第 636 页。

共产党正是通过这些标语，向苏区广大民众灌输了马克思主义，而且起到了巨大的宣传效果。正如毛泽东描述的那样："打倒帝国主义，打倒军阀，打倒贪官污吏，打倒土豪劣绅，这几个口号，真是不翼而飞，飞到无数乡村的青年壮年老头子妇女们的面前，一直钻进他们的脑子里去，又从他们的脑子里流到了他们的嘴上。"[①] 也正如史料记载的："痛恨地主阶级，打倒帝国主义，拥护苏维埃及拥护共产党的主张，几乎成了每个群众的口头蝉（禅）。最显著的是许多不识字的工农分子，都能很长地演说，国民党与共产党，刮民政府与苏维埃政府，红军与白军，每个人都能分别能解释。"[②] "许多农民的家里以前贡（供）着家神'天地君亲师位'的，现在也换以'马克思及诸革命先烈精神'；从前过年庆节，写些封建式的对联，现在都写的革命标语。"[③]

（二）从叙述的方式上来看，苏区标语以本土化和通俗化特色传播了马克思主义

列宁曾说："最高限度的马克思主义＝最高限度的通俗化。"[④] 这说明理论的通俗化是马克思主义经典作家一贯强调和坚持的。

通俗化能够适应苏区广大民众的文化水平与理解能力。许多苏区标语正是因为大量使用了非常口语化、大众化、乡土化的百姓语言，所以才为群众所喜闻乐见。如"穷人没有饭吃到土豪家里去挑谷"，其中"挑谷"指的是"挑粮食"；"欢迎白军士兵反水过来当红军""欢迎反水农民回家"，其中"反水"是江西的客家话，指"起义"或"投诚"的意思；"不卖油盐柴米把白军"，其中的"把"字，也是江西客家话，是"给"的意思；"三民主义是打狗屁"，其中"打狗屁"也是客家话，指"放狗屁"的意思；"共产主义不是汤（荡）产主义是主张

---

① 《毛泽东选集》第1卷，人民出版社1991年版，第34页。

② 江西省文化厅革命文化史料征集工作委员会、福建省文化厅革命文化史料征集工作委员会编：《中央苏区革命文化史料汇编》，江西人民出版社1994年版，第131页。

③ 江西省文化厅革命文化史料征集工作委员会、福建省文化厅革命文化史料征集工作委员会编：《中央苏区革命文化史料汇编》，江西人民出版社1994年版，第131页。

④ 《列宁全集》第36卷，人民出版社1985年版，第467页。

生产机关”，其中“汤（荡）产”是客家话，指的是“不劳而获”或“无偿得到财产”；“共产主义不是公姨主义是主张男女婚姻绝对自由”，其中“公姨”是客家话，指的是“共用老婆”的意思；“穷鬼不要打穷鬼只杀土豪劣绅”，其中“穷鬼”是指“穷光蛋”的意思；“活捉蒋介石这个狗东西”“活捉蒋介石狗头”，用了“狗东西”“狗头”两个俗语，就很生动形象；“杀白军探子”，其中“探子”是“侦探”的意思；“消灭抢贫苦工农鸡鸭的国民党”，用上了抢“鸡鸭”二字，形象地表明国民党的穷凶极恶；“活捉鲁胖子”，用“鲁胖子”形象地代指伪江西省政府主席“鲁涤平”。而“工人增加工资减少工作时间！”“反对老公打老婆！”“女子要读书识字”“好男要当兵，好铁要打钉”等标语更是通俗易懂、形象生动，读起来朗朗上口。老百姓看后感觉很亲切，容易识记，宣传鼓动效果很好，在生动活泼、诙谐幽默的宣传中实现了马克思主义的大众化。

二、苏区标语宣传对当代中国马克思主义大众化的经验启示

在艰苦的革命战争环境中，苏区标语以其坚定鲜明的无产阶级立场、通俗易懂的文字语言、丰富全面的理论内容而成为宣传马克思主义的主要传播途径，在推动马克思主义大众化方面发挥了重要的作用，实现了马克思主义由抽象向具体的转化。可以这样说，苏区时期，中国共产党人用标语这种形式来传播马克思主义大众化是相当成功的。苏区标语宣传对马克思主义大众化的探索与实践为我们当代中国马克思主义大众化留下了许多重要的历史启示。

（一）理论：要同中国国情相结合

毛泽东曾指出：“马克思主义的‘本本’是要学习的，但是必须同我国的实际情况相结合。”[①] 在开辟井冈山革命根据地时，毛泽东就非常重视宣传马克思主义理论，并且主张用写标语这种易于理解的宣传

① 《毛泽东选集》第1卷，人民出版社1991年版，第111—112页。

方式来传播马克思主义这种深奥的理论。在当今中国，虽然历史条件发生了巨大变化，但是，马克思主义要在中国大众化，同样必须与中国当代的国情相结合，只有这样，才能为中国广大群众所理解与掌握。

（二）传播：要用通俗易懂的表达形式

通俗易懂是马克思主义大众化的生命。1931 年 4 月发布的《中共中央关于苏区宣传鼓动工作决议》中就指出：宣传“不论是党的与苏维埃的都要通俗，并与群众生活有密切的联系。”① 而通俗化又必须以适当的媒介形式来表达，才能达到效果。苏区标语操作方便，简单明了，生动活泼，乡土气息浓厚，为群众所喜闻乐见，达到了宣传与鼓动的效果。当今世界，马克思主义要在中国实现大众化，更是需要通俗易懂，需要运用人民群众所喜闻乐见的方式来传播，这样才能取得良好的宣传效果。

目前在这方面已经取得了非常好的成绩，现在网络上、电视里有许多宣传马克思主义的电视节目或理论栏目，如“马克思靠谱”“马克思是对的”“社会主义有点潮”“共产党为什么能”“这就是中国”等理论节目，做得通俗易懂，生动活泼，为群众特别是青年所喜闻乐见，真正做到了“让党的创新理论进入寻常百姓家”。

（三）语言：要不断实现语言风格的民族化

马克思主义并不是从中国社会实践中土生土长起来的，而是经由俄国、法国、德国、日本等国家多种渠道传入中国。因此，当人们要宣传、普及这一理论时，不可避免地要发生问题场域的转变，也就是说要将以德国古典哲学、英国古典经济学、法国空想社会主义为理论背景的马克思主义，转变为带有中国形式、中国语言风格的理论体系，只有这样，才能被群众所接受。在苏区时期，红军的宣传兵就做到了这一点。红军经过的地方，只有以当地语言风格甚至当地语言文字的

① 江西省文化厅革命文化史料征集工作委员会、福建省文化厅革命文化史料征集工作委员会编：《中央苏区革命文化史料汇编》，江西人民出版社 1994 年版，第 39 页。

红色标语出现，这样才能容易为当地群众所理解与接受。在当今中国新时代，马克思主义要在中国实现大众化，就必须不断实现语言风格的民族化。

（四）创新：要与时俱进充分利用各种新媒介

在苏区早期，即使标语宣传形式在马克思主义大众化过程中发挥着如此重要的作用，但光靠标语宣传这种单一的形式也无法完全实现马克思主义大众化。必须借助其他各种传播形式，如报纸、杂志、学校、社团、广播、电台、演讲、书信往来等共同推进马克思主义大众化。今天的世界已不同于苏区时期，我们已经生活在一个网络化、信息化、数字化的传媒时代，用于传播马克思主义的载体、媒介、渠道变得丰富多样、即时迅捷、双向互动。在这样一个新传播技术日新月异的时代，必须充分利用网络、博客、微信等各种新传播媒介来宣传马克思主义。

（五）结合：要将马克思主义大众化与马克思主义中国化、时代化结合起来，力求实现三者的有机统一

马克思主义中国化是前提，为马克思主义大众化提供了理论基础；马克思主义大众化是目的，可以推动马克思主义中国化的发展；马克思主义时代化是现实要求，只有将马克思主义中国化、大众化与时代化相结合，才能提高马克思主义理论的战斗力。

苏区时期，标语宣传将马克思主义中国化、大众化与时代化做到了很好地结合，特别是一句“打土豪、分田地”，满足了农民千百年来对土地的强烈需求，调动了当时多少农民的革命积极性，吸引了多少农民向往共产主义美好生活。当前，推进当代中国马克思主义大众化也必须把握贴近时代、贴近现实、贴近群众的要求，找准马克思主义理论宣传与现实生活、群众生活的结合点，用群众熟悉的语言，讲群众关心的问题，只有这样，才能真正实现马克思主义大众化。

（六）培养：要培养真正的马克思主义者

苏区马克思主义大众化的成功，同当时党和红军对马克思主义宣

传队伍的重视与培养是分不开的。1929 年 6 月颁布的《中共中央宣传工作决议案》中就规定“各级党部必须有专门执行宣传工作的组织”。[①] 为了加强军队的宣传，从井冈山时期就建立了宣传兵制度。在古田会议之后，红四军决定以支队为单位，设立宣传中队，每个中队的宣传员分为若干分队，每个分队有分队长一人，宣传员三人。[②] 组建宣传兵，设立宣传队，这就为马克思主义大众化提供了坚强的组织保障与人才保证。同时，当时以毛泽东、周恩来为代表的一大批老一辈无产阶级革命家也是真正的马克思主义者。

这给我们今天推动当代中国马克思主义大众化以深刻的启示：要由真正的马克思主义者来推动马克思主义大众化。也只有信仰和精通马克思主义的人，才能真正将马克思主义理论与群众的需求结合起来。因此，推动当代中国马克思主义大众化，必须培养一大批真正的马克思主义者，让他们贴近群众，联系群众，宣传群众，动员群众，在与群众相结合的过程中获得群众的认同和点赞，进而推动当代中国马克思主义大众化。

第四节

宣传思想工作启迪价值

苏区时期，由于党和苏维埃政府领导干部高度重视政治思想宣传工作，尤其重视标语宣传工作，组建了红军宣传兵，开展了大规模的

① 江西省文化厅革命文化史料征集工作委员会、福建省文化厅革命文化史料征集工作委员会编：《中央苏区革命文化史料汇编》，江西人民出版社 1994 年版，第 15 页。

② 《毛泽东文集》第 1 卷，人民出版社 1993 年版，第 100 页。

标语宣传活动，同时注意宣传的方式方法，有力地宣传了中国共产党的性质、宗旨与奋斗目标，大力宣传了党的路线方针政策，有效宣传了红军的性质、宗旨与任务，因而动员了千千万万群众的革命热情。还有力地反击了国民党反动派对共产党人的污蔑和对群众的欺骗，使广大的苏区群众相信中国共产党，相信工农红军，不相信国民党反动派。因而，苏区的标语宣传工作是行之有效的。

关于苏区时期，党对红色标语宣传工作的重视，红色标语宣传工作的历史背景、历史进程、历史特点和历史作用等，在前面第三章已经有专门论述，这里不再赘述了。这里主要谈谈对新时期开展宣传思想工作的时代价值和现实意义。

一、党的宣传思想工作任务重、责任大，必须引起高度重视

苏区时期，国民党开动强大的舆论机器，大肆污蔑共产党为“赤匪”，称共产党“共产共妻、杀人放火、奸淫掳掠、无恶不作”，共产党被“妖魔化”了；又污蔑红军穷凶极恶，抓住国民党俘虏兵后会“抽筋剥皮”，有些会被“挖眼睛、割耳朵、点天灯”。由于国民党的污蔑宣传，加上红军创建初期，红军宣传工作还没有被十分重视，宣传工作还没有做好，群众非常害怕共产党及其领导下的红军。因此，红军刚上井冈山的时候，毛泽东感慨万端，说红军每到一处，群众十分害怕，往往是十室九空，大多躲到深山老林里面去了，我们感到深深的寂寞。可见当年红军所处环境之艰难。在这种恶劣的环境下，党和红军的领导者重视宣传工作，利用标语、口号、传单、布告、壁报、画报、演讲等各种形式，宣传党和红军性质、宗旨与任务，反击国民党反动派对共产党的污蔑和对群众的欺骗。

当前各种思想文化交锋日趋激烈，意识形态领域形势更加错综复杂。习近平总书记在2013年全国宣传思想工作会议上指出：“能否做好意识形态工作，事关党的前途命运，事关国家长治久安，事关民族

凝聚力和向心力。”① 习近平总书记深刻指出了意识形态工作的极端重要性，在当前这种复杂的国际与国内背景下，我们必须充分认识搞好党的宣传思想工作的极端重要性，要高度重视宣传思想工作。同时，我们面临的困难与挑战前所未有。学习当年的红军宣传兵，作为理论工作者，做好党的宣传思想工作，我们责任重大，使命光荣，要努力宣讲好党的基本理论、基本路线和基本方略。

二、必须加强党对宣传思想工作的全面领导

苏区时期，以毛泽东为主要领导的中国共产党人，高度重视宣传思想工作，全面加强党对宣传思想工作的领导。在秋收起义后，上井冈山的途中，毛泽东进行了三湾改编，将支部建在连上，确立了党指挥枪的原则。党就在部队发挥了全面领导的作用，党员在部队发挥了先锋模范作用，党支部在部队发挥了战斗堡垒作用。在井冈山时期，1928 年 10 月 5 日，毛泽东在中国共产党湘赣边界第二次代表大会上，郑重提醒边界各县的党，要注意宣传工作，他说：“过去边界各县的党，太没有注意宣传工作，妄以为只要几支枪就可以打出一个天下，不知道共产党是要在左手拿宣传单，右手拿枪弹，才可以打倒敌人的。”② 他同时要求加强上级党部对下级党部宣传工作的领导，“特委县委宣传科，应设法使之健全，每周标语宣传大纲，都须按时发出，每日壁报亦应发给各级党部缮写张贴”。“以后下级党部对上级党部工作报告，须有宣传工作的报告”。③ 1929 年 12 月，在福建古田，毛泽东起草了《红军宣传工作问题》，其中也提出了加强党对红军宣传工作的领导，要求全军宣传队受军政治部宣传科指挥。④

---

① 《习近平关于总体国家安全观论述摘编》，中央文献出版社 2018 年版，第 99 页。

② 井冈山革命根据地党史资料征集编研协作小组、井冈山革命博物馆编：《中国共产党历史资料丛书——井冈山革命根据地》（上卷），中共党史出版社 1987 年版，第 192 页。

③ 井冈山革命根据地党史资料征集编研协作小组、井冈山革命博物馆编：《中国共产党历史资料丛书——井冈山革命根据地》（上卷），中共党史出版社 1987 年版，第 192 页。

④ 《毛泽东文集》第 1 卷，人民出版社 1993 年版，第 100 页。

苏区时期，党中央还专门发布过与宣传工作相关的决议案，用以指导全国的宣传思想工作。如 1929 年 6 月，发布《宣传工作决议案》[①]；1930 年 9 月，发布《宣传教育问题决议案》[②]；1931 年 4 月 21 日，发布《中央关于苏区宣传鼓动工作决议》[③]；1932 年 4 月 15 日，中共苏区中央局宣传部发布《怎样在群众中做宣传鼓动工作》[④]，要求各党部、各区委必须要有健全的宣传部，领导苏区内一切宣传鼓动工作。

做好新形势下宣传思想工作，关键在党，同样必须要加强党对宣传思想工作的全面领导。习近平总书记在 2013 年全国宣传思想工作会议上强调"做好宣传思想工作必须全党动手。各级党委要负起政治责任和领导责任。"[⑤] 习近平总书记在 2018 年全国宣传思想工作会议上再次强调要加强党对宣传思想工作的全面领导。

新时代，我们要旗帜鲜明地坚持党管宣传、党管意识形态，坚决维护党中央权威和集中统一领导，让党的旗帜在宣传思想战线高高飘扬。

三、必须主动占领宣传思想舆论高地

党的宣传思想舆论阵地不用马克思主义思想去占领，就一定会被非马克思主义思想占领。

当年井冈山时期，有这么一个奇特的故事。行洲村以北是茨坪和大小五井，是红色根据地，行洲村的南面是白色势力的范围，是遂川反动民团萧家壁的天下。当年，行洲这个地方既是军事要地，也是开展对敌宣传的前沿阵地。所以，我们可以看到在行洲村民李焕湘家墙壁上面密密麻麻写满了红军标语，共有 30 多条，当然在上面我们也发

---

① 柯华主编：《中央苏区宣传工作史料选编》，中国发展出版社 2018 年版，第 35 页。
② 柯华主编：《中央苏区宣传工作史料选编》，中国发展出版社 2018 年版，第 96 页。
③ 柯华主编：《中央苏区宣传工作史料选编》，中国发展出版社 2018 年版，第 130 页。
④ 柯华主编：《中央苏区宣传工作史料选编》，中国发展出版社 2018 年版，第 155 页。
⑤ 《习近平谈治国理政》，外文出版社 2014 年版，第 156 页。

现了国民党反动派写下的标语“苏维埃政府亡国灭种”“土匪末日到了”，国民党反动派写下的这些标语粗俗不堪，就是骂人的话，与旁边红军写的“工人增加工资，减少工作时间”“不还债，不纳粮，不派捐”等标语相差很远。在另外一幢李开林、李足林两兄弟家的房子外墙上有一条15米长的巨幅标语“红军是为劳苦工农谋利益的先锋队”。“红”字字体不一样，明显被涂改过。原来当年红军离开这里后，白军来了，“红”字被改成了“国”字。白军走了，红军占领这个地方，又把“国”字改为“红”字，最后定格在“红”字上。一字之差，意义完全不同，这条标语才得以保存至今。[①] 因此，这条标语被称为“史上最俏皮的标语”。在苏区现存的红军标语中，其他地方也有这样的事例，将“红”字改为“国”字，后来又改回“红”字。还有的地方将标语“国民党”的“国”字改为“共”字，成了一条不伦不类的标语。有些红军经过的地方，国民党地方政府下文要求沿途铲除红军留下的标语。这充分说明敌我双方对宣传思想阵地的重视和争夺的激烈。

当前，中国特色社会主义进入新时代，同样，必须牢牢把握宣传思想工作的领导权和主动权，牢牢管控宣传思想舆论阵地，要有阵地意识。习近平总书记在2013年全国宣传思想工作会议上强调：“我们的同志一定要增强阵地意识。宣传思想阵地，我们不去占领，人家就会去占领。”[②]

说到前苏联解体的原因，我们说既有内因，也有外因。哲学上讲内因是根据，外因是条件。外因是以美国为首的西方国家对苏联长期进行和平演变，内因是苏共高层腐化堕落变质，而且主动放弃与丧失了意识形态领域的主导权与话语权，任由美国等西方国家和平演变，

① 参见中国井冈山干部学院教材编审委员会：《现场教学点讲解词》，党建读物出版社2007年版。

② 曹征海：《一定要增强阵地意识——深入学习贯彻习近平同志在全国宣传思想工作会议上的重要讲话精神》，《人民日报》2013年11月9日。

打“攻心战”，以至于西方的文化思潮自由泛滥，最终导致苏联一夜解体，一个偌大的政党与国家轰然倒塌，造成亡党亡国的悲剧。苏共亡党亡国的时候，在莫斯科的一家西方媒体记者说“我们在莫斯科听不到一声叹息”，没有任何一个共产党员和群众上街游行示威抗议，这就是放弃意识形态阵地的悲剧，这就是“攻心战”的结果。以美国为首的西方国家在成功搞垮前苏联后，现在又将“和平演变”对准了中国，他们说将“和平演变”的希望寄托在我们第五代、第六代年青人身上，靠的是什么？靠的就是“攻心战”，妄图靠他们的虚假文化宣传侵蚀，达到分化瓦解、和平演变中国的阴险目的。对此，我们必须加以高度警惕，坚决抵制西方各种错误思潮和文化的侵袭，主动占领思想宣传阵地，绝不让非马克思主义思想有可乘之机。① 习近平总书记在2013年全国宣传思想工作会议上指出：“宣传思想工作就是要巩固马克思主义在意识形态领域的指导地位，巩固全党全国人民团结奋斗的共同思想基础。”②

特别是在互联网这样一个社会信息大平台，网络空间是亿万民众共同的精神家园。当前互联网技术不断更新迭代，推进社会舆论的生成方式与传播形式不断分化；新兴媒体层出不穷，使得网络成为意识形态的主战场。网络舆论阵地是社会舆论的“晴雨表”和“风向标”。习近平总书记在2018年全国宣传思想工作会议上强调：“我们必须科学认识网络传播规律，提高用网治网水平，使互联网这个最大变量变成事业发展的最大增量。”③ 宣传思想工作者要注意，宣传要与更快捷更环保的互联网技术、新媒体有效融合，增强信息覆盖面和传播实效。以守土尽责的政治担当和浩然正气，为党和人民坚守网络舆论阵地，站好岗、放好哨。

---

① 参见中共山东省委理论学习中心组：《不断提高做好意识形态工作的能力》，《人民日报》2013年10月24日。

② 《习近平关于总体国家安全观论述摘编》，中央文献出版社2018年版，第104页。

③ 《习近平谈治国理政》第3卷，外文出版社2020年版，第311页。

四、必须要注重宣传的方式方法

苏区时期，党和红军对标语宣传的内容、口径，甚至书写方式都有着严格的要求和规定。如 1929 年 4 月 17 日，红四军为规范红军标语宣传，在赣南的于都，以红军第四军政治部的名义发布了《红军标语》，在标语前还特别补充了九条写标语的注意事项。① 1929 年 10 月，红四军前委宣传科专门编写了《宣传须知》，明确了标语宣传的技术，共有五条。② 1930 年 3 月 19 日红军第四军政治部于大余发布了《革命标语》，在 176 个标语之前列举了 9 条写标语注意事项。③ 1930 年 4 月 16 日红军第四军政治部于会昌发布了《宣传员工作纲要》，共计 17 条，其中前 6 条都是关于标语宣传注意事项。④ 可见当年党和红军是特别注意标语宣传和书写的方式方法。

1932 年 4 月 15 日，中共苏区中央局宣传部专门发文《怎样在群众中做宣传鼓动工作》，对于在群众中做宣传鼓动工作的方法，列举了“怎样在群众会上讲演?”“怎样组织宣传队?”“怎样写传单标语?”“怎样办墙报画报?”“怎样演文明戏?”，对于“怎样写传单标语?”又列举了 8 点注意事项。其中特别提到“最好组织阅读队，集合几人至几十人，由一个人讲传单给群众听。”提醒不但要注意标语的内容，书写的地点、方式等事项，更要注意将标语内容的意义向群众进行解释，这样才能更好地达到宣传效果。⑤ 正是因为注意标语宣传的方式方法，而且还创新了许多标语宣传的技术，所以，苏区时期的红色标语为群

---

① 江西省文化厅革命文化史料征集工作委员会、福建省文化厅革命文化史料征集工作委员会编:《中央苏区革命文化史料汇编》，江西人民出版社 1994 年版，第 3—4 页。

② 江西省文化厅革命文化史料征集工作委员会、福建省文化厅革命文化史料征集工作委员会编:《中央苏区革命文化史料汇编》，江西人民出版社 1994 年版，第 21 页。

③ 赣州市文化局、赣州市文物管理局编:《红色印迹——赣南苏区标语漫画选》，文物出版社 2006 年版，第 38—46 页。

④ 江西省文化厅革命文化史料征集工作委员会、福建省文化厅革命文化史料征集工作委员会编:《中央苏区革命文化史料汇编》，江西人民出版社 1994 年版，第 199—201 页。

⑤ 柯华主编:《中央苏区宣传工作史料选编》，中国发展出版社 2018 年版，第 158 页。

众所喜闻乐见，容易为群众所接受与传诵，产生了巨大的威力，起到了明显的效果。

发展无止境，创新无止境。学习苏区时期红军标语宣传的方式方法，启示我们当前的宣传工作在继承和发扬传统方法的基础上，要不断探索，与时俱进，创新宣传方式、方法和手段。习近平总书记在全国宣传思想工作会议上指出："宣传思想工作创新，重点要抓好理念创新、手段创新、基层工作创新。"①"要加强传播手段和话语方式创新，让党的创新理论'飞入寻常百姓家'"②，这是习近平总书记在新时代对宣传思想工作的新要求，他要求我们宣传思想工作者要注重提高宣传教育的质量和水平，抓好理念创新、手段创新、话语方式创新、基层工作创新，讲好中国故事，传播好中国声音。

党的宣传工作实践表明，只有运用广大群众喜闻乐见的方式方法，才能更好地宣传群众、动员群众、服务群众。

五、必须健全宣传干部队伍，努力打造一支过硬的宣传思想工作队伍

苏区时期，非常注重宣传队伍建设，着力打造和培养了一支政治过硬、业务素质高的标语宣传工作队伍。红军初期就开始建立了宣传兵制度，时任红四军政治部主任的陈毅在 1929 年 9 月写的《关于朱毛军的历史及其状况的报告》中这样记述："红军现在有一个宣传兵制度，凡军队每一个机关均须派 5 个人担任宣传工作，这 5 个人不背枪，不打仗，不服勤务，名叫宣传兵。"③

在古田会议之后，红四军决定以支队为单位，设立宣传中队；在党委及其各级机关普遍建立了宣传部和宣传科，配备了宣传干事，这

① 《习近平谈治国理政》，外文出版社 2014 年版，第 155 页。

② 《习近平谈治国理政》第 3 卷，外文出版社 2020 年版，第 313 页。

③ 井冈山革命根据地党史资料征集编研协作小组、井冈山革命博物馆编：《中国共产党历史资料丛书——井冈山革命根据地》（上卷），中共党史出版社 1987 年版，第 368—369 页。

些在《古田会议决议》中均有反映，当时红四军决定“以支队为单位，设立宣传中队，编制为队长、队副各 1 名，宣传员 16 人，挑夫 1 人（挑宣传品），公差 2 人。每个中队的宣传员分为若干分队，每个分队有分队长一人，宣传员三人”[①]。1933 年 12 月，中共江西省委宣传部发布《通信第十五号》，指出：“本部特根据中央局宣传部的指示，对各级宣传部的组织有如下的决定：县委宣传部除正副部长外，下面设宣传鼓动干事，教育干事，发行干事，宣传鼓动员（均不脱离生产），支部有宣传干事，教育干事，发行员。”[②] 红军中设立宣传队，组建宣传兵，在各级党委机关设宣传鼓动干事和宣传鼓动员，这就为党和红军开展宣传思想工作提供了坚强的组织保障。所以，古田会议之后，党和红军的宣传工作就进入了一个新高潮，取得了新成效。

当年红军标语宣传工作是在遭受敌人压迫、条件缺乏的恶劣环境下进行的。没有笔，就将草堆卷成块写；没有墨，就直接用红土；行军纵然再辛苦，也要在沿途张贴或散发标语；宿营时，不顾劳顿，也要抽空写上几条标语；长征时，不怕生命危险，在高大的石壁上石刻标语。这种面对苦难百折不挠、迎难而上的精神在如今的宣传思想工作中应该继续得到继承和发扬。

做好新形势下宣传思想工作，同样需要健全宣传干部队伍，努力打造一支过硬的宣传思想工作队伍。习近平总书记在 2013 年全国宣传思想工作会议上指出：“宣传思想部门工作要强起来，首先是领导干部要强起来，班子要强起来。各级宣传部门领导同志要加强学习、加强实践，真正成为让人信服的行家里手。”[③] 习近平总书记要求宣传部门领导同志真正成为让人信服的行家里手。

新时代如何打造一支过硬的宣传思想工作队伍？我认为宣传思想

① 《毛泽东文集》第 1 卷，人民出版社 1993 年版，第 100 页。

② 赣州市文化局、赣州市文物管理局编：《红色印迹——赣南苏区标语漫画选》，文物出版社 2006 年版，第 46 页。

③ 《习近平谈治国理政》，外文出版社 2014 年版，第 156 页。

干部要认真学习贯彻习近平新时代中国特色社会主义思想，努力做到：一要发扬红军的优良传统和作风。要加强作风建设，坚决纠正“四风”特别是形式主义、官僚主义。发扬红军的优良传统和作风，百折不挠、迎难而上，做好新时代的宣传思想工作；二要不断增强宣传的本领和能力。要不断掌握新知识、熟悉新领域、开拓新视野，增强本领能力，加强调查研究，不断增强脚力、眼力、脑力、笔力，努力打造一支政治过硬、本领高强、求实创新、能打胜仗的宣传思想工作队伍。[①]

第五节

培育和践行社会主义核心价值观的借鉴价值

2012 年，党的十八大报告首次以 24 个字概括了社会主义核心价值观：“富强、民主、文明、和谐，自由、平等、公正、法治，爱国、敬业、诚信、友善，积极培育社会主义核心价值观。”[②] 这一重要论述是我们党的重大理论创新成果，必将极大地推动社会主义核心价值体系建设。

2017 年，习近平总书记在党的十九大报告中指出：“把社会主义核心价值观融入社会发展各方面，转化为人们的情感认同和行为习惯。”[③] 党的十八大报告提出了社会主义核心价值观的核心内涵，习近

① 《习近平总书记在 2018 年全国宣传思想工作会议上的重要讲话》，新华社，2018 年 8 月 22 日，http：//www. cac. gov. cn/2018－08/22/c _ 1123311137. htm.

② 《十八大报告学习辅导百问》，学习出版社、党建读物出版社 2012 年版，第 28 页。

③ 习近平：《决胜全面建成小康社会　夺取新时代中国特色社会主义伟大胜利——在中国共产党第十九次全国代表大会上的报告》，人民出版社 2017 年版，第 42 页。

平总书记提出要认真培育和践行社会主义核心价值观。我们要深刻认识这一决策部署和重要论述的重大战略意义，全面推进培育和践行社会主义核心价值观的各项工作，为实现第二个百年奋斗目标和中华民族伟大复兴的中国梦提供正确的价值引领和强大的精神支撑。

当前而言，红色标语对培育和践行社会主义核心价值观作用重大、意义深远、价值明显。红色标语所蕴涵的政治原则、价值理念、经济价值、宣传理念和传播手段为新时期培育和践行社会主义核心价值观提供了重要的实践路径和战略选择。具体来说，主要表现在以下几个方面。

一、利用红色标语所蕴涵的政治原则可以引领社会主义核心价值观的政治方向

社会主义核心价值观首先是社会主义的，而社会主义是在马克思主义理论指导下形成的思想体系、社会制度和实践运动，马克思主义是社会主义核心价值观的核心与灵魂。马克思主义是科学的世界观和方法论，是共产党领导无产阶级进行革命、彻底解放全人类的理论。实践证明，马克思主义具有无与伦比的生命力。

但是近年来，随着经济全球化趋势，加上我国正处在社会变革、经济转型的加速期，各种社会思潮此起彼伏，同时，西方思想文化对我国的渗透和影响在不断加剧。社会越开放，西方的和平演变越厉害，西方的“攻心战”越来越隐蔽和多样化，国内的各种非马克思主义思潮越猖狂。培育和践行社会主义核心价值观，是中国特色社会主义的“铸魂工程”。我们要加强社会主义核心价值体系建设，充分挖掘和弘扬中国共产党革命文化的有益价值，不断从马克思主义和中国共产党革命文化中汲取有益养分，展现中国特色、中国风格、中国气派，抵御西方资产阶级腐朽思想文化的渗透，有效维护国家政治安全和文化安全，在日趋激烈的国际舆论竞争中掌握主动权和话语权。

价值观作为一种社会意识，代表了人们对社会生活的总体认识、

基本理念和理想追求。红色标语是在马克思主义中国化、大众化的过程中孕育形成的，因此与马克思主义具有天然的内在联系。红色标语作为中国革命精神的重要载体，同样受到马克思主义思想的影响，蕴含着马克思主义思想的丰富内涵，对马克思主义的中国化、大众化起到了重要的推动与促进作用。在苏区的红色标语中，有大量的关于宣传马克思主义、共产主义的标语，如“实行马克斯（思）主义！实行共产主义”“全世界无产阶级和被压迫民族联合起来”“拥护中国共产主义！实行社会主义，拥护工农红军”“革命休谈封建话，青年须读列宁书”“主义遵马列，政权归工农”等。

因此合理开发与解读红色标语中马克思主义、共产主义、社会主义的深刻内涵及当代价值，积极利用红色标语所蕴含的政治功能，就可以巩固马克思主义的指导地位，抵御各种非马克思主义思潮的进攻。

习近平总书记在纪念马克思诞辰 200 周年大会上的重要讲话中指出：“马克思主义不仅深刻改变了世界，也深刻改变了中国。”[①] 在谈到学习和实践马克思主义关于文化建设的思想时，习近平总书记强调要“巩固马克思主义在意识形态领域的指导地位，发展社会主义先进文化，加强社会主义精神文明建设，把社会主义核心价值观融入社会发展各方面，不断铸就中华文化新辉煌”[②]。这深刻揭示了马克思主义和社会主义核心价值观的紧密联系以及马克思主义的指导地位。

我们要自觉坚持以马克思主义立场、观点、方法为思想武器，善于从红色标语的丰富内涵中，抓住最关键、最根本、最核心的精要，把那些最富有革命精神、最富有实践特色、最富有旺盛人气的价值理念挖掘整理出来，使其成为形成社会主义核心价值观的源头活水，使社会主义核心价值观具有深厚的理论根基。将红色标语中丰富的马克

① 习近平：《在纪念马克思诞辰 200 周年大会上的讲话》，人民出版社 2018 年版，第 11 页。

② 习近平：《在纪念马克思诞辰 200 周年大会上的讲话》，人民出版社 2018 年版，第 20 页。

思主义思想内涵挖掘整理出来，使其成为社会主义核心价值观的指导思想。通过巩固马克思主义的指导地位，将社会主义核心价值观刻骨铭心进头脑，转化为人们的政治认同和情感认同，从而引领社会主义核心价值观的政治方向，使社会主义始终沿着正确方向全面健康发展，进一步坚定人们跟中国共产党走的信心，进一步增强建设中国特色社会主义的信念，进一步树立共产主义的远大理想。

二、将红色标语所蕴涵的价值理念作为社会主义核心价值观教育的重要内容

培育和弘扬社会主义核心价值观，教育引导是基础性工作。“国无常俗，教则移风。”只有通过持续不断的外在灌输、潜移默化的内在熏陶，才能使社会主义核心价值观在人们心中播下种子，生根、开花、结果，从而转化为崇德向善的实际行动。培育和弘扬社会主义核心价值观，既要深入挖掘中华民族优秀传统文化中所蕴含的思想观念、人文精神、道德规范，还要深入挖掘中国共产党革命文化中的理想信念、革命精神和优良传统，然后结合时代要求继承与创新，让社会主义核心价值观展现出永久魅力，保持强大的生命力。

社会主义核心价值观寄托着共产党人的理想信念、优良传统、革命精神和奋斗目标。正如习近平总书记在北京大学师生座谈会上的讲话中指出的：“五四精神体现了中国人民和中华民族近代以来追求的先进价值观。爱国、进步、民主、科学，都是我们今天依然应该坚守和践行的核心价值。”① 社会主义核心价值观，反映了历史传承和时代要求的统一，是先进政党的理论自觉倡导和人民群众共同愿望的有机结合。以“爱国、进步、民主、科学”为内涵的五四精神，就反映了这种历史的传承性，是追求先进价值观的重要体现。

培育社会主义核心价值观要把红色标语中蕴含的革命先辈和革命

① 《习近平谈治国理政》，外文出版社 2014 年版，第 167—168 页。

先烈们的理想信念、优良传统、革命精神和奋斗目标挖掘出来，作为社会主义核心价值观教育的重要内容。

红色标语的主体部分是革命战争年代当中形成的，作为战争年代的物质和精神文化遗产，其核心和灵魂是在当时环境下孕育生成的一整套政治价值观念，是无数共产党人的理想信念，是老一辈无产阶级革命家共同的价值追求，主要表现为革命先烈们“忠诚、奉献、爱国、敬业、诚信、友善、求实、民主、为民”等一系列政治价值取向。

红色标语中有大量的这方面的内容，如“共产党是无产阶级的指导机关”“中国共产党是替工农及一切贫苦人民谋利益的政党”“实行无产阶级（领导）民权革命”“共产党为穷人打土豪分田地”“共产党是为无产阶级吃饭穿衣住屋的党”“共产党是抗日反帝的领导者”“共产党实行驱逐一切帝国主义出中国！只有共产党才能救中国！共产党实行：土地归农民！工人八小时工作制！分给士兵土地和工作！男女平等”“中国共产党要坚决反对帝国主义，救活中国民族，保全中国领土”“共产党不拿穷人一针一线”“解放中国工农民众”等。这些标语，今天读来，仍然可以感受到老一辈无产阶级革命家那种坚定理想信念、一心为民、忠诚祖国、艰苦奋斗、救国救民的情怀。这里面就蕴含着“富强、民主、文明、和谐，自由、平等、公正、法治，爱国、敬业、诚信、友善”这些社会主义核心价值观的丰富内涵，这些红色标语的丰富内涵和价值理念在当前仍然是进行社会主义核心价值观教育的重要素材。今天，我们培育和弘扬社会主义核心价值观，就必须利用好这些珍贵的不可多得的红色资源，从中汲取有益的丰富营养，以涵养社会主义核心价值观，并作为社会主义核心价值观教育的重要内容。

三、利用红色标语所附加的经济价值可以夯实社会主义核心价值观教育的物质基础

红色标语在其本质属性上，主要是表现为政治文化资源、思想教育资源和精神资源，红色标语对于提升党的政策和策略水平、加强党

的执政能力建设和思想政治教育具有重要意义。但是不可否认的是，红色标语也具有旅游经济价值，在一定程度上能够推动老区经济社会发展。充分发挥红色标语的旅游经济价值，能够加快老区经济社会和谐发展，夯实社会主义核心价值体系建设的物质基础。

在社会主义制度下建构和培育社会主义核心价值体系，不仅依靠中国共产党的理论自觉和文化自信，更主要的是要依靠社会主义的直接实践和社会主义制度体现出来的优越性。通过改革开放政策，通过大力发展经济，改善民生，让人民群众真正地从社会主义制度中感受到实实在在的获得感、幸福感和安全感，才有助于人们深刻感受到社会主义制度的优越性，真心地说“社会主义制度好”“社会主义道路正确”，真切地拥护社会主义制度，从而由衷地认同和践行社会主义核心价值观。

经济基础决定上层建筑，历史的经验告诉我们，在推进和践行社会主义核心价值观的时候，固然需要加强学习、研究、宣传和教育，但必须要有一个不可或缺的前提，就是要大力发展和解放社会生产力，大力发展社会主义市场经济，不断推进社会协调发展和全面进步，让广大人民群众公平地分享社会主义改革和建设的成果。只有当社会主义制度的优越性充分发挥了，社会主义核心价值观才能真正地落地、生根、开花和结果。

从经济学的角度来说，革命老区的红色标语具有一定的经济附加值，可以借助红色标语和红色文化所蕴含的革命传统精神来带动老区的红色培训，从而推动老区旅游经济和社会发展。在当前从严治党的大背景下，老区的红色旅游和红色培训做得红红火火，非常火爆，全国许多党政机关、企事业单位的党员干部来到革命老区接受红色培训，可谓是“一举两得”，既进行了革命传统教育和党性教育，又带动了当地的旅游业，在一定程度上带动了老区的经济发展。因此，充分开发利用老区的红色标语、红色文化等红色资源，大力发展老区的红色旅游和红色培训，可以大力促进老区经济社会的持续健康发展，改善老区人民的社会生活水平，从而为社会主义核心价值观的深入人心奠定坚实的物质基础。

四、红色标语可以作为当前传播社会主义核心价值观的重要媒介

红色标语是革命战争年代的精神和物质遗存，也是社会主义革命文化的重要内容，更是传播马克思主义的重要媒介。在新时代，可以借鉴红色标语这种传播形式，作为当前传播社会主义核心价值观的重要媒介。

培育和践行社会主义核心价值观是一个系统工程，需要全体社会成员的一致认同和共同参与。然而，在新时期，新技术、新媒体层出不穷，传播手段不断创新，传统的理论灌输式的教育方式已经不能适应新时代的发展需要。灌输式的教育方法虽然有时有一定的必要性，甚至有时带有一点强制性，但是也有一定的局限性，广大社会成员对于长篇大论的理论说教不太愿意接受，或是反感。因此在现实语境下，标语宣传可以成为社会主义核心价值观教育的有效载体和重要途径。社会主义核心价值观字数不多、简洁精练，标语宣传形式也简洁精要，两者其实可以有机地契合起来。标语宣传的好处在于，它的形式简便易行，大庭广众之下醒目耀眼，无需占用群众专门的时间，就可以把党所倡导的社会主义核心价值观形象地展示和宣传开来。

“随风潜入夜，润物细无声。”宣传教育只有做到春风化雨、润物无声，才能使社会主义核心价值观真正深入人心。道不可坐论，德不能空谈。习近平总书记指出：“一种价值观要真正发挥作用，必须融入社会生活，让人们在实践中感知它、领悟它。要注意把我们所提倡的与人们日常生活紧密联系起来，在落细、落小、落实上下功夫。”[①] 在

① 《习近平谈治国理政》，外文出版社 2014 年版，第 165 页。

这里，习近平总书记强调，要使社会主义核心价值观真正发挥作用，就必须在落细、落小、落实上下功夫。

社会主义核心价值观要转化为一种精神力量，就必须贯穿于社会生活的方方面面，使核心价值观的影响像空气一样无所不在、无时不有，达到“百姓日用而不觉”的境界。如何把社会主义核心价值观融入到老百姓社会生活的方方面面？习近平总书记提出了四种方式，值得我们认真学习贯彻：“要按照社会主义核心价值观的基本要求，健全各行各业规章制度，完善市民公约、乡规民约、学生守则等行为准则，使社会主义核心价值观成为人们日常工作生活的基本遵循。要建立和规范一些礼仪制度，组织开展形式多样的纪念庆典活动，传播主流价值，增强人们的认同感和归属感。要把社会主义核心价值观的要求融入各种精神文明创建活动之中，吸引群众广泛参与，推动人们在为家庭谋幸福、为他人送温暖、为社会作贡献的过程中提高精神境界、培育文明风尚。四是要利用各种时机和场合，形成有利于培育和弘扬社会主义核心价值观的生活情景和社会氛围，使核心价值观的影响像空气一样无所不在、无时不有。”① 特别是其中的要利用各种时机和场合，形成有利于培育和弘扬社会主义核心价值观的生活情景和社会氛围，使核心价值观的影响像空气一样无所不在、无时不有。习近平总书记在这里谈的其实就是培育和弘扬社会主义核心价值观离不开良好的生活情景和社会氛围。

如何塑造社会主义核心价值观良好的生活情景和社会氛围？我认为，社会主义核心价值观如果要实现大众化就必须要有良好的环境熏陶。报刊、广播、电视和互联网等大众传媒对传播社会主义核心价值观起着重要作用。但是，标语传播作为一种重要的载体和媒介，对塑造社会主义核心价值观良好的生活情景和社会氛围有着不可替代的作用。标语传播这种形式在中国流传了几千年，之所以能够历经千年而

① 《习近平谈治国理政》，外文出版社 2014 年版，第 165 页。

不衰，是有一定的生命力的。标语，形式生动，朗朗上口，群众好懂易记，能够迅速地深入人心；直观显现，天天相见，群众喜闻乐见，能够快速地入脑入心。因而在当前要有效地传播社会主义核心价值观，可以借鉴标语这种为群众所喜闻乐见的形式，利用社会公共场所、公共交通工具的适当位置悬挂张贴“社会主义核心价值观”具体内容的标语，从而塑造一种社会主义核心价值观良好的生活情景和社会氛围。

培育和弘扬社会主义核心价值观，需要“小火慢熬、水滴石穿”，时间长了，才能深入精神的血液和骨髓，成为文化的“DNA”。而用标语这种形式来宣传社会主义核心价值观，正是“小火慢熬、水滴石穿”，可以达到意想不到的效果。而且我们欣喜地看到，在中华大地的大小城镇、各个社区、村镇的街头巷尾，已经到处有以标语形式出现的社会主义核心价值观的宣传栏和宣传标语，这些随处可见的社会主义核心价值观正潜移默化地影响着广大人民群众，变成他们的日常行为准则，真正实现了“使核心价值观的影响像空气一样无所不在、无时不有。”

因此，在新时期发掘红色标语的深刻内涵，全面深刻地提炼出其中的精华部分并加以发扬光大，既有利于社会主义先进文化的发展，同时也为实现社会主义核心价值观大众化提供了很好的文化支撑和环境熏陶。文明不是一天养成的，弘扬社会主义核心价值观，是一个长期的过程，也是一项宏大的系统工程，应当利用各种方式、各种途径，坚持不懈地抓好教育引导、舆论宣传、文化熏陶、实践养成和制度保障，引导人们在思想上深化认识，内化为人们的精神追求，外化为人们的自觉行动，在行动中深化理解、增进认同。每个人多一些担当、尽一份力量，都来践行社会主义核心价值观，就能汇聚起推动社会前行的强大正能量，让中华民族以更加昂扬、更加自信、更加自强的姿态屹立于世界民族之林。

第六节 干部教育培训资源利用价值

红色标语是中国共产党领导人民群众艰苦卓绝斗争史的生动展现，它深刻地折射出一代共产党人和革命者的精神风采。在艰难岁月里，革命前辈信手挥洒的一条条激情标语，无不充满着对理想信念的无悔追求和对革命前途的必胜信心，体现出革命先辈们为了民族独立和人民解放而前仆后继、不怕牺牲、艰苦奋斗、自强不息的英雄气概。这些苏区时期保留下来的红色标语遗址，其中蕴含的革命先辈坚定的理想信念以及可歌可泣的革命故事，既是一笔宝贵的精神财富，也是当前开展干部教育培训的重要利用资源。

一、红色标语在干部教育培训中的运用意义

红色标语虽然简单明了，但生动形象、通俗易懂、朗朗上口，蕴含着丰富的教育内容，在中国共产党思想政治教育史中发挥了重要的宣传动员作用。

党校和干部学院作为宣传马克思主义和中国特色社会主义理论体系的主阵地，可以借鉴苏区时期共产党和红军利用红色标语进行思想政治教育的方式，不断创新方式方法，将红色标语等红色文化资源运用到干部教育培训中，对于创新干部教育培训的方式方法，丰富教育内容，将具有非常重要的意义。

（一）有利于坚定领导干部的理想信念

坚定理想信念，是中国共产党人安身立命之本。习近平总书记曾经把理想信念形象地比喻为“共产党人精神上的‘钙’”，他说：“理想

信念就是共产党人精神上的‘钙’，没有理想信念，理想信念不坚定，精神上就会‘缺钙’，就会得‘软骨病’。现实生活中，一些党员、干部出这样那样的问题，说到底是信仰迷茫、精神迷失。”① 习近平总书记特别强调了理想信念对于共产党人的重要性。共产党人的理想信念是否坚定，事关党的生死存亡和国家的兴衰荣辱。因此，必须把坚定理想信念作为干部教育培训基础性的硬任务来抓。我们要牢固树立“抓理想信念的培育与巩固是本职、不抓是失职、抓不好是渎职”的理念，切实把抓好理想信念教育作为党的建设的重要内容，作为干部教育培训的首要任务，充分利用红色标语的丰富内涵教育培训广大党员干部，真正使理想信念入脑入心。

苏区时期，中国共产党人正是凭借坚定的理想信念，带领广大人民群众，通过红色标语激发斗志、前赴后继、百折无悔，始终迎难而上，不怕困难，最终取得革命的胜利。而且红色标语里面本身就包含了许多坚定理想信念的内涵，如“实行马克思列宁主义！”“拥护中国共产主义！”“实行社会主义”“主义遵马列，政权归工农”“建立苏维埃政府，拥护中国共产党”“红军为无产阶级而战”“红军为消灭资本主义而战”“红军是为无产阶级谋利益的军队，白军是为土豪资产阶级谋利益的武装”“拥护朱毛领导无产阶级谋利益的（红军）”等。品读当年这些包含坚定理想信念追求的红色标语，我们一方面可以感知革命先辈追求真理、追求理想的那种热情与激情，另一方面，也可以使我们的干部潜移默化地受到感染，从而进一步坚定共产主义远大理想，坚守中国特色社会主义共同信仰，使自己的理想信念汇聚成为中华民族伟大复兴的磅礴力量。

（二）有利于增强领导干部的爱国主义情怀

所谓“爱国主义”，就是“千百年来人们形成的对祖国故土、对祖国山河和对祖国人民一种最深厚的感情，以及愿意为祖国奉献和牺牲

① 《习近平谈治国理政》，外文出版社 2014 年版，第 15 页。

一切的精神。”爱国主义是维护祖国统一和民族团结的坚强纽带，是实现中华民族伟大复兴的不竭精神动力，是中华民族继往开来的强大精神支柱。爱国主义是以忠诚、热爱和报效祖国为主要内容的意识形态。它包括爱国的感情、爱国的思想和爱国的行为三个层面的内涵。

关于爱国主义，习近平总书记在主持中共中央政治局第二十九次集体学习时对此发表了重要讲话。他指出：“爱国主义是中华民族精神的核心。爱国主义精神深深植根于中华民族心中，是中华民族的精神基因，维系着华夏大地上各个民族的团结统一，激励着一代又一代中华儿女为祖国发展繁荣而不懈奋斗。”[①] 可见，要打牢爱国主义的基础，就要了解历史，进行爱国主义教育非常重要。

中国共产党是爱国主义精神最坚定的弘扬者和实践者。苏区时期的红色标语中就大量包含着丰富的爱国主义内容，如“打倒帝国主义”“消灭帝国主义”“帝国主义从中国滚出去”“共产党实行驱逐一切帝国主义出中国，只有中国共产党能够救中国”“推翻帝国主义的统治，没收外国的资本的企业和银行”“统一中国承认中华民族的自决权”“只有苏维埃能够救中国”“打倒国民党，驱逐日本及一切帝国主义出中国”“工农群众团结一致配合红军作战，组织义勇军与红军联合起来打日本帝国主义去”“蒋介石、张学良、田颂尧们几十万军队，不去打帝国主义，专来打劳苦工农及红军。只有中国共产党才真正反对帝国主义，要保护中国的土地完整”等。当年这些热情洋溢的红色标语唤醒了全国人民的爱国热情，激励着无数仁人志士前赴后继反帝抗日，维护国家的主权和领土完整，维护民族团结和统一。在今天，这些热情洋溢的红色标语仍然是我们党员干部进行爱国主义教育的重要内涵。

有国才有家，爱国就是对祖国的无限忠诚和热爱。国家的繁荣兴

① 《习近平关于社会主义文化建设论述摘编》，中央文献出版社 2017 年版，第 128 页。

旺离不开亿万中华儿女的不懈奋斗，离不开中国共产党的领导。在新的历史条件下，弘扬爱国主义精神，加强爱国主义教育，正当其时。今天我们利用红色标语进行干部教育培训，可以利用红色标语中丰富的爱国主义标语内涵，吸收红色标语中蕴含的爱国主义精神，增强干部的爱国认知，增添干部的爱国斗志，使其认识到帝国主义亡我之心不会死，时刻警惕帝国主义的狼子野心，加强干部的爱国情怀，激发干部的爱国热情，为中华民族的伟大复兴添砖加瓦。

（三）有利于提高领导干部的思想道德素质和优良作风

苏区时期的红色标语蕴含着许多共产党人的优秀品质，比如艰苦奋斗的精神、率先垂范的作风、纪律严明的传统、与群众保持血肉联系的优良传统等，如标语“红军中官兵一律平等”“红军中官兵伕薪饷穿吃一样，白军里将校尉起居饮食不同”等。还蕴含着红军严明纪律的精神，如“共产党和红军不拿穷人一针一线”“红军不拿工人农民的一针一线”“红军不损坏工农一点东西”“红军绝对不拉伕不发洋财”“红军公买公卖”“红军不拉夫，不筹款，不要农民办招待”“红军不拉夫、不筹饷、不扰民！”等。这些红色标语蕴含的丰富精神资源，可以作为干部教育培训的一种重要内容。

红色标语作为干部教育培训的一种优质资源，可以帮助领导干部学习革命先辈艰苦奋斗、率先垂范、作风民主、纪律严明、密切联系群众的优良传统和作风。对照革命先辈，经常反思自己的言行，常思考哪些做得好，哪些做得不够，需要进一步提高自己，不断锤炼优秀品格，提升思想道德素质。从而加强广大领导干部对革命精神的认知，传承和弘扬党的优良传统，树立严明的纪律观念，培养良好的行为品德，养成艰苦奋斗的优良作风。

二、红色标语在干部教育培训中的运用现状

目前，虽然已经有一些干部教育培训机构运用红色标语进行干部教育培训。但是，仍然存在着一些问题，主要表现在以下几个

方面。

1. 教育资源比较单一。红色文化资源运用很少，尤其是红色标语方面。现在很多红色培训机构，包括干部学院，主要是利用革命旧址旧居比较多一些，运用红色标语进行干部教育的偏少。

2. 对红色标语的宣传与重视程度不够。红色标语的宣传没有形成一定的氛围，没有充分利用网络、报纸、微信、微博新媒体等多种途径进行有关红色标语的宣传教育。从事红色标语教学方面的教师也很少，即使有也仅仅局限于红色标语相关课题的研究，而且很少在教学中普及应用红色标语相关研究成果。

3. 对红色标语在干部教育培训中的运用不足。有些干部教育培训机构没有充分挖掘苏区时期的红色标语、红色歌谣、红色故事、红色家书等，没有将这些红色资源有效转化为干部教育培训的教学资源。①

三、红色标语在干部教育培训中的运用

根据历史的启示，要加强红色标语的运用，就得成立一支真正的研究团队，使红色标语的运用理论化、系统化，使红色标语的运用真正落到实处。要结合地方特色编写《红色标语》教材，与其他课程如《红色歌谣》《红色故事》《红色漫画》《红色家书》等一同充实和丰富干部教育培训内容。同时，要打造一支宣传讲师团队，将红色标语宣讲好。要注重教学实施和课程运用，教师在教学中可以设计相关专题，如《井冈山斗争时期红军的宣传工作》《井冈山精神的时代价值》《苏区红色标语的时代价值》等。将红色标语充实到干部教育培训中去，达到以文“化”人的目的。

中国井冈山干部学院就是充分利用井冈山及其周边不可多得的宝

① 梁晓雪：《红色标语在高校思想政治教育中的运用研究》，《现代交际》2017 年 3 月 30 日。

贵红色资源进行干部教育培训的一所国家级干部教育培训院校。学院的教学设计理念就是每一个革命旧址旧居都是一个生动的课堂，每一个现场教学点都是一部生动的教科书。在革命旧址旧居进行现场教学，通过学员的亲身体验、现实感染与现场感悟，达到提升党员干部党性宗旨、增强理想信念的目的。

井冈山行洲红军标语群旧址是国家重点文物保护单位，有红军标语30多条；在茅坪乡苍边村中国共产党湘赣边界第一次代表大会旧址，原“谢氏慎公祠”和八角楼旧址的墙壁上也有老红军贺子珍及红四军士兵委员会宣传部等写下的10多条标语；在龙市红军军官教导队旧址——龙江书院石门上有一副对联：“红军中官兵伕薪饷一样，白军里将校尉起居不同。”在朱毛红军会师纪念馆里面的一面墙壁上面，也有从原宁冈县各乡镇拓印过来的20多条红军标语。这些地方都是中国井冈山干部学院重要的现场教学点，学院许多重要班次都会到这些现场点进行现场教学活动。

有些原苏区所在地标语遗存丰富的地方，通过建设标语博物馆、标语园、红军标语碑林等形式，将分散的标语集中在一起，分类展览。如湖南省株洲炎陵县红军标语博物馆、重庆中国三峡博物馆所藏红军标语拓片展览馆、四川省巴中市平昌县中国工农红军石刻标语园等。当地政府利用这些标语博物馆、标语园、标语展览馆对干部及群众进行政治思想教育，也起到了良好的教育效果。

由此可见，在干部教育培训中，运用好红色标语资源进行干部教育，红色标语文化中所蕴含的革命先辈坚定的理想信念、真挚的爱国情怀、崇高的道德风范和优良的传统作风对于教育广大党员干部坚定理想信念，帮助他们树立正确的世界观、人生观和价值观有着很好的利用价值；而红色标语中所蕴含的正确的政策与策略，还有许多经验教训，对于当前领导干部的行政管理工作也有很大的经验借鉴价值。

第七节

红色旅游资源开发利用价值

作为一种内涵丰富的精神文化资源，红色文化需要丰富的物质载体来实现其教育意义和主导地位。发展红色旅游便是助力红色文化实现其教育意义和巩固其主导地位的一种重要方式。作为红色文化资源的重要组成部分，红色标语有着重要的经济开发价值。

根据百度百科上的定义，“红色旅游”主要是“以中国共产党领导中国人民在革命战争时期建树丰功伟绩所形成的纪念地、标志物为载体，以其所承载的革命历史、革命事迹和革命精神为内涵，组织接待旅游者开展缅怀学习、参观游览的主题性旅游活动。”

红色旅游与传统旅游相比，它是一种新型的主题旅游模式，它把红色人文景观和绿色自然景观结合起来，把革命传统教育与促进旅游产业发展结合起来。其打造的红色旅游线路和经典景区，既可以观光赏景，也可以了解革命历史，增长革命知识，学习革命精神，从而传承中国共产党的革命精神，培育新的时代精神，将革命传统文化转化成一种先进的社会主义文化。因此，红色旅游被寄予了社会功能和经济效益的双重厚望：一方面是在党员干部或者青少年等群体中加强爱国主义教育和革命传统教育；另一方面是发挥脱贫功能，促进革命老区经济社会快速发展。

目前我国红色旅游方兴未艾，一些革命老区已经较好地利用了红色资源作为推动本区域旅游经济发展的独特资源。根据人民网舆情数据中心发布的《2017 年红色旅游影响力报告》显示，“近三年，全国红色旅游接待游客累计 34.78 亿人次，综合收入达 9295 亿元。按照

《2016—2020 年全国红色旅游发展规划纲要》中提出的目标，到 2020 年，中国红色旅游年接待人数要突破 15 亿人次。”[①] 近年来，红色旅游市场规模日益扩大，总体上呈现出高速增长的态势。据相关统计资料显示，全国红色旅游出游人数从 2004 年的 1.4 亿人次增长到 2019 年的 14.1 亿人次，实现了 10 倍增长。单从游客数量上来看，红色旅游已占据国内旅游业逾 1/4 的份额，成为中国旅游业的核心组成部分之一。同时，红色旅游还带动了当地经济社会的全面发展，实现了经济效益和社会效益的协调统一。[②]

同时，还可以考虑利用好本地区独特的红色标语资源作为推动本区域红色旅游开发的一种重要资源。但是，由于红色标语资源单薄的特点，在开发中要注意整合资源，把红色标语资源与当地其他的红色资源、古色资源、绿色资源进行有效地整合，综合开发利用，以红色文化为主带动老区古迹文化、生态文化的综合开发利用，用“红”“古”“绿”三色资源共同推动老区经济的发展，为老区经济腾飞做出一定的贡献。

面对国内丰富的红色旅游资源和广大的受众市场，红色旅游与红色培训市场前景普遍被看好。但是，如何充分结合老区红色文化的丰富资源，特别是如何深入解读红色标语文化及其他革命文化的内涵，开发出形式多样化的红色文化旅游与红色培训资源，增加红色旅游与红色培训的吸引力与感染力，创新探索出一条旅游经济带动效应的红色旅游与红色培训发展之路，实现可持续发展，则是当下及未来另一道需要全面解答的命题。

本节主要论述红色标语资源可以作为红色旅游资源开发的一种利用价值，至于如何对红色标语文化资源进行开发与利用，本书第六章第三节将进行专门论述。

---

① 人民网舆情监测室发布《2017 年红色旅游影响力报告》，2018 年 2 月 26 日，人民网—舆情频道，http://jx.people.com.cn/n2/2018/0226/c186330－31284002.html.

② 参见王金伟主编：《中国红色旅游发展报告・2021》，社会科学文献出版社 2022 年版。

第六章

苏区红色标语的遗存、保护及其开发利用

苏区红色标语是中国共产党艰苦卓绝革命斗争历史的珍贵缩影，是不可再生的珍稀文化遗产。红色标语历经半个多世纪的硝烟风雨，有的在书写之后不久便被更换或覆盖，有的标语载体被岁月风雨剥蚀、人为损毁或拆除，许多珍贵的标语已经或正在不断地消失。但是，红色标语有着顽强的生命力，并没有因风雨而剥蚀，也没有因岁月而消逝。它永远被这块红色的土地悉心地珍藏着，被生活在这里的人们真挚地爱护着。这些历经磨难保存下来的红色标语遗存，既是革命前辈留给后人的一批珍贵的革命历史档案，也是中国共产党极为宝贵的一笔精神财富。

随着历史的变迁兴衰，在革命老区农村的许多红军标语遗存由于各种原因，正在逐渐消失。红色标语遗存的保护现状不容乐观，对红色标语遗存的保护刻不容缓。在中国革命战争中，扮演过重要角色的红军标语，值得人们去收集、研究和保护它。红色标语可以说是见证中国革命历史风云的红色“活化石”。今天我们学习、整理汇集和深入研究苏区红色标语，就是要传承和弘扬中国共产党革命文化，使这一跨越历史长河的优秀文化遗产得到有效的保护、开发和利用，更好地服务于社会主义先进文化大发展大繁荣，坚定文化自信，为实现第二个百年奋斗目标和中华民族伟大复兴的中国梦提供坚强思想保证和强大精神力量。

第一节

苏区红色标语的遗存

红军标语，作为一个特定的历史符号，已经深深地嵌入了苏区这片红色的土地。据记载，在 20 世纪 50 年代普查登记时，苏区的红军标语遗存还有很多。然而，由于历史上各种主客观原因，对一些苏区红色标语遗存并没有采取有效的保护措施。在历史的长河中，在静静的岁月里，很多写有红色标语的房屋出现自然倒塌，特别是一些农村进行房屋改建，拆旧建新，或是进行大规模新农村建设，很多老旧房屋被拆除，其中一些写有珍贵红色标语的房屋也被拆除，甚是可惜。到今天，保存完整清晰的红军标语锐减，遗存的只是极少的一部分。

经过当地政府党史办和文物单位的努力，在苏区仍然有一些标语被完整地保存和保护。根据本人的田野调查和现有的文献资料查询，目前这些标语主要集中在江西省井冈山市的茨坪镇行洲村、茅坪乡、桃寮乡，吉安市永新县的龙源口、石桥，吉安市遂川县的草林圩、吉安县、青原区，萍乡市莲花县的花塘官厅、阳春湖塘和营盘圩，赣州市的瑞金、兴国、宁都等地。湖南省桂东县的沙田圩、炎陵县、茶陵县、湘西南等地。福建省三明市永安县等地。广东省南雄市、大南山区潮阳县、普宁县、惠来县等地。广西壮族自治区左右江革命根据地、桂林市等地。贵州省主要分布在铜仁市、贵阳市、遵义市、黔南等地。四川省红军标语主要分布在现行政区划的巴中、达川、雅安、凉山、阿坝、甘孜，还有广元、绵阳、南充、泸州、宜宾和成都市的邛崃、大邑两县，分布地域十分辽阔，特别是石刻红军标语数量之多，堪称全国之最。重庆原来大部分地区属于川陕革命根据地和湘鄂川黔革命根据地区域，标语众多。重庆的红军标语主要分布在酉阳、黔江、秀山、彭水、石柱、綦江、北碚等县（区）。陕西省的红军标语主要分布在陕南三市（安康、汉中、商洛），除陕南外，宝鸡市的太白、凤县记载也存有红军标语。

下面具体谈谈全国苏区红色标语的遗存情况。

一、江西省

江西省的红色标语主要分布在吉安市、萍乡市、赣州市等地。

1. 吉安市。吉安是革命摇篮、红色故土，红军标语数量众多，散布在全市各个地方。据不完全统计，全市各地遗存下来的红军标语总数有 2 万多条。其中分布的地区主要有：

（1）井冈山市。井冈山是中国革命的摇篮，井冈山的红军标语数量众多，经过文物普查，井冈山现有红军标语 80 处 1000 余条。位于茨坪南边约 12 公里处的行洲红军标语群旧址，是井冈山上保存最原始、最完整和内容最为丰富的红军标语群旧址。在一幢房子的墙壁上面就有 30 多条当年红军用黑墨水书写下来的标语。2006 年，此处遗址被公布为全国重点文物保护单位。龙市和茅坪属于原宁冈县的两个乡镇，曾经是井冈山革命根据地的大本营，红军标语也很多，但是散见各地，为了保护的需要，井冈山市将散见各地的一些现存标语拓移到龙市的朱毛会师纪念馆一面墙壁上面，细数也有 20 多条。在龙市红军军官教导队旧址龙江书院石门上有一副对联：“红军中官兵伕薪饷一样，白军里将校尉起居不同。”另外，在茅坪乡桃寮村的张氏宗祠，是红军被服厂旧址。祠堂大门内是一个小天井，四周墙壁上残留着许多字迹已显模糊的红色标语，细数也有 20 多条，但由于年代久远，字迹脱落，能够看清楚的也只有 10 多条了。在茅坪乡中国共产党湘赣边界第一次代表大会旧址，原“谢氏慎公祠”和八角楼旧址的外墙壁上也有贺子珍及红四军士兵委员会宣传部等写下的 10 多条标语，现在用玻璃框保护起来了。

（2）青原区：青原区原大部分地区属于吉安县，青原区是东固革命根据地和赣西南革命根据地的中心，红色标语分布点多面广。经过文物普查，现存红军标语 2000 多条，清晰可见的有 200 多条，能辨认字迹的有 600 多条。①

（3）吉安县。在革命战争年代，吉安县是井冈山革命根据地的重

① 何新春、朱荣辉、杨文：《吉安红色标语的保护与利用调研》，《苏区研究》2016 年第 1 期。

要组成部分、赣西南革命斗争的领导指挥中心、湘赣苏区的直辖县。这里走出了46位共和国开国将军和180多位地师级以上老红军，有名有姓的烈士达10049人，为中国革命作出了巨大牺牲，是全国著名的革命老区和将军县。在浬田镇清水村委田岸上一个村就发现85条红军标语，其中还有完整的《苏维埃婚姻法》；在官田乡阳陂头村发现60条红军标语；梅塘镇中板田心村发现大字标语16条。还有安塘乡谭边村，天河镇浪栋村，永阳镇龙陂桥村，指阳乡老居老屋村，敖城镇芦富村、矿家等地均发现有少量标语。①

（4）遂川县。遂川县是井冈山革命根据地的重要组成部分，遂川县的红色标语主要集中在草林圩、营盘圩、大汾镇大汾村骑岗组张家祠堂、五斗江战斗遗址、左安镇白云村“曾家祠堂”、戴家埔乡七岭村白沙组魏姓“笃亲堂”、堆前瓜洲、于田、瑶下、左安等地。

（5）永新县。永新县是井冈山革命根据地的重要组成部分，是湘赣革命根据地中心。永新县据统计有红军革命标语1.26万余条，主要集中在龙源口大捷所在地——龙源口镇，石桥中立堂，县城商会楼旧址，任弼时故居，红六军团突围西征出发地——坳南乡牛田村等地。

2. 萍乡市莲花县。莲花县原属于吉安市，20世纪90年代初划归萍乡市管辖，也是井冈山革命根据地的重要组成部分。莲花县红色标语主要集中在湘赣省委省苏维埃政府大旧址——花塘官厅、路口镇阳春湖塘、高洲乡等地。

3. 赣南原中央苏区县。赣南等原中央苏区地跨赣闽粤，是土地革命战争时期中国共产党创建的最大最重要的革命根据地。当年，红军、苏维埃政府、地方革命武装和革命群众团体，在赣南苏区各地墙壁上书写了大量的宣传标语。目前，赣南各县市仍保存有600余条（幅）苏区时期的标语和漫画。主要集中在宁都县、崇义县、上犹县、南康市、信丰县、寻乌县、会昌县、于都县、瑞金县、石城县、龙南县、

① 吴声乐、吴子怡：《吉安县红军标语新发现》，《党史文苑》2018年第11期。

赣县、兴国县、大余县等地。而以宁都县的红军标语为最多，宁都县主要集中在小布乡赤坎村、东山坝乡大布村、肖田乡肖田村、安福乡、梅江镇耶酥堂、东韶乡、黄陂乡等地。

4. 抚州市。中央苏区时期，抚州是中国工农红军第四次、第五次反“围剿”斗争的主战场。经过文物普查，抚州市所属各县区保存有红军标语约 3000 条，涉及 62 个乡镇、300 余个行政村。其中乐安县保存最多，至今保留 2056 条（幅）红色标语或漫画，被专家学者赞誉为“红色文化宝库中的瑰宝”。

二、湖南省

湖南省的红色标语主要分布在炎陵县、茶陵县、桂东县、湘西南等地。

1. 炎陵县。炎陵县是井冈山革命根据地“六县一山”的重要组成部分，在湖南省炎陵县保存的红色标语比较丰富。据统计，全县至今保留内容完整、字迹清晰的红色标语有 151 处（组）339 条，4617 字，标语落款的部队番号达 56 个。其分布范围之广、保存数量之多、内容之丰富、部队番号之齐全，在全国首屈一指。以地处炎陵县城中心的“江家试馆”为红色标语最多。[①] 2008 年 9 月 26 日，全国第一个红军标语博物馆在炎陵县开工建设，2011 年 6 月建成并对外开放，“截至 2011 年，炎陵红军标语博物馆已揭取收藏标语 234 条（组）、就地保护 105 条（组）。”[②]

2. 茶陵县。茶陵县是井冈山革命根据地“六县一山”的重要组成部分，茶陵县红色标语主要集中在茶陵县立列宁高级小学校旧址。

3. 桂东县。桂东县是井冈山革命根据地的重要组成部分，1928 年

① 贺吉元：《定格在炎陵大地上的红军标语》，《中国档案》2008 年第 1 期。

② 来源：炎陵红军标语博物馆，搜狗百科，https://baike.sogou.com/v70097382.htm?fromTitle=%E7%82%8E%E9%99%B5%E7%BA%A2%E5%86%9B%E6%A0%87%E8%AF%AD%E5%8D%9A%E7%89%A9%E9%A6%86.

4月，毛泽东在桂东沙田颁布了著名的“三大纪律、六项注意”（后发展为“三大纪律、八项注意”）。桂东县红色标语主要集中在沙田圩、龙溪、东水等地。

4. 湘西南地区。第二次国内革命战争时期，在湘西部就建立了湘鄂西、湘鄂川黔等革命根据地。湘西南由于地处偏僻、经济相对落后，因而至今仍留存了一部分完整的传统村落，同时也保留了许多珍贵的红色标语。“主要在绥宁、城步、洞口、通道、凤凰、洪江、辰溪、沅陵、桑植等地的传统村落中，传统古建的墙壁上还保留着一些红色标语。”①

三、福建省

福建省的红色标语主要分布在三明市永安县等地。

永安是中央苏区鼎盛时期的重要组成部分。经过文物普查，永安现存红军标语分布在全市11个乡镇的100多个村庄。“据不完全统计，全市现有标语存量在千条以上，2万多字，漫画12幅，留言4条。”②

四、广东省

广东省的红色标语主要分布在南雄市、大南山区潮阳县、普宁县、惠来县等地。

1. 南雄市。“至今在南雄市水口、梅岭、南亩等镇的10多个村子保存下来100多幅红军标语。有部分标语采用科技手段揭下送南雄市博物馆专门兴建的‘红军标语廊’永久珍藏。至今，南雄各地保存较好的红军标语有40多处计104幅（条），堪称广东省内现存红军标语

① 谢旭斌、叶子雅：《湘西南传统村落景观中红色标语的文化传承研究》，《井冈山大学学报（社会科学版）》2018年第2期。

② 张丽华、刘启宏：《福建永安新发现千条红军标语》，《福建党史月刊》2012年第1期。

保存最多最好的县（市）之一。”① “红军标语中，保存较好的已被揭下 24 幅，内容形式多为歌谣、漫画、布告、广告等。新建的独特走廊——红军标语廊已成为爱国主义的教育基地。”②

2. 大南山区。大南山是广东省著名的革命根据地之一，处于潮阳、普宁、惠来三个县之间。“根据调查，共发现石刻革命标语五十三条，主要分布在潮阳县红场公社的大溪坝、大陂、叠石、潘岱等村，在路旁的二十三块大石上刻有三十六条标语，普宁县汤坑生产队的金斗石、糯田尾等地，在大块石头上刻有九条标语，惠来县璞岭村往普宁汤坑的路旁，四块大石上刻有八条标语。”③

五、广西壮族自治区

广西壮族自治区的红色标语主要分布在左右江革命根据地、桂林市等地。

1. 左右江革命根据地。“左右江革命根据地位于广西西部左江、右江和红水河流域大部地区，是第二次国内革命战争时期中国共产党创建的根据地之一。”④ “目前可查到的红军标语有 160 条左右。主要包括红七军在百色写的标语共 4 条，红七军在河池写的标语 80 多条，红七军在田东平马镇写的标语共 4 条，东兰宣委写的标语 57 条，红七军北进途中写的标语共 15 条。”⑤ 其中河池红军标语楼（也称红七军河池宿营地旧址）的墙壁上留下了当年红军书写的标语 55 条，漫画 6 幅，因而被誉为“全国红军标语第一楼”。2006 年 6 月 25 日被列为国

---

① 《南雄市抢救“红军标语”》，《新文化史料》2000 年第 3 期。

② 晨钟：《红军标语世代珍藏》，《源流》2000 年第 3 期。

③ 黄玉质、吴振华：《广东大南山革命根据地的石刻标语》，《文物》1964 年第 11 期。

④ 来源：百度百科，左右江革命根据地，https://baike.baidu.com/item/%E5%B7%A6%E5%8F%B3%E6%B1%9F%E9%9D%A9%E5%91%BD%E6%A0%B9%E6%8D%AE%E5%9C%B0/8482472?fr=aladdin.

⑤ 胡耀南：《百色起义期间的标语研究》，《党史博采（理论）》2012 年第 1 期。

务院国家重点文物保护单位。[①] 另外，在宜州市怀远镇有部分红七军标语，位于宜州市公安局怀远镇派出所的木制墙壁上。

2. 桂林市。迄今，在桂北已发现红军标语超过了 100 条。主要分布在桂林市灌阳县文市镇、水车乡，桂林市龙胜各族自治县马堤乡、平等乡、泗水乡，桂林市兴安县金石乡、华江乡等地。[②]

六、贵州省

贵州省的红色标语主要分布在铜仁市、贵阳市、遵义市、黔南等地，目前保存红军标语数量较多的地区主要有：

1. 石阡红二、六军团总指挥部旧址红军标语。在铜仁市石阡县城天主堂内的南楼，共有标语 18 条，漫画 3 幅。

2. 开阳马头寨红军标语。“在一些民居外墙和内壁上用墨笔书写有 10 多条标语。”

3. 枫香溪会议会址红军标语。“红军宣传员在砖墙内外书写了大量标语，直到 20 世纪 70 年代，许多标语依然完好。”[③]

4. 遵义红军标语。遵义 14 个县区市，大多数县市都有红军标语分布。特别是在“习水、桐梓、仁怀、遵义县之鸭溪、枫香、花茂、马蹄、泮水留下的标语更是数不胜数。”[④]

5. 黔南红军标语。红军长征过黔南期间，沿途书写了很多标语。主要分布在荔波县、瓮安县、福泉县、长顺县、贵定县、惠水县等地。[⑤]

---

① 黄勇樽、赖海丽、蒙妙：《河池镇红军标语楼的红色文化意蕴》，《教育观察》2016 年第 9 期。

② 黄利明：《红色历史的见证——桂北的红军标语》，《当代广西》2011 年第 13 期。

③ 吴正光：《贵州高原的红军标语》，《理论与当代》2005 年第 5 期。

④ 闵廷均、颜永强：《红军长征在遵义时的标语探析》，《遵义师范学院学报》2010 年第 6 期。

⑤ 孙平：《黔南红军标语的调查、保护与开发利用》，《黔南民族师范学院学报》2009 年第 5 期。

七、四川省

“四川省地区红军标语主要分布在现行政区划的巴中、达川、雅安、凉山、阿坝、甘孜，还有广元、绵阳、南充、泸州、宜宾和成都市的邓味、大邑两县，分布地域十分辽阔。特别是石刻红军标语数量之多，堪称全国之最。根据普查资料统计：川陕革命根据地的石刻红军标语现存 2213 条、石刻文献 4 件、书写（用石灰、土红、烟墨等）墙头标语及文告 80 余幅。”①

1. 阿坝藏族羌族自治州。现存各类红军标语 450 条，其中石刻标语 181 条、石刻楹联 2 对、墨书墙头标语 86 条、木板标语和树标 166 条。征集保存红军油印纸质标语 15 条。

2. 凉山州。根据文物普查资料登记表的统计，现存红一方面军在凉山州墨写标语 29 条，在泸州古蔺墨书或用土红书写标语 13 条。现存中国工农红军川南游击纵队在宜宾地区的筠连、兴文、长宁三地墨书标语 14 条，在泸州的叙永墨书标语 13 条。

3. 雅安市。雅安地区现存红军第一、第四方面军各类标语 142 条，其中墨书墙头标语和木板标语 58 条、石刻标语 84 条。

其中以芦山县居多，“原有石刻标语 43 处 62 条，现存野外 6 处 18 条，馆藏 21 件 26 条；书写标语 33 处 50 条，现存野外 5 处 5 条。”②

4. 成都市。“成都市的邛崃、大邑两地现共存红军石刻标语 14 条，其中邛崃 13 条、大邑 1 条。”③

5. 巴中市。（1）平昌县。“收集了 1600 余幅以石刻为主体的标语，建成目前国内规模最大的中国工农红军石刻标语园。其中平昌县本地一幅大型标语原件‘拥护中华苏维埃共和国中央政府—西北军区

① 《川陕根据地革命文化史料选编》，三秦出版社 1996 年版，第 9 页。

② 周曰琏：《芦山留存的红军标语及其价值》，《四川文物》1996 年第 2 期。

③ 陈必：《四川地区红军标语的研究》，《四川文物》1999 年第 5 期。

政治部’于2013年被评为全国重点文物。”[①]

（2）通江县。通江县“至今还完整保存着1300多幅红军时代的石刻标语，其中以‘赤化全川’最著名。‘赤化全川’位于通江县沙溪乡左侧红云岩上，岩顶部刻有‘赤化全川’四个大字，字高5.5米，宽4.7米，笔画深0.35米，宽0.7米，里面可卧一人，字间距为7.1米，字迹工整，笔力遒劲。1934年春，红四方面军总指挥部錾字队选此高岩，由当地一张姓教师写了‘赤化全川’四个大字，3月开工，7月刻成。”[②]

6. 广元市。（1）旺苍县。“至今保存下来的红军石刻标语仅310多条。”[③]

（2）剑阁县。“至今保留的红军标语石刻44幅。其中在秀钟乡青岭村大路河一带，就保存有23幅红军留下的石刻标语。”[④]

7. 达州市。达州作为川陕革命根据地的主战场，在川陕苏区时期红军曾镌刻了大量石刻标语。[⑤] “据2007—2011年达州市第三次全国文物普查，境内留存红军石刻标语约600幅。”[⑥]

八、重庆市

重庆原来大部分地区属于川陕革命根据地和湘鄂川黔革命根据地区域，标语众多。重庆的红军标语主要分布在酉阳、黔江、秀山、彭水、石柱、綦江、北碚等县（区）。

“重庆中国三峡博物馆所藏红军标语拓片数量众多，馆藏这批红军标语拓片共计286件，最大者长334厘米，宽72厘米，最小的长19.5

① 《巴山深处的爱国主义教育基地——中国工农红军石刻标语园》，《国防》2015年第11期。

② 《全国最大的红军石刻标语》，《军队党的生活》2010年第6期。

③ 王强、王雪珺、李单晶、彭剑：《从旺苍红四方面军石刻标语的战略作用及保护现状看红军长征路线申遗的必要性》，《毛泽东思想研究》2013年第2期。

④ 田中锦：《大路河红军石刻标语》，《中国老区建设》2016年第11期。

⑤ 郑丽天：《达州红军石刻标语概述》，《四川文理学院学报》2014年第4期。

⑥ 唐琼：《川陕革命根据地研究评述》，《四川文理学院学报》2012年第3期。

厘米，宽 12.5 厘米，约有 1 万余字。原石大多是红四方面军在建立川陕革命根据地时期所镌刻的。”①

九、陕西省

根据 20 世纪 80 年代不完全统计，“陕西地区曾保存有石刻标语 129 条，墨书标语 91 条。由于各种原因，现存的石刻标语仅 39 幅，墨书标语仅 10 幅，新增石灰标语 2 幅。其中，39 幅石刻标语分散在汉中的南郑、宁强、镇巴三地，10 幅墨书标语分散在镇巴、西乡、留坝、太白、旬阳，2 幅石灰水标语分散在城固。”②

据地方志资料记载，陕南三市均留有红军标语，《安康地区志》记载红二十五军在安康地区留有墨书标语 16 条；《汉中市志》记载宣传标语全区现存 100 多条，分石刻和墨书两种。石刻标语集中在南、镇、宁 3 县，其他县多为墨书。《商洛·丹凤县志》记载存有蓝淀刷写的大幅标语。除陕南外，宝鸡市的太白、凤县也记载存有标语。

其中汉中市的红军标语比较多。据 20 世纪 80 年代调查，当时汉中共有 449 条墨书和石刻红军标语。由于各种原因，目前“在汉中市的镇巴、西乡、南郑、勉县、宁强等县，保留至今的红军标语仍有 121 条。”③ 其中在南郑县碑坝区的朱家坝和程家坝，就有石刻标语 61 条、墨书标语 4 条，主要分布在碑坝镇的前进（原名朱家坝）、荣华村和福成乡（程家坝）的底坪村。

十、其他地区

其他的红色标语遗存大都散见于原苏区各个县的各个乡镇农村，有些比较零星，比较分散。这些标语遗存，有些已经被当地文博部门

---

① 张蕾蕾：《石头上的丰碑——馆藏红军标语拓片一瞥》，《文物天地》2016 年 10 月 1 日。

② 崔梦鹤：《陕西地区红军标语保存现状及保护对策研究》，西北大学硕士学位论文 2018 年。

③ 左汤泉：《汉中地区红军石刻标语初识》，《汉中师院学报（哲学社会科学版）》1990 年第 2 期。

很好地保护起来。但是，有些零星标语散见于农村各个偏僻的村落，由于各种原因，无法科学地保护，有些标语遗存已经或正在消失，红色标语遗存的保护现状不容乐观。

第二节 苏区红色标语遗存的保护

苏区红军标语及其遗存是中华民族一笔宝贵的精神财富，是不可再生的物质文化遗产，蕴涵着丰富的革命精神和厚重的历史文化内涵。科学地保护红色标语等红色文化遗产，对于加强革命传统教育，培育民族精神，带动革命老区经济社会协调发展，具有重要的现实意义和深远的历史意义。但是，由于各种原因，苏区许多珍贵的标语遗存不复存在了，苏区红色标语遗存的保护现状不容乐观。加大对苏区红色标语遗产的保护力度，抢救、保护红色“活化石”，留住不能忘却的红色记忆，刻不容缓。

一、苏区红色标语遗存是珍贵的红色文化遗产

“红色文化遗产是指从中国共产党成立至解放前夕 28 年革命战争时期的重要革命纪念地、纪念馆、纪念物、红色标语、红色歌谣、红色故事等物质文化遗产及其所承载的革命精神遗产”。[①]

红军标语，和其他红色文化遗产一样，记载着中国共产党艰苦卓

① 来源：红色文化遗产，搜狗百科，https：//baike. sogou. com/v73893833. htm? fromTitle=%E7%BA%A2%E8%89%B2%E6%96%87%E5%8C%96%E9%81%97%E4%BA%A7.

绝斗争的丰功伟绩，铭刻着工农红军叱咤风云的战斗历程，承载着共产党和红军的光荣和梦想。每一条标语就是一座历史的丰碑，它们都是生动的革命传统教育的好教材，是一笔宝贵的红色历史文化遗产。

1. 苏区红色标语遗存是珍贵的政治与历史遗产。红色文化遗产具有重要的政治意义和历史意义。苏区红色标语及其遗存是中国共产党在艰苦卓绝的革命斗争中形成的，是老一辈无产阶级革命家留给我们的一笔宝贵的政治与历史遗产，是我们研究党史、军史、革命史、革命文化史的宝贵史料，许多标语都能佐证中国共产党革命斗争的重要历史人物和历史事件。

2. 苏区红色标语遗存是丰富的精神遗产。苏区红色标语承载着共产党人的初心和使命，是革命先辈留给我们的一笔宝贵精神财富。其价值功能不仅彰显在革命历史时期，更体现在对现实社会的深远影响。它为新时代的中国共产党人和广大人民群众提供了丰富的精神营养，成为今天进行爱国主义教育、革命传统教育、社会主义精神文明建设的生动教材。其承载的革命精神，也是新时代中国共产党人不竭的精神动力。

3. 苏区红色标语遗存是精美的建筑艺术遗产。红色标语遗产大多依附在深富特色的建筑上，这些建筑，历史悠久，基本上都有上百年的历史，“在构图、比例、尺度、色彩、质感和空间感，以及装饰、绘画、雕刻、花纹、庭园、家具陈设等方面都有着自己的特色，是一本活生生的建筑艺术史”。[①] 因此，保存、保护好红色标语遗存，在一定程度上也是保护中华民族精美的建筑艺术遗产。

4. 苏区红色标语遗存是宝贵的文化遗产。红色标语从学科的角度来说，它属于民间文学楹联歌谣类型中的“时政歌”，是一定时期的文化在民间的艺术反映。红色标语、漫画与红色歌谣等是革命战争年代红色文化在农村传播的主要途径。今天，通过充分吸取红色标语文化

① 张勇：《铜仁地区的红色文化遗产》，《铜仁日报》2009年2月14日。

的丰富营养，可以丰富红色革命文化的内涵，为新时代社会主义先进文化的传承与发展拓展一个新的渠道。

习近平总书记对于文物保护和红色标语保护非常重视，2016 年 2 月，他在江西视察时特别指示对革命遗址和红色标语要保护好利用好。

苏区红色标语遗存是珍贵的红色文化遗产。我们要认真学习贯彻习近平总书记关于文物保护、标语保护的重要指示和讲话精神，不遗余力地加大红色标语等红色文化遗产及遗存的保护力度。

二、苏区红色标语遗存保护刻不容缓

苏区红色标语遗存是中国革命历史的“活化石”，它们见证了老一辈无产阶级革命家的政治追求和价值取向，是启发苏区人民阶级觉悟、凝聚广泛社会力量的重要工具，必须高度珍惜、加强保护、科学利用。但是，由于各种原因，苏区许多珍贵的标语遗存不复存在了，苏区红色标语遗存的保护现状不容乐观。其主要原因表现在以下几个方面。

一是红色标语遗产保护意识比较淡薄，导致保护投入严重不足。有些地方政府由于经费紧张，觉得红色标语保护既费钱费力，又没有很大的经济效益。因此，不愿意对红色标语的保护进行过多的投入，导致保护经费投入严重不足。有些地方的文博管理部门和管理者由于认识上的差异，很少将红色标语提高到苏区文物的高度来重视，不愿意去收集，更谈不上去想方设法保护。有些老区的部分群众对革命文物比较淡薄，特别是改革开放以来，受市场经济的影响，有些老区农民认为红色标语没有多大价值，因而保护使命感和责任感淡化，对红色标语保护意识并不高。

二是由于新农村建设的推进，导致大量红军标语被毁。苏区的红色标语遗存大部分是在农村一些破旧的房屋墙壁上。近 10 余年来，党中央加快老区建设，对于新农村建设投入了大量的资金，有些地方重点整治空心房，有些老旧房屋被拆掉了，昔日老区旧城面貌已焕然一新。因此，许多农村写有红军标语的旧房也被拆了，特别是在城镇和公路沿线的乡村，红军标语几乎荡然无存。有些边远山村的标语，也随着农民致富后的建新房热潮，逐渐退出人们的视野。

三是由于专职人员不足，且专业知识匮乏，导致红军标语保护不够。长期以来，很多老区的县市由于经费和编制的影响，文博部门空挂一块牌子，没有配备专职人员，一般是安排一些兼职人员兼任，根本没有时间与精力抓好红色文化遗产的保护与传承；有些地方的文物和党史部门成了退居二线干部的安置机构，高素质的专业人才引不进来，队伍老化问题、专职人员及专业人才严重不足问题等广泛存在；业务人员接受培训和继续教育不足，难以适应新形势下保护工作中技术性、学术性、实践性较强的工作等，这些现实问题严重制约了红色文化资源的保护、开发、利用与可持续发展。

四是由于历史久远，房屋老旧而自然损毁，导致许多红军标语脱落。目前还有许多红色标语遗存在一些农村比较偏远的地区，分布较零散，位置较偏僻，加上没有及时揭取、修复或保护。因此，就这样暴露在大自然，风吹日晒雨淋，经过岁月的侵蚀与自然风化，许多标语已经或正在逐渐脱落消失。如井冈山市茨坪镇行洲村，在一户主叫李足林、李开林两兄弟一幢房子的墙壁上，有一幅 15 米长的巨幅标语“红军是为劳苦工农谋利益的先锋队”，这条标语是井冈山时期红军写下的，这幢房子是清朝嘉庆年间的，历史悠久。房子目前仍然在农民手中，由于年久失修，目前房子后面已经倒塌了，屋顶也已经露天漏水了，雨水渗透土坯墙，房子已经成了危房。据说井冈山市政府委托井冈山革命博物馆已经与房子的主人洽谈好几次了，由于各种原因，购房事宜都没有协商下来。这幢有着近 200 年历史的老房子将面临着随时坍塌的危险，房子上面珍贵的红军标语就有可能面临着随时消失的危险，这个现状令人非常担忧。

有专家预言，“如果对于苏区现有遗存的一些零散的标语不及时进行加固、修复、揭取或转移，20 年之内，这笔珍贵的红色文化遗产将会损失殆尽”①。曾经在中国革命战争史中扮演过重要宣传角色的红军标语，值此存亡之际，应该热切呼吁全社会的人们来关注、收集、研究和保护它。

三、苏区红色标语遗存保护的对策

加大对苏区红色标语遗产的保护力度刻不容缓。笔者经过调研与思考，建议从以下几个方面加大对苏区遗存的红色标语资源保护力度。

（一）必须树立苏区红色标语遗产保护观念

苏区红色标语遗产资源是革命先辈留给我们的宝贵精神财富，红军标语是我们研究党史、军史、革命文化史的宝贵史料，许多标语都能佐证我们的重要历史事件。但现在人们还很少将红军标语提高到苏区文物的高度来重视，很少收集，更谈不上保护。边远山村的标语，也随着农民致富后的建房热潮，逐渐退出人们的视野。形势逼人，时不我待，要求各级政府部门要把红色标语普查和保护利用提高到贯彻落实习近平总书记重要指示精神，提高到加强社会主义革命文化和先进文化建设的高度来认识，将红色标语普查和保护利用这项工作提上议事日程，加紧研究讨论，认真贯彻落实，严格监督执行。文物保护部门和文化管理部门要牢固树立红色标语遗产保护观念，加大对红色标语等红色文化遗产保护的宣传，提高人民群众对红色标语文化遗产保护重要性的认识，增强全社会的文化遗产保护意识。

（二）要发挥各级政府的主导作用

各级地方政府在红色标语保护中应该扮演重要角色，起到主导作用，这是政府义不容辞的责任。具体来说各级地方政府要成立专门机构，主要领导亲自挂帅，组织足够的专门人员，这是开展红色标语保护工作的组织条件；要制定相关红色标语保护政策，从政策上对于红色标语进行保护，这是开展红色标语保护工作的政策条件；要提供充

① 王卫斌：《红色活化石》，《政协天地》2010 年第 1 期。

足的资金支持与保障，设立红色标语保护利用专项资金，以利于长期保护红色标语，这是开展红色标语保护工作的资金条件；要加强对红色标语遗产的保护利用，对现存的红色标语遗产保护要予以积极地普查、管理、保护与利用，这是开展红色标语保护工作的基础条件；要认真落实保护责任，县级文物行政部门（县文广新局、县史志办、纪念馆）要履行好本辖区内的红色标语保护的主体责任，设区市文化（文物）行政部门要履行好督促检查责任，这是开展红色标语保护工作的必要条件。

江西省是红军标语数量大省，江西省委、省政府在红军标语保护工作方面也做得比较成功，值得学习与借鉴。

为贯彻落实好习近平总书记 2016 年 2 月视察江西时对江西工作的重要指示精神，特别是习近平总书记提出对革命遗址和红色标语要保护好、利用好的指示，2016 年 11 月 30 日，江西省文化厅和旅游厅专门发文《关于做好红色标语普查和保护利用专项工作的通知》，要求各设区市文化（文物）局成立专门工作机构，拨出专项资金做好该项工作。在全省范围内开展红色标语普查和保护利用专项工作，并采取有效的保护利用措施。[①]

江西省铜鼓县是毛泽东领导秋收起义的发源地之一，是湘鄂赣革命根据地的重要组成部分，拥有深厚的红色文化积淀，留存了内容丰富、形式多样的红色标语资源。铜鼓县人民政府接到省文化厅《关于做好红色标语普查和保护利用专项工作的通知》后，非常重视该项工作，立即开会研究贯彻落实与具体部署。县政府办公室于 2017 年 4 月 1 日专门印发了一个文件——《铜鼓县红色标语保护利用试点工作方案》，[②] 读者如果有兴趣，可以上铜鼓县人民政府网站查询。这种政府主导保护苏区标语遗产的做法非常好，值得学习、推荐与推广。

---

① 《关于做好红色标语普查和保护利用专项工作的通知》，江西省文化和旅游厅网站，http：//www.jxwh.gov.cn/zwgk/tzgg/201611/t20161130_1300311.htm.

② 铜鼓县人民政府网站，http：//www.tonggu.gov.cn/news－show－15074.html.

从2016年2月习近平总书记视察江西作出重要指示以来，江西省委、省政府认真贯彻落实习近平总书记重要指示精神，扎实开展红色标语普查与保护工作，取得了一定的成绩。2019年7月上旬，江西省文化和旅游厅在乐安县召开全省红色标语保护利用工作现场推进会，会议旨在认真落实习近平总书记视察江西重要讲话精神，交流红色标语保护利用试点经验，部署下一步全面推进红色标语保护利用工作。现场推进会标志着江西省红色标语保护利用工作正式进入全面铺开阶段，红色标语保护利用工作高质量、有特色、走前列，取得了看得见的明显成效。

还有在红军标语遗存保护方面，做得比较出色的是湖南省炎陵县委、县政府。早在20世纪60年代初，炎陵县文物管理所的同志就在普查的基础上，对一些重要标语用玻璃木框封盖加以保护。1990年，炎陵县文物部门对境内的红军标语又一次进行了大普查，用了一年的时间，行程1400多公里，对全县遗存的红军标语进行调查登记工作，并采访有关人员、查阅有关资料。甄别标语的书写时间和单位，建立档案。及时对有代表性的红军标语作了影像保存。2003年，在中国文物研究所专家的指导下，对房屋濒临损毁、倒塌的59条红军标语进行了抢救性揭取迁移，全部入库建档。2004年，又完成了省级文物保护单位红军标语楼——江家试馆内外墙面所有标语的揭取、修复、加固和复贴上墙，对标语实行就地保护，对试馆进行了整体维修。国家文物局在2001年和2002年两次专门下拨60万元经费支持炎陵县抢救性揭取红军标语，从而使234条（组）常年在外风吹日晒且附着物面临毁损的红军标语得以及时揭取并入室保护。目前已揭取收藏标语234条（组）、就地保护105条（组）。特别是为了从制度上对红军标语加以保护，炎陵县已研究修订了《红军标语抢救保护实施方案》，采取了一系列抢救保护措施。目前炎陵县保留着内容清晰、字迹清晰的红军标语339条，其中揭取234条，就地保护105条。2011年6月，建成了全国唯一的红军标语专题博物馆。红军标语博物馆占地1.4万平方米，博物馆共分三层，设有序厅、8 个展厅、多媒体展示厅、文物库房等，共收藏红军标语 234 条（组）。[①]

（三）要重视苏区标语保护相关专业人才培养

红色标语遗产资源的保护是一项技术性、学术性、实践性很强的工作，离不开智力支持。要努力建设一支规模宏大、素质较高的文化与文物工作者队伍，开展红色标语普查、清理工作和学术研究，为红色标语资源的保护、开发与利用打下坚实的人才基础。

（四）要动员全社会力量参与苏区标语保护工作

要建立全社会参与的保护与开发体系，争取多方参与，动员全社会力量资助红色文化文物保护事业，参与红色遗产保护。要加强红色标语的宣传工作，在全社会积极开展红色标语认保工作，动员党、政、军、工、青、妇、学校等单位、团体和个人踊跃认保红色标语。同时，要鼓励个人、集体、企业、部门等利用多种形式，投资文化遗产保护，培育多元化投资主体。在保护的基础上，充分利用市场机制，采取灵活的政策措施，引导各类企业、社会组织参与红色文化遗产地的统一开发经营建设，以使投资者获取一定的投资回报。

（五）要加紧做好苏区标语遗存普查工作

要集中人力、物力、财力，采取切实有效的措施开展红色标语的普查工作。要抓好普查任务落实，按照依附在文物建筑上、依附在非文物建筑构筑物上和已入馆藏三种不同形式红色标语进行普查，对红色标语进行辨识归类，摸清家底，摸清红色标语的种类、数量、规格、书写内容、分布区域、依附载体类别、依附载体保护级别保管权归属及保存情况，按要求填写三种普查表格，做到心中有数。要做好红色标语普查数据的汇总上报工作，及时报送普查数据，将全部普查数据报省级文化和旅游厅文物保护处。普查过程中要注意建立红色标语记录档案和影像档案，发现红色标语，先进行照相，对集中成片的红色

① 贺吉元：《定格在炎陵大地上的红军标语》，《中国档案》2008 年第 1 期。

标语，要进行摄像，保留第一手图片和视频资料。图片要足够清晰，便于后期辨识标语内容；视频要能反映出红色标语在所依附建设物、构筑物上的位置，红色标语群整体情况，以及周边环境状况。要认定红色标语级别，尤其是依附在非文物建筑上的红色标语，依据馆藏文物定级标准进行定级，并根据红色标语级别和保护情况制定科学保护措施，做好合理利用。

（六）要加紧做好苏区标语遗存保护工作

对于如何妥善保护“不能再生产”的苏区红色标语遗存，仍然存在许多问题。有学者建议对散落民间的苏区红色标语，要尽快发现、搜救、整理，采取摄像、摄影、拓印等办法加紧收集。

如何加大对苏区红色标语及其遗存地的修缮、恢复和维护，本书提出以下几种办法以供参考。

1. 就地保护。对于写在书院、祠堂、会馆及一些大型古建筑上面的苏区红色标语，“这类建筑，历史悠久，规模宏大，建筑工艺精湛，具有一定的历史价值和艺术价值，其墙壁上的红军标语，多与建筑物一并公布为文物保护单位，受到了保护。”①

如井冈山市行洲红军标语群旧址，大量的红军标语就集中在一幢户主叫李焕湘的房子墙壁上面，这种情况下，就好保护。1973 年，行洲红军标语群旧址被文物工作者进行文物普查时发现；1982 年，井冈山革命博物馆对写有红军标语的干打垒房屋进行了修复保护，并派专人进行管理。1988 年 9 月，被列为井冈山市文物保护单位；2000 年，被列为江西省重点文物保护单位；2006 年 5 月，被列为全国重点文物保护单位。现存这栋房子由井冈山革命博物馆派专人进行保管，国家经常出资维修，所以，这栋房子现在看来保护得非常好，墙壁上的 30 多条珍贵的红色标语也保存完好。井冈山市茅坪乡谢氏慎公祠，是中国共产党湘赣边界第二次代表大会旧址，也是全国重点文物保护单位，

---

① 吴正光：《进一步做好红军史迹保护工作》，《中国文物科学研究》2016 年第 2 期。

墙壁上面有许多据说是当年贺子珍等人写下的红色标语，这些标语也保存完好。

特别要注意的是，保护红军标语，要保持原貌。按照习近平总书记的重要指示，要修旧如旧，保留原貌，防止建设性破坏。为方便参观，可写说明牌。如要修补，必须慎重，由专业人员进行，不得损坏原有风貌。

对没有列入国家保护的建筑物，且墙体完好、字迹清晰的红色标语，要求当地村民就地保护，不能随便拆除，更不能用涂料等粉刷、覆盖，同时组织专业技术人员进行复原技术保护处理，再现其历史风貌。如井冈山市运用高科技保存红色标语，是一个有益的尝试。据相关报道，“井冈山大学化学化工学院与同济大学古建筑方面的专家合作研究攻关，开展了一项墙体标语保护课题研究。专家们深入基层，走村串户，实地勘查，比对校检，最后选择在井冈山市下七乡上七村刘氏宗祠进行墙体标语保护试验，把复合配方化学试剂渗透到墙体，让标语墙面更加坚实，标语字迹更持久。从目前的试验结果来看，保护效果十分明显。这项课题在全国是首例，将填补墙体标语保护方面的一项空白，极大地减少了标语保护的施工难度，有效地降低了标语保护经济成本，科学地保存了红色文化的历史遗存”，[①] 这种就地保护红军标语的经验与技术值得借鉴和推广。“赣州市文物保护部门也组织了专业技术人员对赣州市章贡区沙石镇吉埠村大塘面村民旧宅的 9 条红军标语采取原址保护的措施，取得了很好的效果。”[②]

2. 征集入藏保护。有些写在木板上的红军标语，可以拆卸搬运的，应该由文物部门征集入馆藏，得到妥善保护。

3. 揭取集中保护。有些写在砖墙、夯土墙、篾条墙上的红军标语，由于房屋容易倒塌或需要改建而难以保存。对于这种标语，应该

---

① 熊彤：《井冈山的红色标语》，江西人民出版社 2016 年版，第 213 页。

② 尚守庆：《红色标语——中央苏区标语口号收藏集锦》，解放军出版社 2018 年版，第 368 页。

由文物部门的专业技术人员从墙体上完整地将红军标语揭取下来，送到博物馆进行集中保管，并陈列展出。笔者建议，可利用某处红军史迹，将揭取下来的标语集中起来，建立“红军标语漫画博物馆”“红军标语园”“红军标语碑林”“红军标语漫画陈列室”等。这样集中馆藏的标语，既可以得到妥善保护，也可以展览，对于党员干部，可以进行党性教育，对于人民群众，则可以进行爱国主义教育，达到了多种目的。

比如位于井冈山市龙市镇的朱毛会师纪念馆，是全国重点文物保护单位。在朱毛会师纪念馆里面，专门开辟了一整面墙壁，上面全部是从井冈山市龙市镇各个乡村揭取拓印过来的红军标语。

还有赣州市采取抢救性墙体揭取异地保存的办法。据报道：江西省赣州市文化广播新闻出版局领导亲自率领赣州市文物局、赣州市博物馆专业技术人员，两次深入赣州市南康区隆木乡瑞坑村，对当地村民邓仁峰家旧宅墙上的红军标语采取了揭取保护措施，将 11 条大幅苏区红军标语（平均每条约 1.8 平方米）全部完整地从濒临倒塌的危房墙面上揭取下来，并安全运抵赣州博物馆。同时还聘请广东省文物保护专业人员亲临现场进行技术指导，将揭取的墙体标语制作成展览版面。具体揭裱保护措施是：在有关专家的指导下，对危房墙面上的红军标语进行抢救性的保护揭裱工作之前制订抢救保护方案。第一步：对居民墙面上需要揭裱的红军标语先进行技术保护，在墙体标语上先粘贴上宣纸后再加上白色棉布与之形成一体，待稍干后即用切割设备沿四周墙体（具体深浅应根据现场情况而定）切开后把墙面与标语保护层取下，再把正反面揭裱下的标语用大型护板上下固定后待做进一步清理。第二步：先清除掉揭裱下标语背面的原建筑泥沙等杂物，再在周边加装铁制固定框架。在背面填充专门配制的固化物使其形成保护层，经固化后再揭去标语表层临时保护层，制成展板，这样使该揭裱后的苏区红军标语就可以永久性保存了。

4. 数字化保护。数字化保护与保存苏区红色标语也是当前一种可行的科学工作方式。“通过数字化保护能更好地整理、收集、记录红色标语的详细信息，可以突破革命文物保护相关问题的局限性，打破在展示、收藏、保护等管理机制、工作方式上相对滞后的传统手工作业状态，更为安全和长久地保存这些优秀的民族文化资源。”①

在当前，随着信息技术的不断成熟，数字化保护红色标语应该成为现有红色标语遗产保护的一种重要手段。对于那些写有红军标语而又不得不拆除的墙壁，事前要进行科学测绘，对标语、漫画进行拍照、摄像、临摹，编制出完整的科学记录档案，进行数字化保存。

红军标语的数字化保护是一种更加有效的方式，这种保护方式具有以下几个优点：“一是信息管理成本低、占用的物理空间小，可以方便灵活地进行图文声像与数字信息的双向转换；二是高速、便捷地通过网络进行传输，可以迅速地根据需求进行检索调用；三是通过线上线下数字化展示，让标语活起来，方便观众从中汲取精神营养。”②

据江西省抚州市政府网站报道，乐安县大力开展红军标语数字化保存工作。乐安县在前期保护工作的基础上，立项申请 200 万元作为数字化保存资金，对红军标语开展数字化保存工作。“将一些近现代重要标语进行整理、归类，转化为数字化格式，保存于计算机硬盘、光盘等物质介质中，使人们能够在不动用实物的情况下，通过网络和计算机清晰地全方位地参观和感受文物载体。”③

（七）苏区标语遗存保护模式——江西省红色标语遗存保护的五种典型模式

江西是一片充满红色记忆的红土地，是著名的革命摇篮所在地，江西的红色标语资源非常丰富，所以，习近平总书记非常重视，2016 年 2 月视察江西省时还特别强调要保护好利用好红色标语。江西省委、

---

① 卢丽刚、时玉柱：《红色文化遗产的数字化保护》，《菏泽学院学报》2009 年第 4 期。

② 卢丽刚、时玉柱：《红色文化遗产的数字化保护》，《菏泽学院学报》2009 年第 4 期。

③ 《乐安县大力开展红军标语数字化保存工作》，抚州市政府网站，2018 年 11 月 26 日，http：//xxgk. jxfz. gov. cn/la/bmgkxx/whj/gzdt/zwdt/201811/t20181126 _ 3473110. htm.

省政府也非常重视，最近几年来，在全省大力推动红色标语普查、保护和利用工作，成效显著，出现了红色标语保护试点的五种模式，值得我们学习借鉴。

1. 高位推动的乐安模式。乐安以县委、县政府名义下发《乐安县红色标语保护利用工作方案》，明确普查、考证、建档、挂牌、展示等时间表、基本原则、工作准则，召开全县红色标语保护工作动员部署会，强化红色标语保护利用工作责任制，形成县、乡、村、组层层抓落实、上下联动的工作格局。他们多形式整合，将红色标语保护工作纳入文物保护规划及传统村落、秀美乡村、红色旅游、爱国主义教育基地建设等工作中统筹推进；多场馆宣传，投资 2000 万元在国宝公祠布展建红色标语展览馆，并列入全县重点工程，打造“红军标语第一县”。

2. 与乡村建设争抢时速的于都模式。面对空心房整治的严峻形势，于都县大胆作为，“抢”字当头，分片包干拉网式初步普查；实施接访第一责任人制度，承诺 24 小时到场踏勘；及时悬挂临时保护标志牌，坚决杜绝错拆误拆；对利用困难、保护难度大的标语马上进行揭取处理；政府安排专项经费 1475.5 万元，使 7 处濒临倒塌的红色标语和依附建筑得到有效保护展示。

3. 集中保护展示的铜鼓模式。铜鼓县摸排出红色标语遗存的 5 处主要分布地，挖掘革命旧址历史背景及遗存红色标语内涵，举办“红色标语普查成果图片展”，在全县各乡镇进行巡回展出。纪念馆与所有旧址产权人签订了红色标语保护协议，实行就地保护。

4. 与传统村落保护开发并行的青原模式。青原区制定了全区全域旅游发展总体规划，把红色标语等革命文物保护利用纳入总体规划，在一些历史文化悠久的古村落景区景点集中展示红色标语，使之成为乡村旅游的引爆点。既扩大了传统村落的知名度，又增添了红色标语的影响力。

5. 注重红色基因传承的横峰模式。横峰县为每一处红色标语制作统一的宣传牌，打造“闽浙皖赣革命根据地红色标语展示馆”，开展红色标语巡回展览，将红色标语内容编进本土教材，并创作了一批红色标语故事、歌谣，利用“红色故事宣讲团”“模范苏维埃合唱团”上机关、下厂矿、进警营进行宣讲。

红军标语历经沧桑，有些能够得以保存，这是老区人民对中国革命和历史文化的一大贡献。

第三节 苏区红色标语的开发利用

要将红色标语文化的潜在价值变为现实价值，还要善于开发和利用。2013 年 12 月 30 日，习近平总书记在主持中共中央政治局第十二次集体学习时发表讲话，指示“要系统梳理传统文化资源，让收藏在禁宫里的文物、陈列在广阔大地上的遗产、书写在古籍里的文字都活起来。”① 习近平总书记指示要让文化遗产“都活起来”。同样的，我们也要“让红色标语文化遗产活起来”，这样才会让红色标语深入人心、蔚然大观，谱写经济发展、社会进步与红色标语保护、红色文化文明传承交相辉映的美好篇章。

如何“让红色标语文化遗产活起来”？具体来说，要做好以下几项工作。

一、加大宣传，塑造标语保护的氛围

首先要加大宣传力度，搞好宣传教育。政府和文物保护部门要搞

① 《习近平谈治国理政》，外文出版社 2014 年版，第 161 页。

好红色标语宣传工作，利用网络、报纸、微博、微信等各种媒体渠道传播红色标语的内容，介绍红色标语的内涵和意义，扩大红色标语知名度，呼吁人们珍视和保护好红色标语。

二、提升品位，开展红色文化旅游

目前我国红色旅游方兴未艾，一些革命老区可以利用红色标语作为推动区域红色旅游的独特资源，把红色标语打造成独具魅力的特色品牌，以提升红色文化旅游品味，更好地吸引游客。

比如炎陵县红军标语博物馆是全国首家也是唯一一家以红军标语为陈列主题的专题博物馆，这里留存的红军标语数量之多，保存之完好乃全国之最。红军标语博物馆是经湖南省委、省人民政府批准，并报中宣部备案的重点文化工程。红军标语博物馆目前已经成为全国众多游客前往炎陵县参观学习考察的重要目的地，有力地促进了当地的红色旅游。

红军标语博物馆自 2011 年 6 月建成开馆以来，一直实行免费对外开放，吸引游客众多，有力促进了当地的红色旅游。截至 2019 年 8 月，已免费接待了 400 余万人次，参观接待工作得到了社会各界的高度评价和游客的充分肯定。先后被授予了“全国爱国主义教育示范基地”“全国社会科学普及基地”“中国井冈山干部学院现场教学点”“中国人民解放军国防科学技术大学当代革命军人核心价值观培育基地”“中国人民解放军陆军步兵学院传统教育基地”“广州军区革命传统教育基地”“湖南省全民国防教育基地”“湖南省思想政治教育基地”“湖南省廉政文化教育基地”“湖南省发改系统党性教育基地”等荣誉称号，成功创建为国家 AAAA 级旅游景区，入选第二批全国红色旅游经典景区名录、首批湖南省红色旅游点。① 炎陵县红军标语博物馆已经

① 炎陵红军标语博物馆，湖南省文明办网站，http：//hun.wenming.cn/wcnr/sh/201908/t20190826_5232866.html.

成为炎陵县一张亮丽的红色名片。

特别是自2019年6月份，全国“不忘初心、牢记使命”主题教育开展以来，提质改造后的红军标语博物馆，成为主题教育“打卡”处，先后有125批次基层组织、单位前来开展主题教育。这些当年犹如冲锋号角的红色印记，深深地烙在每个学习者的灵魂和血脉之中。通过这样的主题教育，大家一致认为，红军标语是红军精神的见证与传承，感悟红军精神，对于开展“不忘初心、牢记使命”主题教育具有重要的指导意义。

炎陵县红军标语博物馆已经成为全国的红色文化品牌，大大提高了炎陵县在全国的知名度，有力提升了炎陵县红色文化旅游品味，吸引了大量中外游客前往炎陵县参观学习考察。

三、整合资源，发挥整体经济效益

把红色标语资源与其他红色资源相结合，并以红色文化为主带动老区生态文化、古迹文化的综合开发，用“红”“绿”“古”三色资源共同推动老区经济发展。

具体来讲，有以下四种开发模式可供参考。

1. “红红结合”模式。即将红色标语资源与当地的其他红色文化资源相结合开展旅游活动。依托当地革命旧址的历史文化及丰富的革命遗迹，建设成以观光为主的旅游目的地。常见于历史价值较高，不适宜过多开发的红色文化遗址，以遵义会议旧址5A景区为典型代表。

目前，遵义市依托红色文化资源大力发展红色文化旅游，已经打造了遵义会议会址、红色苟坝、四渡赤水、娄山关等一批红色旅游品牌。遵义已成为驰名中外的红色旅游与红色培训圣地，每年前来参观的游客和学习培训的党员干部达400多万人次。笔者本人曾经前去遵义干部学院学习与调研，在遵义也发现了大批珍贵的红军标语遗存，现在得到了很好的保护与开发利用，已经成为当地红色旅游与红色培训的一种重要资源。

2.“红绿结合”模式。即将红色标语等红色文化资源与当地的绿色资源相结合开展旅游活动。原苏区的广大区域多处于山区，有着丰富的绿色资源，是开展红色文化旅游＋生态旅游的好地方。以“红”带动“绿”，以“绿”促进“红”，形成一条精品旅游线路，让游客在游览祖国大好河山的同时，进行革命传统教育和爱国主义教育。将红色文化精神融入到生态旅游产品体系里面，实现“红色搭台、绿色唱戏”，增加红色旅游吸引力。多见于自然资源较好、生态环境优越的地区，以井冈山旅游风景区为典型代表。

井冈山是实现“红绿结合”模式比较成功的一个典范。中宣部原部长邓力群老先生说：“井冈山两件宝，历史红，山林好。”井冈山首先历史红，被誉为“中国革命的摇篮”和“中华人民共和国的奠基石”；井冈山山林又美，是一个绿色的宝库。森林覆盖率为87%，年平均气温18.3度，年总降水量1782.6毫米，年平均日照1517.3小时。至今仍保留众多人迹未至的大片原始森林，是世界上最有代表性的山地亚热带常绿阔叶林区。井冈山风景处处优美，到处弥漫着大自然的气息，其风景如画，美不胜收。

井冈山的红色标语资源也是非常丰富的，有全国重点文物保护单位——井冈山行洲红军标语群旧址，在茅坪乡八角楼景区还有许多当年贺子珍写下的红军标语，在龙市镇龙江书院旁边的井冈山会师纪念馆墙壁上面有许多从偏僻的乡村拓扑过来的红军标语，还有许多红军标语分散在农村的各个偏僻的角落。这些红色标语、红色文化资源与井冈山的绿色资源互相辉映，共同构成井冈山独特的旅游资源。

井冈山，以其深邃的红色文化底蕴，成为人们心中的“精神家园”，已经成为一个没有围墙的革命历史博物馆，成为进行爱国主义教育和革命传统教育的重要基地。2018年井冈山游客同比增长6.15%，实现旅游收入150亿元，同比增长7.92%。特别是井冈山的红色培训和红色旅游成效突出，全年举办红色培训班8720期，培训学员52.28万人，同比增长11.5%、13.23%，成为红色培训的“全国样板”和

“井冈模式”。

3.“红古结合”模式。即将红色标语等红色文化资源与当地的“古色”资源相结合开展旅游活动。保留丰富标语的原苏区广大区域多处于边远的农村山区，保留着许多独特的地方传统文化，有着别具特色的地方风味美食，还有独具特色的传统民俗等。在文化兴旅的大环境下，应充分挖掘与红色景区伴生的地方民族文化与民俗文化。如原赣南闽西中央苏区，生活的绝大多数是客家人，形成了具有特色的客家文化。因此，当地可以推出“观看红色文化，体验客家风情”的旅游模式，以瑞金红色旅游景区为典型代表。

“红色故都”瑞金是中华苏维埃共和国的首府，主要由叶坪、红井、二苏大、中华苏维埃纪念园（南园和北园）四大景区组成。这里是举世著名的云石山中央红军二万五千里长征出发地，是全国爱国主义教育示范基地，也是全国红色旅游经典景区之一。同时，赣州也是客家文化的重要发源地，“江西赣州客家文化底蕴深厚，源远流长。有围屋千余座；有保留 3600 多米宋城墙和众多的宋代古迹遗存而被称为‘宋城博物馆’的赣州城区；有如上犹九狮拜象、兴国山歌等百余种民间艺术；有备受海内外客家人喜爱的赣南客家采茶戏；还有独具一格的美食文化、服饰文化等。世界各地的客家乡贤乡亲，最想了解的客家历史、客家文化和客家民俗民情，在赣州都能得到充分的体验和满足。”①

以瑞金为中心的赣州原中央苏区，各种红色文化资源非常丰富，红色标语资源也很丰富，有大量的红色标语遗存。因此，在赣南，既可以观看红色文化，接受革命传统教育，学习苏区精神；又可以游览客家文化名城，看看客家古村，听听客家山歌，品尝客家菜肴，感受客家文化，体验客家风情，真可谓其乐融融。

---

①《赣州客家文化》，百度百科，https://baike.baidu.com/item/%E8%B5%A3%E5%B7%9E%E5%AE%A2%E5%AE%B6%E6%96%87%E5%8C%96/3676548.

4. 综合开发模式。即在红色观光和参与体验有机结合的基础上，多业态产品综合开发的模式。以蕴含丰富红色标语的红色文化为主题，结合自然资源和民俗文化资源，配套开发文化体验、生态休闲、运动康健等体验项目，增加景区的吸引力和游客驻留时长，以照金红色旅游小镇为典型代表。

这里重点说说照金，照金镇位于陕西省铜川市西北部，"1933 年，老一辈革命家在这里创建西北第一个山区革命根据地——陕甘边革命根据地，照金由此成为西北革命的摇篮，在中国革命史上写下光辉绚丽的篇章。"[①] 1932 年 2 月，谢子长带领陕甘游击队深入照金，不仅召开了群众大会，讲解了革命道理，还广泛地发动了群众，并且在村庄张贴了"抗捐，抗租，抗税！""打土豪，分田地！""穷人要翻身，快来当红军！""建立农民联合会！""建立苏维埃政府！"等标语，对革命做了广泛的宣传。

照金地区现留存着薛家寨、红军洞、陈家坡会议旧址等革命遗址，红色旅游资源的优势决定了照金镇的定位：做火红色教育、做强红色旅游，再加上丰富的自然风光，以文化旅游业、服务业为引领的发展模式。"无伤痕开发"，是照金从 2012 年 8 月新型城镇化建设伊始，就定下来的理念和原则，它不只意味着不推山、不砍树，而是根据地形地貌和生态特点，调整建筑物位置，利用天然地形打造了景观和水系，保留并充分利用原有绿地和树木，全力保留当地的每一片原始风貌。同时在打造景区时尤其注重健身休闲的内容，健身步道、自行车道等配套建设一并包括，照金的泳池、滑冰场、全民健身馆、VR 运动体验室等场所以及相应配套设施也规划分批建成投用，在服务镇区百姓的同时，也满足了游客更多元化的消费需求。

如今，一个现代化的"红色小镇"呈现在人们的面前。每年的国

---

① http：//www. crt. com. cn/news2007/news/LQDJYSCZLSWHYJHHC/15101595973A4G3DCIED822GCI1GAA. html.

庆黄金周，依靠红色遗产，曾经默默无闻的照金小镇，现在游客摩肩接踵，2016年国庆期间累计接待10余万名游客。每年前往照金旅游的人数已突破250万人次，并且仍在呈上涨的趋势。红色旅游升温也让照金人的“钱袋子”越来越鼓，产业越来越多样化。实景演出、生态农庄、农家乐等周边产业带动了村民就业，对全村的经济有着极大的促进作用。如今，照金镇人均纯收入从7450元增加到了1.7万余元。

四、因地制宜，合理开发利用

习近平总书记曾经对历史文化遗产的保护利用作出过重要指示，2014年2月25日，他在北京市考察工作时着重强调：“要本着对历史负责、对人民负责的精神，传承历史文脉，处理好城市改造开发和历史文化遗产保护利用的关系，切实做到在保护中发展、在发展中保护。”①

对于红色标语文化遗产同样要“切实做到在保护中发展、在发展中保护。”要从红色标语遗产的实际情况出发，因地制宜地利用现有设施和条件，采用合适的开发利用途径与模式，切忌盲目、简单、过度开发，造成对红色标语遗迹及其周边环境不可逆转的破坏。

在红色标语资源开发过程中应注意以下几个问题。

1. 适度开发，合理保护。红色标语属于历史性文物，是不可再生资源。在开发过程中要注意保护，做到保护和开发利用同步进行。要保护红色标语资源的原真性、完整性及其整体环境。要对标语遗物、遗迹进行修整、复原、仿真等系统性考虑。对供参观展览的标语，应当用玻璃框隔离保护起来，不能任其在空气中裸露风化，导致氧化脱落。如有可能，尽量使用复制品，将原件珍藏起来。坚持在保护中开

① 《习近平北京考察工作：在建设首善之区上不断取得新成绩》，《人民日报》2014年2月27日。

发，在开发中保护。

2. 注意经济效益与社会效益的平衡。要把红色标语文化作为促进革命老区经济发展的新兴产业，以社会效益为主，以经济效益为辅，努力实现社会效益和经济效益的最佳结合。利用红色标语资源扩展旅游，主要目的在于强化爱国主义教育、民族精神培育和党的光荣历史宣传等，要以发挥其革命精神传承、爱国主义教育、史料研究借鉴等方面的社会效益为主。这首先是一项政治工程，其次才是一项经济工程。所以，一定要注意社会效益与经济效益的平衡，不能因为一味追求经济效益，而忽视了社会效益。

3. 注意避免庸俗化。在红色文化旅游产品开发过程中，要注意千万不能为了经济利益的驱使，而不惜一切代价制造噱头，将红色标语文化产品低俗化、庸俗化，去迎合部分人的需求，这有悖于红色文化的功能，有违政治责任感和社会责任感。①

4. 注意深度挖掘红色文化资源。开发红色标语资源时要注意综合考虑，既要开发红色标语资源，又要深度挖掘其他的宣传方式如红色歌谣、红色诗词、红色漫画、红色故事等，共同开发出红色文化宣传的系列新产品与套餐，以满足人民群众日益丰富的高质量精神文化产品需求。②

五、多元参与，形成研发合力

2015 年 2 月 15 日，习近平总书记到陕西省西安市调研时强调："要把凝结着中华民族传统文化的文物保护好、管理好，同时加强研究和利用，让历史说话，让文物说话。"③ 在这里，习近平总书记指示要加强研究和利用，让历史说话，让文物说话。因此，我们要动员社会

---

① 杨宇光：《中央苏区红色标语的历史考察与当代价值研究》，南昌大学硕士学位论文 2010 年。

② 闵楠：《标语：四川红军的思想宣传方式研究》，电子科技大学硕士学位论文 2016 年。

③ 《习近平关于社会主义文化建设论述摘编》，中央文献出版社 2017 年版，第 188 页。

各方力量加强研究，形成研发合力。

首先要充分发挥政府的主导作用，同时鼓励、动员各种社会资金和研发力量，通过红色标语科技保护立项、红色标语集中保护立项工作，尤其是要结合红色标语定级制定试点工作方案，研究探索保护利用的新举措。同时还要依托高校、研究中心等机构，加大红色标语文化的科学研发深度，让其从理论上和技术上得到更持久的发展。建立起以政府为主，高校、研究机构、企业、社会一体化的研发合力，促进红色标语文化资源走“保护—开发利用—发展—保护”的良性循环发展之路。

六、形成成果，产生社会效益

文化遗产关键是要利用好，产生一定的社会效益，达到坚定文化自信的目的。特别是要按照习近平总书记的重要指示——让其中蕴藏的精神鲜活起来。2014 年 3 月 27 日，习近平总书记在巴黎联合国教科文组织总部发表演讲时强调：“不能只满足于领略它们对以往人们生活的艺术表现，更应该让其中蕴藏的精神鲜活起来。”①

如何“让其中蕴藏的精神鲜活起来”？如何让苏区红色标语产生社会效益？我认为主要采取以下几种方式方法：

一是要采取多种展示利用手段，把红色标语保护利用作为进行爱国主义教育、革命传统教育和社会主义核心价值观教育的重要抓手，不忘初心，陶冶情操，传承红色基因，充分发挥红色标语的保护利用对推动当地经济社会发展的重要作用。

二是可以举办红色标语巡回展，开展红色标语参观教育等活动，使之成为进行革命传统教育的生动教材。

三是各地方政府和地方学者要将标语研究的成果结集出版，作为革命精神传播的重要载体。

---

① 《习近平谈治国理政》，外文出版社 2014 年版，第 262 页。

特别是要搞好苏区红色标语研究，多出有一定分量的研究成果。2014 年 2 月 25 日，习近平总书记在北京市考察工作时强调："要在展览的同时高度重视修史修志，让文物说话、把历史智慧告诉人们，激发我们的民族自豪感和自信心，坚定全体人民振兴中华、实现中国梦的信心和决心。"[①] 我们一定要认真学习贯彻总书记的重要指示，"让文物说话、把历史智慧告诉人们"。搞好研究，多出研究成果。

在苏区红色标语研究方面做得比较好的是赣州市党史办、文化局、文物管理局、博物馆等相关部门。以瑞金为中心的赣南原中央苏区是红色标语集中地，据调查统计，赣州市目前各县（市）、区保留有苏区标语近千条。对于苏区红色标语进行研究整理的成果也比较多，如 1988 年，江西省宁都县博物馆编著《历史的足迹——江西省宁都县苏区墙头革命标语、画选编与研究》，由江西人民出版社出版。2006 年，赣州市文化局、赣州市文物管理局编《红色印迹——赣南苏区标语漫画选》，由文物出版社出版。2018 年，赣州市博物馆尚守庆编著《红色标语——中央苏区标语口号收藏集锦》，由中国人民解放军出版社出版。

还有乐安县让红色标语"活起来"的生动事例。江西省抚州市乐安县保留的红色标语分布在全县 13 个乡镇。这些标语形式多样，既有文字也有漫画，乐安县大力开展红色标语的挖掘和保护工作，建立"科学发展的、整体系统的、社会参与"的保护体系，基本摸清了红色标语家底，对红色标语因类施策，研究探索保护利用工作的新举措，使红色标语得到有效保护利用，并充分发挥红色标语的爱国主义教育和革命传统教育作用，让红色标语"活起来"。在全市红军标语的普查登记的基础上，编辑了《乐安红印——乐安红军标语选》一书，书中收录了将近 700 张红军标语照片，该书于 2018 年 1 月由中国图书出版

① 《习近平北京考察工作：在建设首善之区上不断取得新成绩》，《人民日报》2014 年 2 月 27 日。

社正式出版。

还有湖南省炎陵县委原副书记周新发“守望红色初心”的感人故事。周新发多年来负责党史联络工作，潜心研究苏区红军历史，重视发掘红色资源，服务于现实的经济社会发展和精神文明建设。他曾参加炎陵县红军标语博物馆的建设，近几年又致力于红军标语的征集整理研究分析，把体会心得集为一书，主编了《守望红色——炎陵红军标语》一书，图文并茂，文史皆佳。

我们欣喜地看到，在习近平新时代中国特色社会主义思想的引领与指导下，全国重视党史、研究党史、宣讲党史蔚然成风。全国各地也掀起了一股保护、开发与利用红色文化遗产的热潮，红色标语也得到了很好的保护、开发与利用，并产生了一定的经济与社会效益。我们坚信，在习近平新时代中国特色社会主义思想的指引下，中华民族优秀传统文化、社会主义革命文化与中国特色社会主义先进文化一定能够得到弘扬、发展与壮大，一定能够为实现“两个一百年”奋斗目标和中华民族伟大复兴的中国梦提供强大的精神动力和坚强的思想保证！

参考文献

一、专著

［1］马克思恩格斯选集 第1—4卷［M］．北京：人民出版社．1995.

［2］毛泽东选集 第1—4卷［M］．北京：人民出版社．1991.

［3］毛泽东文集 第1—7卷［M］．北京：人民出版社．1993、1996、1999.

［4］习近平：《决胜全面建成小康社会　夺取新时代中国特色社会主义伟大胜利——在中国共产党第十九次全国代表大会上的报告》［M］．北京：人民出版社．2017.

［5］本书编写组．党的十九大报告辅导读本［M］．北京：人民出版社．2018.

［6］中共中央宣传部编．习近平新时代中国特色社会主义思想三十讲［M］．北京：学习出版社．2018.

［7］习近平谈治国理政［M］．北京：外文出版社．2014.

［8］习近平谈治国理政 第2卷［M］．北京：外文出版社．2017.

［9］中共中央宣传部编．习近平新时代中国特色社会主义思想学习纲要［M］．北京：学习出版社、人民出版社．2019.

［10］曾宪文，谢敬霞编．岁月留痕　井冈山红色标语选［M］．南京：江苏人民出版社．2007.

［11］熊彤主编．井冈山的红色标语［M］．南昌：江西人民出版

社 . 2016.

［12］余伯流，陈钢著 . 井冈山革命根据地全史［M］. 南昌：江西人民出版社 . 1998.

［13］井冈山革命根据地党史资料征集编研协作小组，井冈山革命博物馆编 . 中国共产党历史资料丛书——井冈山革命根据地 上卷［M］. 北京：中共党史出版社 . 1987.

［14］井冈山革命根据地党史资料征集编研协作小组，井冈山革命博物馆编 . 中国共产党历史资料丛书——井冈山革命根据地 下卷［M］. 北京：中共党史出版社 . 1987.

［15］余伯流，夏道汉著 . 井冈山革命根据地研究［M］. 南昌：江西人民出版社 . 1987.

［16］江西省档案馆编 . 井冈山革命根据地史料选编［M］. 南昌：江西人民出版社 . 1986.

［17］肖云玲，陈钢著 . 井冈山革命根据地文化建设史［M］. 南昌：江西人民出版社 . 2007.

［18］罗学渭，肖长春著 . 井冈山革命根据地党的建设史［M］. 南昌：江西人民出版社 . 2007.

［19］张泰城，刘家桂著 . 井冈山革命根据地经济建设史［M］. 南昌：江西人民出版社 . 2007.

［20］罗荣桓著 . 回忆井冈山斗争时期［M］. 南昌：江西人民出版社 . 1983.

［21］刘云 . 中央苏区文化艺术史［M］. 南昌：百花洲文艺出版社，1998.

［22］中共江西省委党史资料征集委员会 . 大革命时期的江西农民运动第一百二十七辑［G］. 北京：中央文献出版社，1993.

［23］夏道汉，陈立明 . 江西苏区史［M］. 南昌：江西人民出版社，1987.

［24］凌步机 . 中华苏维埃共和国简史［M］. 北京：中央文献出

版社，2009.

[25] 江西省宁都县博物馆编著．历史的足迹——江西省宁都县苏区墙头革命标语、画选编与研究 [M]. 南昌：江西人民出版社，1988.

[26] 赣州市文化局，赣州市文物管理局编．红色印迹——赣南苏区标语漫画选 [M]. 北京：文物出版社，2006.

[27] 尚守庆．红色标语　中央苏区标语口号收藏集锦 [M]. 北京：解放军出版社．2018.

[28] 尚守庆主编．红色标语 [M]. 北京：解放军出版社．2017.

[29] 张丽华主编；林家卓，马勋奕副主编；中共永安市委党史研究室编．红色印迹　福建永安红军标语集锦 [M]. 北京：中共党史出版社．2013.

[30] 本书编委会．中央苏区标语集 [M]. 武汉：长江文艺出版社．2017.

[31] 江西省文化厅革命文化史料征集工作委员会，福建省文化厅革命文化史料征集工作委员会编．中央苏区革命文化史料汇编 [M]. 南昌：江西人民出版社．1994.

[32] 刘云．中央苏区革命文化史料汇编 [G]. 南昌：江西人民出版社，1994.

[33] 王予霞．中央苏区文化教育史 [M]. 厦门：厦门大学出版社，1999.

[34] 江西省文化厅革命文化史料征集工作委员会等．闽浙赣苏区革命文化史料汇编 [G]. 南昌：江西人民出版社，1997.

[35] 刘云，吴水第，朱家柏，陈上海，严帆著．中央苏区宣传文化建设 [M]. 北京：中央文献出版社．2009.

[36] 许占权，许婧著．中央苏区军队建设 [M]. 北京：中央文献出版社．2009.

[37] 廖明耕，凌步机著．中央苏区党的建设 [M]. 北京：中央

文献出版社 .2009.

[38] 蒋伯英，郭若平著 . 中央苏区政权建设 [M]. 北京：中央文献出版社 .2009.

[39] 余伯流著 . 中央苏区经济建设 [M]. 北京：中央文献出版社 .2009.

[40] 傅克诚，李本刚，杨木生著 . 中央苏区廉政建设 [M]. 北京：中央文献出版社 .2009.

[41] 袁征主编 . 中央苏区思想政治工作研究 [M]. 南昌：江西高校出版社 .1999.

[42] 张友南，肖居孝，罗庆宏编著 . 中央苏区的红色文化 [M]. 北京：中国发展出版社 .2015.

[43] 柯华主编 . 中央苏区宣传工作史料选编 [M]. 北京：中国发展出版社 .2018.

[44] 张玉龙，何友良著 . 中央苏区政权形态与苏区社会变迁 [M]. 北京：中国社会科学出版社 .2009.

[45] 关山阵阵苍——中央革命根据地的斗争 [M]. 南昌：江西人民出版社 .1978.

[46] 黄道炫著 . 张力与限界　中央苏区的革命 1933—1934 [M]. 北京：社会科学文献出版社 .2011.

[47] 陈毅 . 革命历史资料丛书之七——回忆中央苏区 [M]. 南昌：江西人民出版社 .1999.

[48] 李世明主编 . 指路的明灯——长征标语口号 [M]. 北京：国防大学出版社 .2012.

[49] 罗荣桓等著 . 亲历井冈山革命根据地创建 [M]. 南昌：江西人民出版社 .2007.

[50] 黄涛，史立成，戈文编 . 红军英雄传 [M]. 北京：解放军出版社 .2006.

[51] 翰林辞书编写组编著 . 现代汉语大词典 [M]. 南昌：江西

教育出版社 . 2014.

[52] 周新发著 . 红色守望 [M]. 长沙：湖南省人民出版社 . 2016.

[53] 余伯流，凌步机 . 中央苏区史 [M]. 南昌：江西人民出版社，2001.

[54] 廖正本，余伯流 . 中央苏区简史 [M]. 南昌：江西高校出版社，1999.

[55] 中共党史研究室 . 中央苏区研究文集 [M]. 北京：中共中央党校出版社，1983.

[56] 江西档案馆，中共江西省委党校教研室 . 中央革命根据地史料选编（上、中、下）[G]. 南昌：江西人民出版社，1982.

[57] 陈毅，肖华 . 回忆中央苏区 [M]. 南昌：江西人民出版社，1986.

[58] 江西档案馆 . 江西党史资料选集第二辑 [G]. 南昌：江西人民出版社，1980.

[59] 袁征主编 . 中央苏区思想政治工作研究 [M]. 南昌：江西高校出版社，1999.

[60] 原中共赣州地委党史办编 . 赣南人民革命史 [M]. 中央党史出版社，1998.

[61] 李仲彬主编 . 中国工农红军石刻标语的时代特点和语言风格研究文集 [M]. 北京：中央文献出版社 . 2010.

[62] 陶永灿著 . 老标语　中国墙壁上的历史　全彩 [M]. 北京：电子工业出版社 . 2012.

[63] 王志强著 . 中国的标语口号 [M]. 北京：中央文献出版社 . 2010.

二、期刊文献

[1] 李源 . 标语口号宣传研究 [J]. 新闻研究导刊，2016，7

(13)：66.

［2］王昊．论土地革命战争时期党的标语口号与马克思主义大众化［J］．桂海论丛，2016，32（02）：103—107.

［3］杨巧，金燕．小形式与大效能：革命战争时期中国共产党标语口号的思想政治教育功能研究［J］．甘肃理论学刊，2014（01）：69—74.

［4］聂德民，宋守华．标语研究的现状及其未来走向［J］．新闻世界，2014（01）：119—121.

［5］伍振．标语文化：中国特色符号变迁［J］．政工学刊，2013（09）：68—69.

［6］王连花．从各个历史时期党的标语口号看党史文化的发展［J］．湖北行政学院学报，2013（01）：56—61.

［7］文东柏．长征路上的标语口号［J］．新阅读，2021（03）：15—18.

［8］侯丽波．标语口号的思想政治教育功能探析［J］．东南传播，2012（03）：104—106.

［9］渠长根，贾迎宾．标语口号是马克思主义大众化的有效实现形式［J］．中共郑州市委党校学报，2011（03）：18—20.

［10］厉有国．新民主主义革命时期党的标语口号在马克思主义大众化中的角色分析［J］．上海党史与党建，2011（05）：26—28.

［11］厉有国．十年内战时期党的标语口号在马克思主义大众化中的角色分析与启示［J］．毛泽东思想研究，2011，28（02）：129—133.

［12］厉有国．执政资源建设视阈下党打造和变革标语口号的历程与经验［J］．青海社会科学，2010（06）：45—49.

［13］孙峰．标语口号折射党的执政理念的演进［J］．传承，2009（24）：124—125.

［14］韩承鹏．标语口号的特征分析［J］．上海党史与党建，2009

(07)：27—29.

[15] 廖广莉．标语口号中的语音修辞探析 [J]. 语文学刊，2009 (08)：121—123.

[16] 韩承鹏．标语口号成因探析 [J]. 上海党史与党建，2009 (01)：45—46.

[17] 韩承鹏．提高标语口号成效的对策研究 [J]. 大连干部学刊，2008 (10)：45—47.

[18] 韩承鹏．高效标语口号的特性分析 [J]. 大连干部学刊，2008 (09)：46—47.

[19] 韩承鹏．标语口号的功能研究 [J]. 思想理论教育，2008 (15)：56—61.

[20] 朱自清．论标语口号 [J]. 出版参考，2004 (35)：37.

[21] 丁伟民．说说标语 [J]. 思想政治工作研究，1992 (12)：28—29.

[22] 赵倩．谈“标语口号”在艺术表现上的作用 [J]. 开封教育学院学报，1987 (02)：49—52.

[23] 林建棋．沙县湖源中央红军东方军旧址群红色标语解析 [J]. 福建文博，2018 (04)：54—59.

[24] 廖雄斌．从红军标语中追寻初心 [J]. 党史文汇，2018 (12)：49—52.

[25] 吴声乐，吴子怡．吉安县红军标语新发现 [J]. 党史文苑，2018 (11)：29—31.

[26] 张新建，陈苗．红色呐喊：红军长征途中的标语口号 [J]. 保密工作，2018 (10)：58—59.

[27] 朱廷水．试论闽西红军标语的保护和利用 [J]. 福建文博，2018 (03)：62—66.

[28] 尚媛媛．国民革命时期中国共产党标语口号宣传研究 (1924—1927) [D]. 扬州大学，2018.

[29] 张金梅．探研红军标语[J]．改革与开放，2018（02）：135—136.

[30] 黄霞．《红军标语》[J]．美术，2017（07）：33.

[31] 邱有源．红军标语楼[J]．曲艺，2017（05）：80.

[32] 孙宾宾．标语口号在党的思想政治教育中的运用研究[D]．华中师范大学，2017.

[33] 郑爱清．浅析1932年红军在漳州期间的墙面标语[J]．文物鉴定与鉴赏，2017（05）：66—69.

[34] 朱江．红军标语的传播价值——以《十堰晚报》为例[J]．新闻前哨，2017（02）：31—34.

[35] 卫扬波，赵晓龙，李玲，王宝金，王啸啸．恩施州宣恩县高罗乡苏维埃政府旧址红军标语的揭取及保护修复[J]．江汉考古，2016（06）：96—103.

[36] 邹善水．红军标语村亟待保护[J]．中国老区建设，2016（11）：48—49.

[37] 田中锦．大路河红军石刻标语[J]．中国老区建设，2016（11）：59.

[38] 张玲玲．红军长征途中宣传标语的演变[J]．北京档案，2016（10）：51—53.

[39] 黄亦君．政治符号与社会动员——长征时期红军标语的社会学解读[J]．攀登，2016，35（05）：72—78.

[40] 武志军，曹如阳，李超．红军标语与红军文献选[J]．档案记忆，2016（10）：2.

[41] 于丽桃．长征时期红军标语口号浅析[J]．中共山西省委党校学报，2016，39（05）：40—41.

[42] 张蕾蕾．石头上的丰碑——馆藏红军标语拓片一瞥[J]．文物天地，2016（10）：65—67.

[43] 阮居平，李锋．大山里的红军标语[J]．艺术评鉴，2016

(08)：166.

[44] 黄勇樽，赖海丽，蒙妙．河池镇红军标语楼的红色文化意蕴[J]. 教育观察（上半月），2016，5（09）：143—144.

[45] 洪涛．长征时期红军在贵州民族地区的标语与党的宣传策略初探[J]. 贵州民族研究，2016，37（08）：210—212.

[46] 汪玉明，王一轩．红军长征中的标语口号宣传[J]. 文史天地，2016（08）：12—16.

[47] 周利娟．中央苏区红军标语的历史效果分析[J]. 文史博览（理论），2016（07）：45—46+49.

[48] 周利娟．中央苏区红军标语研究[D]. 湘潭大学，2016.

[49] 刘慧娟．浅析红军长征中标语的演变[J]. 北京党史，2016（03）：37—41.

[50] 闵楠．标语：四川省红军的思想宣传方式研究[D]. 电子科技大学，2016.

[51] 庚新顺．全国红军标语第一楼——广西河池红色历史文化巡礼[J]. 传承，2016（03）：4—7.

[52]．中国工农红军石刻标语园简介[J]. 军事历史，2016（01）：77.

[53] 本刊记者．巴山深处的爱国主义教育基地——中国工农红军石刻标语园[J]. 国防，2015（11）：2.

[54] 刘坤远．论广元地区红军石刻标语的当代教育和宣传价值[J]. 新西部（理论版），2015（20）：25+34.

[55] 颜清阳．井冈山行洲红军标语群解读[J]. 党史博览，2015（10）：49—52.

[56] 何丽君．刘瑞龙策划红军石刻标语之王“赤化全川”[J]. 党史博览，2015（03）：19—20.

[57] 罗基富，陈兴华．谈红军标语中的简体字[J]. 传承，2014（12）：48—49.

[58] 颜清阳．井冈山行洲红军标语对新时期宣传思想工作的启示[J]. 传承，2014（11）：22—23.

[59] 孙和平．论川陕苏区公共信息传播的历史经验——以红军石刻标语为例［J]. 四川省文理学院学报，2014，24（06）：21—25.

[60] 颜清阳．井冈山行洲红军标语解读［J]. 福建党史月刊，2014（16）：44—47.

[61] 陈岗．马克思主义大众化在川陕苏区的实践及启示——基于红军石刻标语政治文化的视角［J]. 临沂大学学报，2014，36（04）：69—73.

[62] 郑丽天．达州红军石刻标语概述［J]. 四川省文理学院学报，2014，24（04）：25—29.

[63] 杨娜．中央苏区标语传播研究［D]. 南昌大学，2014.

[64] 王晓玲．中国共产党思想政治教育宣传标语研究［D]. 兰州大学，2014.

[65] 何艳明．土地革命时期中共标语口号宣传研究［D]. 暨南大学，2014.

[66] 张观怀．红军标语背后鲜为人知的故事［J]. 湘潮（上半月），2013（05）：37—40.

[67] 王强，王雪珺，李单晶，彭剑．从旺苍红四方面军石刻标语的战略作用及保护现状看红军长征路线申遗的必要性［J]. 毛泽东思想研究，2013，30（02）：23—28.

[68] 周文斌．炎陵红军标语的特点及其对当前文化宣传工作的启示［J]. 湖南省科技大学学报（社会科学版），2013，16（02）：68—71.

[69] 张丽华．千条红军标语见证福建省苏维埃政权在永安的蓬勃发展［J]. 福建党史月刊，2012（21）：26—28.

[70] 钟健英．全国罕见的永安红军标语群探析［J]. 福建党史月刊，2012（18）：20—22.

[71]. 红五军团指挥部旧址讲述着红色的战斗　村民房墙上红军标语镶嵌着红色的遗迹　众多的战斗遗址飘逸着红色记忆　东陂以第四次反“围剿”决胜地成为承载荣誉的地名［J］. 中国地名，2012（02）：10.

[72] 张丽华，刘启宏．福建永安新发现千条红军标语［J］. 福建党史月刊，2012（01）：55—56.

[73] 郑华．三明市红军标语遗存［J］. 福建文博，2011（03）：99—103.

[74] 刘晓迎，傅春旭．永安沧海村的红军抗日标语［J］. 福建党史月刊，2011（14）：24—25.

[75] 于忠元，侯德泉．简析红军标语的语言特点［J］. 长沙大学学报，2011，25（04）：86—87.

[76] 黄利明．红色历史的见证——桂北的红军标语［J］. 当代广西，2011（13）：48—49.

[77] 熊轶欣．井冈山行洲标语群与红军政治宣传［J］. 党史文苑，2011（12）：29—30.

[78] 杨通祖．中央苏区土地法宣传通俗化研究（1927—1934）［D］. 西南大学，2011.

[79] 颜清阳．革命文物——井冈山行洲红军标语群旧址研究［J］. 传承，2011（12）：6—7.

[80] 贾迎宾．马克思主义中国化理论成果大众化的实现形式研究［D］. 浙江理工大学，2011.

[81] 赵爱玉，赵秀玉．武夷山市余庆桥红军标语的内涵及年代分析［J］. 福建文博，2011（01）：91—94.

[82] 蓝卡佳．遵义红军标语口号的语言学分析［J］. 教育文化论坛，2011，3（01）：122—126.

[83] 林莉．中国工农红军石刻标语学术研讨会综述［J］. 西华师范大学学报（哲学社会科学版），2011（01）：19—21.

[84] 闵廷均，颜永强．红军长征在遵义时的标语探析 [J]．遵义师范学院学报，2010，12 (06)：72—76.

[85] 赖宏．井冈山行洲红军标语解读 [J]．中国井冈山干部学院学报，2010，3 (04)：37—41.

[86] 古舟．中国井冈山干部学院现场教学点介绍　行洲红军标语群旧址 [J]．中国井冈山干部学院学报，2010，3 (04)：129.

[87] 李传富，李显作．青林口　红军手书标语保存完整 [J]．西南民兵，2010 (07)：25.

[88] 杨宇光．中央苏区红色标语的历史考察与当代价值研究 [D]．南昌大学，2010.

[89]．红迹寻踪　茂地村红军标语 [J]．福建党史月刊，2010 (06)：57.

[90] 晨钟．红军标语世代珍藏 [J]．源流，2000 (03)：24—25.

[91] 陈必．四川省地区红军标语的研究 [J]．四川文物，1999 (05)：67—73+18.

[92] 陈继红．红军长征过凉山留下的标语 [J]．四川文物，1999 (04)：84—86.

[93] 张明扬．川陕苏区的红军石刻标语 [J]．四川文物，1996 (05)：51—52.

[94] 范厚坤．红军北上抗日的石刻标语 [J]．军事历史，1996 (03)：19.

[95] 周曰琏．芦山留存的红军标语及其价值 [J]．四川文物，1996 (02)：76—82.

[96] 清远市．红军标语 [J]．源流，1996 (01)：49.

[97] 余振魁．一条红军标语的故事 [J]．湖南省党史，1995 (04)：63.

[98] 李庄．红军石刻标语 [J]．中国民兵，1994 (06)：42.

[99] 左汤泉．汉中地区红军石刻标语初识 [J]．汉中师院学报

（哲学社会科学版），1990（02）：6—10.

［100］张沛．旬阳潘家河的八条红军标语［J］．文博，1987（03）：95—96.

［101］周锡银．红军长征时期有关民族政策的标语［J］．四川文物，1986（04）：58—61.

［102］文星明．奇特的红军标语［J］．四川文物，1984（03）：40.

［103］周金碧．井冈山上的红军标语［J］．文物，1964（10）：7—9.

［104］任锡光．雪山红军标语［J］．文物，1960（01）：55—57.

［105］．长征路上的红军石刻标语［J］．文物参考资料，1958（08）：9.

［106］孙平．黔南红军标语的调查、保护与开发利用［J］．黔南民族师范学院学报，2009，29（05）：57—60.

［107］柯云，湘斌．湘鄂川黔苏区的红军标语［J］．湘潮，2009（09）：51.

［108］辛岫淼．论我党思想政治教育的标语口号［D］．中南大学，2009.

［109］赵建平，刘斌．武夷山发现苏维埃时期红军标语群［J］．福建党史月刊，2008（04）：45.

［110］贺吉元．定格在炎陵大地上的红军标语［J］．中国档案，2008（01）：70—71.

［111］韩承鹏．标语与口号：一种动员模式的考察［D］．复旦大学，2007.

［112］张继民．在清水乡，我们新发现了红军标语［J］．福建党史月刊，2007（01）：45—46.

［113］钱一群．在福建永安山区发现的红军标语［J］．档案与建设，2006（12）：29.

［114］郭嵩明．寻拓珍贵的红军“回文”刻石标语［J］．中国穆斯林，2006（06）：40—41＋46.

[115] 林东祥．武平县中堡镇遗存的红军标语 [J]. 福建党史月刊，2006 (11)：37.

[116] 管其乾．鲜为人知的石峰村红军标语和石峰峡之战 [J]. 文史春秋，2006 (10)：11—14.

[117] 管其乾．写于长征前夕的红军标语 [J]. 中国老区建设，2006 (09)：65.

[118] 周新发．炎陵红军标语及其特点 [J]. 株洲师范高等专科学校学报，2005 (03)：45—47.

[119] 王强．红军石刻标语之“冠” [J]. 中国老区建设，2005 (05)：57.

[120] 吴正光．贵州高原 de 红军标语 [J]. 理论与当代，2005 (05)：44.

[121] 刘庭燕．永顺红军标语 [J]. 中国老区建设，2004 (09)：50.

[122] 盘朝月．红军标语与瑶胞崖刻诗 [J]. 文史春秋，2004 (08)：9.

[123] 范毅民．雁塔巷的红军标语 [J]. 福建党史月刊，2003 (09)：49.

[124] 周诗若．考察红军标语遗迹 [J]. 贵阳文史，2003 (01)：50—51.

[125] 张宗铝．尤溪新发现红军宣传标语 [J]. 福建党史月刊，2002 (09)：31.

[126] 南雄市抢救“红军标语” [J]. 新文化史料，2000 (03)：21.

[127] 胡玉春．红军的标语 [J]. 新文化史料，2000 (03)：37—40.

[128] 林建棋．沙县湖源中央红军东方军旧址群红色标语解析 [J]. 福建文博，2018 (04)：54—59.

[129] 颜清阳，段刘娇．从红色标语看苏区的红色政权建设 [J].

中国井冈山干部学院学报，2018，11（03）：64—71.

[130] 谢旭斌，叶子雅．湘西南传统村落景观中红色标语的文化传承研究 [J]. 井冈山大学学报（社会科学版），2018，39（02）：42—47.

[131] 梁晓雪．红色标语在高校思想政治教育中的运用研究 [J]. 现代交际，2017（06）：68—69.

[132] 杨新忠，李彩林．红色标语字体设计探究 [J]. 苏区研究，2016（06）：108—113.

[133] 杨新忠，李彩林．红色老标语字体设计探究 [J]. 设计艺术（山东工艺美术学院学报），2016（04）：32—36.

[134] 何新春，朱荣辉，杨文．吉安红色标语的保护与利用调研 [J]. 苏区研究，2016（01）：123—128.

[135] 吴升辉．闽西苏区红色标语文化内涵探析 [J]. 福建党史月刊，2016（01）：50—55+58.

[136] 刘振勇，陆霞．马克思主义大众化视阈下长征红色标语文化的传播分析 [J]. 遵义师范学院学报，2015，17（06）：6—9.

[137] 颜清阳，颜鹃花．从红色标语看我党苏区时期的对敌统战政策 [J]. 湖南省社会主义学院学报，2015，16（06）：39—42.

[138] 颜清阳．苏区红色标语遗存及其保护 [J]. 文史博览（理论），2014（09）：77—79.

[139] 徐德智．中央苏区红色标语的传播功效及宣传启示——基于传播学的视角 [J]. 东南传播，2014（09）：146—148.

[140] 颜清阳，刘浩林．苏区红色标语及其现实价值探析 [J]. 中国井冈山干部学院学报，2014，7（04）：44—49.

[141] 李桂红．红色标语文化：历史与现实的解读 [J]. 广西社会科学，2014（03）：14—18.

[142] 张丽华．红色标语：东方军在永安使用的第二武器 [J]. 福建党史月刊，2013（22）：42—43.

[143] 刘浩林．论井冈山红色标语的历史作用和启示 [J]. 福建党史月刊，2012 (18)：23—24.

[144] 永安红色标语 [J]. 福建党史月刊，2012 (07)：63+61.

[145] 永安现存红色标语分布示意图 [J]. 福建党史月刊，2012 (07)：62.

[146] 饶道良．井冈山红色标语产生的经过及其历史意义 [J]. 党史文苑，2011 (16)：11—13.

[147] 颜清阳．井冈山革命根据地红色标语宣传及其历史作用 [J]. 中国井冈山干部学院学报，2011，4 (03)：52—57.

[148] 李桂红．红色标语文化解读 [J]. 人民论坛，2011 (08)：190—191.

[149] 韩云．中央苏区时期《红色中华》报标语口号研究 [J]. 新闻世界，2011 (02)：99—101.

[150] 元昕，潘立．红色标语：一种穿越时空的信念 [J]. 学习导报，2005 (09)：60—61.

[151] 张兆文．陕南川北红色标语浅析 [J]. 汉中师院学报 (哲学社会科学版)，1991 (02)：19—22.

[152] 苗勇．石刻标语红遍苏区——《历史不会忘记》之八 [J]. 工会信息，2019 (04)：31—35.

[153] 黄艺娜．苏区时期的永定革命标语 [J]. 龙岩市学院学报，2018，36 (01)：30—37.

[154] 王建柱．见证中国革命历史风云的"活化石"——记赣南中央苏区标语和漫画 [J]. 文史春秋，2017 (04)：9—12.

[155] 谭琪红，陈信凌，向绪伟．中央苏区标语创新 [J]. 兰台世界，2016 (17)：150—152.

[156] 谭琪红，陈信凌．中央苏区标语类别与创新探析 [J]. 苏区研究，2016 (03)：43—54.

[157] 颜清阳．浅析苏区标语宣传工作的历史特点 [J]. 福建党

史月刊，2016（02）：54—59.

[158] 周利生．革命标语：苏区民众政治动员的重要载体 [J]. 苏区研究，2015（04）：28—36.

[159] 颜清阳，罗庆宏．苏区标语对马克思主义大众化的推动作用及当代启示 [J]. 中国井冈山干部学院学报，2015，8（03）：74—80.

[160] 孙和平．论川陕苏区公共信息传播的历史经验——以红军石刻标语为例 [J]. 四川省文理学院学报，2014，24（06）：21—25.

[161] 叶福林．力抵神兵震敌胆　鼓舞斗志壮军威——试论土地革命战争时期中央苏区的标语宣传工作 [J]. 军事历史，2012（02）：25—29.

[162] 吴晓荣．略论中央苏区的革命标语 [J]. 江西社会科学，2012，32（01）：141—145.

[163] 鄢永都．川陕苏区石刻标语彰显统战威力 [J]. 四川省统一战线，2011（09）：40—41.

[164] 朱潇潇．苏区标语与中国马克思主义的大众化语言艺术 [J]. 中共中央党校学报，2011，15（04）：106—109.

[165] 张品良．苏区马克思主义大众化传播的标语文本解读 [J]. 东南传播，2010（09）：10—13.

[166] 杨会清，付远征．苏区标语宣传的历史脉络 [J]. 党史文苑，2010（03）：39—41.

[167] 叶福林．力抵雄兵震敌胆　鼓舞斗志壮军威——试论中央苏区反“围剿”战争中的标语宣传工作 [J]. 龙岩市学院学报，2009，27（04）：12—16.

[168] 杨尚通．川陕苏区报刊文献、石刻标语的作用、现状及保护 [J]. 四川省文理学院学报，2007（06）：28—30.

[169] 陈信凌．江西苏区标语的传播学分析 [J]. 新闻与传播研究，2005（04）：35—39＋95.

[170] 刘善玖，黄保华．论中央苏区革命标语宣传的特点与作用［J］．井冈山师范学院学报，2002（04）：71—73.

[171] 黄保华，朱腾云．论中央苏区的革命标语宣传［J］．赣南师范学院学报，1998（02）：46—49.

[172] 王明渊．川陕苏区的石刻标语［J］．四川省文物，1991（04）：17－23＋2.

[173] 裴恒涛．略论红军长征中的宣传工作［J］．遵义师范学院学报，2007（02）：5—7.

[174] 宋彩梅．土地革命以来中国共产党标语的历史变迁及当代价值研究［J］．东南传播，2012（03）：56—58.

[175] 李安葆．长征标语漫议［J］．党史研究与教学，2004（04）：87—91.

[176] 王雪竹．新民主主义革命时期中国共产党标语宣传研究［J］．中共济南市委党校学报，2011（04）：1—5.

[177] 罗建华，郑桂槟．刻在石头上的不朽标语——记大南山革命石匠翁千［J］．红广角，2011（09）：34—36.

[178] 林楚明．翁千与大南山革命石刻标语［J］．源流，2011（11）：70—71.

[179] 郑会侠．大南山革命石刻标语群［J］．中国老区建设，2006（11）：52.

[180] 郑会侠．大南山革命石刻标语［J］．广东党史，1996（03）：34—37.

[181] 黄玉质，吴振华．广东大南山革命根据地的石刻标语［J］．文物，1964（11）：2—4.

[182] 胡耀南．百色起义期间的标语研究［J］．党史博采（理论），2012（01）．

[183] 何小文．井冈山红军标语现状和保护对策［N］．中国文物报，2011－07－29（006）．

［184］邹善水．红军标语村亟待保护［J］．中国老区建设，2016（11）：48—49.

［185］朱廷水．试论闽西红军标语的保护和利用［J］．福建文博，2018（03）：62—66.

［186］崔梦鹤．陕西地区红军标语保存现状及保护对策研究［D］．西北大学，2018.

［187］卫扬波，赵晓龙，李玲，王宝金，王啸啸．恩施州宣恩县高罗乡苏维埃政府旧址红军标语的揭取及保护修复［J］．江汉考古，2016（06）：96—103.

［188］李月江．论保山施甸遗存滇西抗战宣传标语的保护［J］．保山学院学报，2014，33（03）：42—47.

［189］王强，王雪珺，李单晶，彭剑．从旺苍红四方面军石刻标语的战略作用及保护现状看红军长征路线申遗的必要性［J］．毛泽东思想研究，2013，30（02）：23—28.

［190］孙平．黔南红军标语的调查、保护与开发利用［J］．黔南民族师范学院学报，2009，29（05）：57—60.

［191］杨尚通．川陕苏区报刊文献、石刻标语的作用、现状及保护［J］．四川省文理学院学报，2007（06）：28—30.

［192］颜清阳．略论井冈山斗争时期宣传工作的历史背景及其历史作用［J］．福建党史月刊，2011（12）：30—31.

［193］颜清阳．井冈山斗争时期我党是如何开展群众宣传工作的［J］．中共郑州市委党校学报，2011（05）：13—16.

［194］颜清阳，颜鹃花．论红色标语展示的中国共产党性质、宗旨与任务［J］．红色文化资源研究，2017—12—31.

［195］颜清阳，肖小明．论红色标语展示的红军性质、宗旨与任务［J］．红色文化资源研究，2018—06—30.

［196］吴正光．进一步做好红军史迹保护工作［J］．中国文物科学研究，2016（02）：29—33.

三、学位论文

［1］孟培．土地革命时期中共标语口号的政治动员功能研究［D］．南京大学，2019.

［2］崔梦鹤．陕西地区红军标语保存现状及保护对策研究［D］．西北大学，2018.

［3］孙宾宾．标语口号在党的思想政治教育中的运用研究［D］．华中师范大学，2017.

［4］周利娟．中央苏区红军标语研究［D］．湘潭大学，2016.

［5］闵楠．标语：四川省红军的思想宣传方式研究［D］．电子科技大学，2016.

［6］苏若群．土地革命战争时期党的标语口号思想政治教育功能研究［D］．中国矿业大学（北京），2014.

［7］何艳明．土地革命时期中共标语口号宣传研究［D］．暨南大学，2014.

［8］贾迎宾．马克思主义中国化理论成果大众化的实现形式研究［D］．浙江理工大学，2011.

［9］杨宇光．中央苏区红色标语的历史考察与当代价值研究［D］．南昌大学，2010.

［10］韩承鹏．标语与口号：一种动员模式的考察［D］．复旦大学，2007.

后　记

本书对苏区红色标语进行了全面梳理，对于苏区标语宣传工作进行了系统归纳整理，对于标语的内涵进行了深刻解读，对于标语宣传工作的时代价值进行了全面探析，对于苏区标语的遗存、保护、开发与利用提出了一系列合理化建议，我想这是对苏区红色标语宣传工作一个最好的全面总结，希望能够对苏区红色文化资源研究与利用工作提供一定的借鉴与启迪。

当然，本书还有许多值得深入研究的地方，比如：对于一些红色标语还有政策解读的空间，根据新形势的发展，对于红色标语的时代价值可能还需要进一步的深刻探析。我想，以后有机会还要进一步地深入思考与研究，以便取得更多的研究成果。

本课题属于国家社会科学基金资助项目，也得到了中国井冈山干部学院的资助，还得到了课题组成员颜鹃花、刘浩林、罗庆宏、肖小明、段刘娇、熊轶欣等同志的大力协助，在此一并感谢。本研究也是在前人研究的基础上，学习借鉴和吸收了党史界和学术界一些专家学者的研究成果，这些都已经在前面文献综述和后面参考文献中列出了，这里不一一赘述了，谨此说明并表示衷心的感谢。特别感谢余伯流教授为本书作序，让拙作增色添彩。由于能力和水平的限制，本书一定还存在着许多不足的地方，有些表述可能存在不当之处，有些解读可能还不够全面深入，希望得到专家和学者的批评与指正。

本书从2014年6月开始立项，至结项历时5年多，进行了大量的田野调查，走访了许多党史专家，前后共发表了10多篇文章，撰写了30多万字的研究报告、收集了10多万字的文献资料，可以说是呕心沥血。由于教学与行政工作比较繁忙，加上要完成课题，因此，没有节假日，没有寒暑假，典型的“白加黑”“五加二”，非常辛苦。但是，“宝剑锋从磨砺出，梅花香自苦寒来”，我相信，辛勤的付出一定有丰厚的回报，辛苦的耕耘一定能结出丰硕的果实。看着这些沉甸甸的成果，我想这是我一生中最为宝贵的一笔财富。

本书融学术性、资料性和可读性于一体，我相信能得到广大专家读者的喜爱。对本书存在的不足及错误之处，敬请批评指正。

颜清阳

2022年1月于井冈山茨坪